U0850712

强国钢铁书系

◎大国钢铁70年丛书

砥砺辉煌
——大国钢铁70年

DILI HUIHUANG——DAGUO GANGTIE 70NIAN

中国钢铁工业协会 编

北 京
冶 金 工 业 出 版 社
2020

内 容 提 要

“大国钢铁70年丛书”共分3册。本书为“大国钢铁70年丛书”之三，以展示新中国钢铁工业70年所取得的成就为主，重点选取新中国钢铁工业取得的众多个第一（成就）、70年发展精彩的70个瞬间，展示改革开放40年40个重要的节点，以翔实精彩的数据证明新中国钢铁工业的道路自信和光辉前景。

图书在版编目(CIP)数据

砥砺辉煌：大国钢铁70年／中国钢铁工业协会编．—北京：冶金工业出版社，2020.6
（大国钢铁70年丛书）
ISBN 978-7-5024-8491-0

Ⅰ.①砥…　Ⅱ.①中…　Ⅲ.①钢铁工业—工业发展—研究—中国　Ⅳ.①F426.31

中国版本图书馆CIP数据核字(2020)第100623号

出 版 人　陈玉千
地　　址　北京市东城区嵩祝院北巷39号　邮编　100009　电话　(010)64027926
网　　址　www.cnmip.com.cn　电子信箱　yjcbs@cnmip.com.cn
责任编辑　姜晓辉　美术编辑　吕欣童　版式设计　孙跃红　禹　蕊
责任校对　王永欣　责任印制　禹　蕊
ISBN 978-7-5024-8491-0
冶金工业出版社出版发行；各地新华书店经销；三河市双峰印刷装订有限公司印刷
2020年6月第1版，2020年6月第1次印刷
169mm×239mm；18.25印张；284千字；278页
108.00元

冶金工业出版社　投稿电话　(010)64027932　投稿信箱　tougao@cnmip.com.cn
冶金工业出版社营销中心　电话　(010)64044283　传真　(010)64027893
冶金工业出版社天猫旗舰店　yjgycbs.tmall.com
（本书如有印装质量问题，本社营销中心负责退换）

“大国钢铁70年丛书”
编 委 会

主　　任　何文波　沈　彬

委　　员　陈德荣　谭成旭　张功焰　于　勇

高祥明　曹志强　侯　军　魏栓师

陈继壮　李利剑　丁立国　张兆祥

徐思伟　张少明　张志祥　钱　刚

迟京东　屈秀丽　李新创　骆铁军

执行主任　王德春　苏长永　陈洪飞

副 主 任　熊余平　陈　琢

执行主编　罗忠河

参编人员　臧若愚　刘加军　顾学超　米　飒

朱亚明　王晓慧

序 言

70年艰苦奋斗，70年奋楫争先，70年砥砺辉煌。中华人民共和国成立以来的70年，是中国钢铁工业改变落后面貌、跻身世界钢铁技术装备先进水平、不断创造伟大成就的70年，是中国钢铁工业不断满足国民经济建设需求、支撑我国快速成为世界第二大经济体、不断做出伟大贡献的70年。

70年来，中国钢铁工业在党的领导下筚路蓝缕，砥砺前行，实现了从小到大、从弱到强的完美蜕变，走出了一条独具特色的大国钢铁崛起之路，日益走向了世界钢铁舞台的中央。70年来，中国钢铁工业不断解放思想，改革探索，突破桎梏，走上中国特色社会主义市场经济的康庄大道，创造了举世瞩目的成就，为共和国大厦挺起了钢铁脊梁。70年来，中国钢铁工业谱写了一首波澜壮阔、激越高昂的奋斗壮歌，见证着国与钢的灿烂辉煌，展现了钢铁人薪火相传的报国情怀和对钢铁强国的不懈追求。

数字是最有说服力的。1949年，中国钢产量只有15.8万吨；1996年突破1亿吨，仅用47年就成为全球第一产钢大国，创造了世界钢铁发展史上的奇迹；2019年达到9.96亿吨，占世界钢产量的半壁江山，连续24年稳居全球钢铁生产和消费第一位，彻底结束了中国钢铁供不应求的历史。70年来，中国钢铁工业奠定了中华民族强国富民的钢铁基础，完成了中国人民在从站起来到富起来的进程中钢铁人的伟大历史使命，如今正在为全面建成小康社会、实现中华民族伟大复兴贡献新的力量。

“大国钢铁 70 年丛书”是行业庆祝新中国成立 70 周年宣传的成果

为庆祝新中国成立 70 周年，中国钢铁工业协会确立了“新时代、新钢铁、新征程”的行业庆祝宣传主题，举办了一系列庆祝宣传活动。“大国钢铁 70 年丛书”便是这次庆祝宣传活动的成果。

历史是最好的教科书。70 年来，中国钢铁工业有太多的光荣历史值得回忆，有太多的伟大成就值得自豪，有太多的宝贵经验值得总结，有太多的钢铁精神值得传承，有太多的历史瞬间值得铭记……回望新中国钢铁工业 70 年不平凡的历程，我们能得到许多宝贵的历史经验和未来启示，引导我们开启更为光辉的历程、创造更为伟大的成就。

2019 年 9 月 7 日，中国钢铁工业协会主办并由中国冶金报社承办了钢铁行业庆祝中华人民共和国成立 70 周年座谈会。钢铁行业大咖欢聚一堂，深刻总结中国钢铁工业 70 年来所取得的历史成就，尤其是党的十八大以来，在“创新、协调、绿色、开放、共享”的新发展理念指导下所取得的新成绩、实现的新发展。回首过去，展望未来，大家纷纷表示，要以习近平新时代中国特色社会主义思想为指导，展望和绘制未来高质量发展的宏图，继续为中华民族的伟大复兴贡献钢铁人的力量。

2019 年，中国冶金报社在中国钢铁工业协会的指导下，贯彻落实中宣部的要求，加强策划创新，强化媒体融合，以“壮丽 70 年　奋斗新时代”为主题，推出了一系列异彩纷呈、图文并茂的专栏预热性报道和两大特刊专题报道（《新时代　新钢铁　新征程——钢铁行业庆祝新中国成立 70 周年座谈会特刊》、“十一”《礼赞特刊》），多角度、多侧面、立体式展现了 70 年来，尤其是党的十八大以来钢铁工业波澜壮阔的发展历程和伟大成就。

可以说，我们钢铁行业在这次庆祝新中国成立 70 周年的宣传报道中打了一个漂亮仗，对于总结行业历史成就、树立钢铁正面形象、启迪新时代高质量发展起到很好的作用。现在，我们将这次宣传报道的部分重要内容汇集成册，出版“大国钢铁70年丛书”以飨读者。

同时，改革开放作为关键一招，在新中国发展史上具有划时代意义。我们也将《中国冶金报》庆祝改革开放40周年的部分报道收录到“大国钢铁70年丛书”的“关键一招”部分，从而大大丰富了“大国钢铁70年丛书”的内容。

总体看，书中既有钢铁行业老领导、老专家、中国钢铁工业协会和企业领导的亲身体验和对未来发展的真知灼见，又有上下游行业协会表达的与钢铁携手奋进的美好愿景；既有展现钢铁行业庆祝新中国成立70周年座谈会盛况的图片集锦，又有像“70年钢铁画卷”等大量的历史珍贵影像，还有像“钢铁第一”“70年70瞬间”等大量的历史文字资料。可以说，这本书既对引领新时代钢铁行业高质量发展具有较强的指导意义，又有较高的史料价值。

“大国钢铁70年丛书”是强化新时期钢铁行业宣传工作体系建设的成果

为打造国内有威信、国际有影响的协会，中国钢铁工业协会2019年拟成立两个专业委员会，其中之一就是“中国钢铁工业协会宣传交流工作委员会”，旨在进一步强化新时期钢铁行业宣传工作体系建设，以满足钢铁行业日益增长的正面宣传需要。中国钢铁工业协会高度重视钢铁行业宣传工作，努力发挥好中国冶金报社和冶金工业出版社等行业媒体平台作用，宣传好党和国家方针政策，关注行业及企业热点、重点、难点问题。钢铁行业宣传工作方针可以概括为以下8个方面：贯彻执行中央战略部署，落实上级宣传部门工作指令，加强全行业宣传体系建设，组织和动员行业宣传力量，调动业内外各类宣传资源，维护和提升钢铁业的社会形象，正面引导公众认知，增强对公共政策制定的影响力。

创刊于1956年的《中国冶金报》是一张很有历史积淀的报纸，不论是作为原冶金工业部的机关报还是市场经济下的行业商报，《中国冶金报》都是党在钢铁行业的重要舆论阵地，也是中国钢铁工业发展历史的忠诚记录者。特别是党的十八大以来，中国冶金报社在中国钢铁工业协会的领导下，一方面持续深化改革，推进媒体融合发展，努力提高新闻舆论的传播力、引导力、影响力、公信力；一方面更加自觉地承担起新闻工作者的职责使命，坚持正确舆论导向，为营造钢铁行业健康发展的舆论环境做出了很大贡献。进入新时代，《中国冶金报》及旗下多媒体平台，既是主流媒体传播矩阵的重要组成部分，是做好意识形态领域工作的重要平台，是服务党和国家工作大局的重要力量，也是钢铁行业宣传工作体系的主要阵地，我们一定要将之利用好，支持他们在加强行业宣传中发挥作用、快速反应。中国钢铁工业协会代管单位有报纸、杂志，有网站，有出版社，在行业宣传中要发挥书、报、刊、网联动反应的作用，组合起来力量会更大。这次中国冶金报社和冶金工业出版社发挥各自优势联合出版的“大国钢铁70年丛书”，便是中国钢铁工业协会推动新时期钢铁行业宣传工作体系建设的成果。

2019年6月以来，中国钢铁工业协会开展了“不忘初心、牢记使命”主题教育，取得了很大的成效。我们都知道，中国共产党的初心和使命就是为中国人民谋幸福、为中华民族谋复兴。中国钢铁工业协会的初心和使命也很清晰，就是“致力于中国钢铁行业的健康发展和持续繁荣，为行业内钢铁企业的经营和发展创造良好条件”。加强钢铁行业舆论宣传工作，为钢铁业的健康发展和长期繁荣营造良好的舆论环境，是其中非常重要的一环。我们要把这次主题教育取得的成效汇聚成推动行业高质量发展的强大动力，大力弘扬钢铁精神，讲好钢铁故事，再创钢铁辉煌，为全面建成小康社会、实现中华民族伟大复兴贡献新的力量。

伟大事业，总是在不断奋进中腾飞；伟大征程，总是在不懈奋斗中接续。70年来，我们所取得的辉煌成就，不是天上掉下来的，而是一代代钢铁人不断探索奋斗出来的。新时代，新钢铁，新辉煌。展望未来，初心如磐，使命催征。迈入壮阔的新时代，中国钢铁工业仍将滚石上山、爬坡过坎。我们要紧密团结在以习近平同志为核心的党中央周围，坚持新发展理念，以满足人民对美好生活的向往为己任，瞄准发展的短板持续发力，以钢铁般的意志接力奋斗、高歌前行，在实现“两个一百年”奋斗目标、实现中华民族伟大复兴的中国梦的征程上，再创属于中国钢铁工业的新辉煌！

中国钢铁工业协会党委书记

2020年6月

目 录

特 稿

永不懈怠　接续奋斗

——中国钢铁工业70年成就总结

70年炙焰炼初心，70年铁肩担使命。9月7日，为庆祝中华人民共和国成立70周年，中国钢铁工业协会在北京举行了隆重的座谈会，会上系统总结了中国钢铁工业70年来取得的辉煌成就。

70年来，我国经济社会发展取得了举世瞩目的成就，钢铁工业顺应国民经济的发展而发展壮大，既为国民经济发展提供了重要的基础原材料保障，也得益于国民经济快速发展带来的巨大机遇。

70年来，从缺铁少钢到全球第一，中国钢铁建立起全世界规模最大的现代化钢铁生产体系。1949年，中国钢产量只有15.8万吨。1996年，中国钢产量突破1亿吨，仅用47年就成为全球第一产钢大国，至今连续23年稳居全球钢铁生产和消费第一位，创造了世界钢铁发展史上的奇迹。在国民经济高速增长的拉动下，中国钢产量于2003年突破2亿吨、2005年突破3亿吨、2006年突破4亿吨、2008年突破5亿吨、2010年突破6亿吨、2012年突破7亿吨、2013年突破8亿吨、2018年达到9.28亿吨，占世界钢产量的半壁江山，彻底结束了中国钢铁供不应求的历史。

70年来，中国钢铁产品品种不断扩大，质量不断提升，实现了国家工业化、现代化所需钢材的自给自足，促进了民生改善和社会发展。新中国成立初期，我国只能冶炼100多个钢种，轧制400多个品种规格的钢材。到1978年，我国1/3的外汇都用来进口钢材。2006年，我国实现了历史性的转折，钢材钢坯折合粗钢净出口3463万吨，成为钢材净出口国。如今，钢铁工业可以满足国民经济发展所需绝大部分钢材需求，我们每年进口的钢材不到消费量的2%，其中大部分进口钢材也并不是国内不能生产。同时，高强度、高性能钢材生产和应用比例不断提高，满足了下游用钢行业技术进步和产业升级换代的发展要求。以百万千瓦级核电用钢、超临界火电机组用钢等为代表的高端装备用钢已实现产业化；重点大中型钢铁企业400兆帕（Ⅲ级）及以上高强钢筋生产比例超过95%；高强船板产量大幅提高，约占船板产量的50%；电工钢板、冷轧卷板、镀锌板等高端产品逐步替代进口。

特别是近10年来，我国钢铁工业在船用高强度宽厚板、高强度海洋结构用钢板、高档汽车用板和汽车零部件用钢、工程机械和高层建筑用高强度厚钢板、X80以上高等级管线钢板、LNG（液化天然气）船用钢材、百米在线热处理钢轨和时速350千米高速铁路钢轨、高速动车组用钢、高端压力容器用钢板、高牌号取向和无取向硅钢、高档不锈钢新品种、高强度角型钢等高端产品上均实现了重大突破，有力支撑了我国机械、汽车、造船、家电、石油、电力、铁路等行业对钢铁材料的需求。我国生产的部分钢材品种达到了国际先进水平，为"中国制造"提供了坚实的原材料基础。其中，典型的代表如攀钢研发出时速350千米高速钢轨；本钢实现了2000兆帕最高强度等级汽车钢全球首发；鞍钢研发出690兆帕级高性能桥梁钢和航母用钢；中国宝武研发出的X120管线钢和自主开发的0.18毫米规格060等级（B18R060）极低铁损取向硅钢新品实现全球首发，为目前世界上损耗最低的取向硅钢；中信泰富、中国宝武宝钢研发出R6系泊链钢，填补世界空白；太钢研发出手撕钢和笔尖钢；马钢研发出时速350千米高速车轮；河钢舞钢研发出高技术含量大单重临氢铬钼钢，填补国际空白。

70年来，从引进、吸收、创新，到集成创新、自主创新，中国钢铁技术装备总体达到国际先进水平，跻身世界钢铁工业设计和设备制造、施工建设综合能力最强国家行列。1949年我国修复后勉强能够进行生产的7座高炉、12座平炉、22座小电炉，如今已被256家规范企业（工信部公告）的425座1000立方米及以上高炉（其中，3000立方米级22座、4000立方米级16座、5000立方米及以上7座）、403座100吨及以上转炉（其中，300吨及以上14座）、995台连铸机、619套棒线材轧机、71套热轧宽带钢轧机所取代。大高炉、转炉技术实现了对韩国、日本、美国等几十个国家的出口，自主设计和建设的鞍钢鲅鱼圈、首钢京唐、宝钢湛江和山钢日照钢铁基地已在大海之滨拔地而起，标志着我国钢铁工业自主设计、制造、工程建设和掌握运用新技术达到了一个新高度。

70 年来，钢铁企业奋发图强，创新能力不断提高。经过 70 年的建设与发展，我国钢铁工业已初步建立起自身的技术创新体系。截至 2018 年年底，钢铁行业累计建成国家重点实验室 20 个、国家工程研究中心 14 个、国家工程实验室 5 个、国家企业技术中心 42 家，组成了上下游产学研用协同的国家产业技术创新战略试点联盟 4 个、重点培育联盟 1 个，建立了钢铁行业产业技术创新战略试点联盟 4 个、重点培育联盟 2 个。大部分中国钢铁工业协会会员企业都建立了企业技术中心或研究院，行业科技创新体系进一步得到完善，初步形成了以企业为主体、产学研用相结合的技术创新体制和机制。此外，从专利数来看，2018 年中国钢铁工业协会会员企业专利申请受理数达到 11637 件，其中受理发明专利 5793 件。截至 2018 年年末，钢协会员企业有效发明专利数已达到 18281 件。其中，已被实施的发明专利数为 11464 件。

70 年来，钢铁行业体制机制改革卓有成效。企业克服重重困难，开始了凤凰涅槃般的体制机制改革。从“两参一改三结合”的鞍钢宪法，到“上缴利润递增包干”的首钢承包制、“高起点、少投入、快产出、高效益”的鞍钢老企业技术改造之路，再到“走质量效益型道路”的武钢发展战略、“模拟市场核算，实行成本否决”的邯钢经验，宝钢现代化企业管理经验等一大批闻名全国的管理创新经验；从 1979 年重钢职工自销钢材迈出走向市场的第一步，再到河钢集团“全球拥有资源、全球拥有市场、全球拥有客户”的国际化发展实践……从计划经济到社会主义市场经济，中国钢铁人针对不同历史阶段发展中的难题不等不靠锐意进取，引领了工业经济的发展。

70 年来，钢铁行业英模辈出。从新中国成立后第一代全国著名的劳动模范鞍钢“高炉卫士”孟泰，到国企改革“邯钢经验”的创造者、改革开放 40 周年先锋人物刘汉章，到宝钢建设功勋人物、“一代焊神”曾乐，到全国道德模范鞍钢郭明义，再到“一带一路”杰出代表、时代楷模河钢塞钢管理团队，一代又一代钢铁劳模，薪火相传，生生不息，用伟大的劳模精神，引领百万钢铁大军，铸就了我国钢铁工业的辉煌。钢铁行业始终传承和发扬的劳模精神无疑是铸就钢铁辉煌的制胜法宝。

新时代、新作为。进入新时代，创新、协调、绿色、开放、共享成为钢铁人的信念、坚守。2016 年至 2018 年，作为供给侧结构性改革的先行者，中国钢铁行业累计压减粗钢产能 1.5 亿吨以上，提前两年完成“十三五”去产能目标任务，并且彻底清除了“地条钢”毒瘤，市场环境明显改善。中国有效化解钢铁过剩产能，为全球钢铁市场回暖做出了重大的贡献。实施超低排放、打赢蓝天保卫战，中国钢铁绿色发展成效显著。行进在“一带一路”上，建立全球钢铁“朋友圈”，中国钢铁以更加开放的姿态拥抱世界。

70 年众志成城，70 年砥砺奋进，70 年春风化雨。今天的中国钢铁正走在高质量发展道路上，创新动力在澎湃，人才动力在蓄积，体制活力在拓展……

展望未来，中国钢铁将不忘初心、牢记使命，奋力谱写时代新篇章。

（原刊于《中国冶金报》2019 年 9 月 10 日 3 版，记者　何惠平　米　飒）

编者的话

“北京大兴国际机场正式投运！”9月25日上午，随着习近平总书记出席投运仪式并宣布投运，“凤凰”展翅，举国振奋。其中，以鞍钢、河钢、马钢、华菱等为代表的一批钢铁企业从上到下、从里到外深度参建，在国家需要的时候又一次挺起了钢铁脊梁。

而这，只是70年里我国钢铁工业助力新中国书写辉煌的一角。

据粗略统计，新中国成立初期，我国只能冶炼100多个钢种，轧制和加工400多个品种规格的钢材。而现在，我国能冶炼包括高温合金、精密合金在内的1000多个钢种，轧制和加工4万多个品种规格的钢材。

同时，我国高强度、高性能钢材生产和应用比例不断提高，满足了下游用钢行业产业升级换代的要求，重点大中型钢铁企业400兆帕（Ⅲ级）及以上高强钢筋生产比例超过95%；高强船板产量大幅提高，约占船板产量的一半；电工钢板、冷轧板、镀锌板等高端产品逐步替代出口；X80以上高等级管线钢板、高档汽车板、高档不锈钢、高速动车组用钢、高速铁路钢轨、军工用钢等高端产品实现突破。一些产品达到国际先进水平，如“手撕钢”、X120管线钢、2000兆帕最高强度等级汽车钢、690兆帕级高性能桥梁钢、时速350千米高速钢轨和车轮用钢等产品。

进入新时代，中国钢铁工业将不忘初心，以昂扬的斗志、拼搏的精神，携手上下游，砥砺奋进，不断创新，谱写新时代高质量发展新篇章。

70年　品种升级见证钢铁贡献（上篇）

建筑用钢撑起建筑“钢筋铁骨”

北京大兴国际机场（中国冶金报社提供）

“中国尊”（中国冶金报社提供）

新中国成立后，百废待兴，迫切需要钢铁产品来支撑国民经济的发展。为此，国家恢复和新建了一批钢铁企业。可以说，新中国钢铁工业的基本建设，始于1950年到1952年对鞍钢的扩建、改造，但以新建厂为主的大规模基本建设，是从第一个五年计划时期开始的。

新中国第一根钢筋就是在这一时期生产的。1955年，第一个五年计划期间，国民经济建设开始正式起步，并逐渐掀起建设新高潮。苏联援建项目的基础设施建设均需要使用螺纹钢筋，但当时中国不能生产螺纹钢筋，只能生产光面圆钢筋，前者比后者节约金属15%~20%。

鞍钢经过攻关，在小型厂试制成功，轧制出新中国第一根螺纹钢筋。从此，中国结束了没有螺纹钢筋的历史。后来，全国各钢铁企业抽调工程技术人员到鞍钢学习轧制螺纹钢筋。螺纹钢筋的生产在全国得以普及。螺纹钢筋由于握裹力和强度大，在全国建筑业中得到普及。

那个年代，我国建筑用钢主要使用屈服强度为 235 兆帕级的 Q235 钢（Ⅰ级钢筋）和屈服强度为 335 兆帕级的 20MnSi 钢（Ⅱ级钢筋）。

经过近年来的发展，我国高强度钢筋的研发、应用水平突飞猛进。目前，重点大中型钢铁企业 400 兆帕（Ⅲ级）及以上高强钢筋生产比例超过 95%。500 兆帕、600 兆帕级高强抗震钢筋等优质螺纹钢筋被研制出来，并得到应用，使我国高强度螺纹钢筋生产应用达到世界先进水平。同时，我国钢筋的韧性、耐腐蚀性、耐高温等性能也在不断提高。如我国自主研制开发的低温钢筋能够满足-196℃的使用要求，实现批量化生产并应用。

2018 年 11 月 1 日，国家钢铁企业生产建筑钢材执行新的国家标准，淘汰了屈服强度为 335 兆帕的Ⅱ级钢筋，增加了 600 兆帕级钢筋，形成了 400 兆帕级（Ⅲ级）、500 兆帕级（Ⅳ级）、600 兆帕级（Ⅴ级）高强度钢筋系列，进一步提高了建筑用钢材的质量，更好地满足了房屋建筑、桥梁、铁路、公路等领域对热轧带肋钢筋的需求。

在钢筋品种的结构升级过程中，我国钢铁企业不断创新。例如，河钢集团生产的 10 万余吨含钒高强抗震钢筋以其强度高、韧性好、耐腐蚀、易焊接的特性，被用于北京地标性建筑——“中国尊”；5 万余吨高层建筑用钢被用于大兴国际机场航站楼支撑中心的 C 型柱，以及屋顶及支承结构的建设，近 15 万吨高强钢筋用于机场航站楼和配套建筑建设，使楼体可抵抗 12 级台风。山钢 4.2 万余吨Ⅳ级（HRB500E）高强系列螺纹钢直供青岛胶东国际机场。中国宝武韶钢为中国核电“华龙一号”主体工程供应 100 吨直径为 20 毫米的核电用螺纹钢。

随着城市的发展，越来越多的建筑向高层、超高层、大跨度发展，以钢材为主的钢结构建筑逐渐兴起，受到推崇。由于 H 型钢与一般工字钢比较，具有重量轻、截面形状合理、抗弯性能好、使用方便等优点，且可节约钢材 15%~20%，逐渐成为建筑结构用钢的理想材料。

1998 年 7 月 4 日，国产第一根热轧大 H 型钢在马钢成功生产问世。自此之后，H 型钢成功应用于国家大剧院、上海卢浦大桥、北京奥运场馆、港珠澳大桥、大兴国际机场等雄伟建筑和重点工程建设。现如今，在很多装配式钢结构建筑中，H 型钢的应用也十分广泛。

桥梁用钢助力大桥“跨江越海”

我国自行设计、首用国产桥梁钢建造的南京长江大桥（中国冶金报社提供）

世界上最长的跨海大桥——港珠澳大桥（中国冶金报社提供）

桥起源于中国，保留至今的赵州桥、卢沟桥等，让世人叹为观止。我国钢桥的建设有100多年的历史，但在1949年前建的铁路钢桥，跨度较小，建桥用的钢材都是进口的，采用的建造技术也比较落后。新中国成立以来，伴随着中国钢桥的快速发展，中国桥梁钢的发展驶入了快车道。

1957年10月，武汉长江大桥通车，成为新中国成立后第一座公铁两用大桥。毛泽东登上大桥，写下了“一桥飞架南北，天堑变通途”的诗句。彼时，我国的桥梁钢还需依靠进口，该桥采用的钢是由苏联生产的A3（Q235碳素钢），屈服强度仅要求不小于240兆帕。

20世纪60年代，为了联通京沪铁路，在外国专家撤走、无任何参考资料的情况下，我国桥梁建设者采用鞍钢研制的16Mnq低合金高强度钢（Q345钢，屈服强度不小于320兆帕），建成了南京长江大桥。南京长江大桥是我国自行设计建造的双层式铁路、公路两用桥，国人称之为“争气大桥”。当时，主桥结构钢梁用钢全部由鞍钢紧急研制生产，故鞍钢的桥梁钢被称为“争气钢”。

随着我国经济的发展，大跨度钢桥迫切需要发展，对铁路桥梁用钢的强度提出了更高的要求。20世纪90年代中期，我国采用鞍钢提供的15MnVNq低合金桥梁板和桥梁型钢，建成了九江长江大桥。该钢种和16Mnq低合金高强度钢相比，强度显著提高，但该钢种采用加钒提高强度的方法，导致钢板低温韧性和焊接性较差，未得到推广应用。

在建造芜湖长江大桥时，为突破这一问题，武钢开发出大跨度铁路桥梁用钢14MnNbq（屈服强度不小于370兆帕）。该钢采用降碳加铌和超纯净的冶金方法，在保证了屈服强度的同时，具有低温冲击韧性，焊接性能也大大提高。因此，14MnNbq钢得到广泛应用。2000年，14MnNbq钢纳入桥梁钢国家标准，成为Q370qE钢。

2011年通车的南京大胜关长江大桥采用了高强度、具备良好焊接性能的Q420qE（WNQ570）钢板。该桥总用钢量达30余万吨，其中钢梁用钢量达到了8.2万吨，相当于武汉长江大桥钢梁用钢量的4倍。

不久前合龙的沪通长江大桥，在受力最关键的部分，用上了由鞍钢供货的近5万吨国内最高级别的Q500高强度新型桥梁钢。该钢种在强度、可焊性、抗震性及韧性等多方面要求比普通钢材更高。

作为中国从桥梁大国迈向桥梁强国的里程碑之作，2018年10月24日，世界最长跨海大桥——港珠澳大桥正式通车。作为世界级的超级工程，港珠澳大桥实现“六个最”：世界总体跨度最长、钢结构桥体最长、海底沉管隧道最长的跨海大桥，世界公路建设史上技术最复杂、施工难度最高、工程规模最庞大的桥梁。这座超级工程全部采用国产钢材，用量超过百万吨。其中，宝武是其最大的钢材供应商，供材覆盖了桥、岛、隧三大主体工程，合计约64万吨；鞍钢自主研发生产的17万吨桥梁钢用于大桥主体；河钢为其供应24万吨高强钢。

当下，我国屈服强度为690兆帕级别的高性能耐候桥梁用钢已完成技术储备，是目前国际上桥梁应用的最高级别。该钢种将在高性能桥梁钢的示范工程——武汉江汉七桥使用，这属于国内首次。

管线用钢促进能源大迁移

管线用钢生产线（中国冶金报社提供）

从早期的石油输送管线到西气东输工程，从X52到X60、X70、X80，再到X100、X120的研制，从管线钢的研发突破到大口径直缝管的制造……可以说，近年来，我国管线钢的研制、开发和应用得到快速发展，实现了质的飞跃，跻身国际领先行列。

我国管线钢的生产和应用起步较晚。20世纪90年代中期，国内管线钢市场几乎被国外产品垄断，且往往“天价”销售，而我国管线钢处于研制阶段，尚未投入规模生产。那时候，管线钢的研制和生产代表了整个微合金钢的发展方向，更能体现一个国家的冶金工业水平。因此，我国亟待建立自己的管线用钢序列。1989年，管线钢被冶金工业部列为1991~1995年国家“八五”攻关课题，我国开始了管线钢的研制与生产。

说起管线钢的研制，就要提到“中国管线钢之父”——陈钰珊。20世纪80年代末，宝钢技术部高级工程师陈钰珊到法国考察，回来后，立即将研制管线钢的意见向领导做了汇报，并负责这项课题。1992年，宝钢试炼了8炉X60。1994年，宝钢管线钢研制实验室工作全部结束，管线钢各项数据与日本、德国非常接近。1995 年 8 月，宝钢为塔里木油田油气输送管线生产供应 8 万吨 X52 管线钢，完全符合质量要求。从此，我国结束了管线钢依赖进口的历史。1995 年，宝钢夺得陕—京天然气管道工程 50% 的 X60 管线钢供货合同。

2000 年 3 月，西气东输项目启动。这条贯穿中国腹地、全长 4000 千米的能源大动脉，加速了我国 X70 管线钢国产化的步伐。最终，宝钢、武钢、鞍钢等企业的 X70 管线钢中标该项目。2008 年开工建设的西气东输二期工程采用大口径 1219 毫米、12 兆帕高压力、X80 高等级管线钢的技术方案，推动了我国 X80 管线钢的发展，促使我国管线钢的研发和应用水平达到世界领先水平。

在短短的十几年中，我国在管线钢领域取得大跨越，实现了由追赶先进技术到引领世界潮流的转变。但是我国钢铁企业并未停止研发的脚步，已成功研发出 X100、X120 管线钢。例如，2006 年，宝钢成功试制世界上最高等级的 X120 管线钢，成为全球第 4 家、国内首家实现 X120 管线钢试生产的企业。

目前，我国管线钢已成为“一带一路”的明星产品，中标中俄天然气管道、哈萨克斯坦“克孜勒奥尔达—阿斯塔纳”天然气管线项目工程等。

汽车专用钢让汽车更轻、更美观、更安全

我国生产的第一批 CA10 解放牌载重汽车（中国冶金报社提供）

河钢实现一款荣威 SUV 车型用钢“整车造”（中国冶金报社提供）

汽车诞生于第二次工业革命。我国是从新中国成立后，开始发展汽车工业。1956 年 7 月，长春第一汽车制造厂装配出第一批 12 辆 CA10 解放牌汽车，结束了我国不能生产汽车的历史。鞍钢生产的汽车板、本钢生产的 60Si2Mn 平面弹簧扁钢应用在这批汽车上，标志着国产汽车用钢发展随着国产汽车的问世开始起步。

20 世纪 50～60 年代，沸腾钢得到广泛应用和推广；20 世纪 60～80 年代，低碳铝镇静钢被广泛应用。至改革开放之初，我国只能生产以 08Al 钢为代表的深冲汽车用钢，生产要求具有更好冲压成型性的 05Al、03Al 等超深冲汽车用钢还是非常困难的。20 世纪 80 年代末，随着宝钢建成投产并引进日本、德国先进汽车用钢的生产技术，我国成功开发出超深冲 IF 钢产品，使我国汽车用钢的发展跨入世界先进汽车用钢的行列。

进入 21 世纪，随着汽车需求量的急剧增加和汽车轻量化要求，先进高强度汽车用钢由于不仅能减轻汽车重量，而且能提高汽车的安全性能，故得到蓬勃发展，大量应用于汽车车身上。钢铁企业开发出以双相钢和相变诱导塑性钢等为代表的第一代汽车用钢，以孪晶诱导塑性钢等为代表的第二代汽车用钢，以中锰钢和淬火加碳分配钢为主要研究对象的第三代汽车用钢。但是，第一代汽车用钢强塑积较差，不满足轻量化的要求。第二代先进高强度汽车钢，实现了强度与可塑性的同步提升，但是，由于添加合金，成本相对较高。第三代先进汽车高强度钢将高强度和良好塑性完美结合起来，且具有成本低等优点，被广泛用于现代汽车高强度部件制造，以提高汽车的安全性能要求和轻量化要求。

在第三代汽车用钢的工业生产方面，中国钢铁工业披荆斩棘、不遗余力，走在世界前列。我国已有一批钢铁企业具备1000兆帕级别以上超高强钢的供货能力，并实现多款车型用钢“整车造”……

目前，国内自主品牌乘用车车身高强度钢板的用量达到50%以上，部分在售车型和在研车型也都基本达到60%。预计在未来3~5年内，车身高强度钢板的用量将达到65%~70%。

（原刊于《中国冶金报》2019年10月1日18版，记者　李　倩）

70年　品种升级见证钢铁贡献（下篇）

铁路建设用钢　载着中国交通“走南闯北”

中国标准动车组“复兴号”（中国冶金报社提供）

70年来，中国铁路建设取得了举世瞩目的成就。2018年末，我国铁路运营里程已达到13.1万千米，其中高铁2.9万千米；而改革开放之初的1978年只有5.17万千米，那时还没有高铁。

尤其是近年来，随着高铁技术的飞速发展，钢轨用钢、车轮钢等相关钢铁品种的发展突飞猛进，中国钢铁默默支撑着中国铁路的跨越式发展。

钢轨用钢

钢轨是铁路轨道的主要组成部件。我国铁路上使用的钢轨有75千克/米、60千克/米、50千克/米、43千克/米和38千克/米等。目前，60千克/米的钢轨在我国使用较为广泛。

70年来，我国钢轨用钢的研制生产基本满足了我国铁路不同时期的发展需要，特别是满足了我国铁路高速、重载、客货混运等不同运输条件对钢轨提出的特殊要求。

1950年，重庆兵工署第二十九兵工厂（重钢前身）试轧出新中国第一根钢轨——85磅/码重轨。1952年，中华38千克/米重轨试轧成功，完全克服了85磅/码重轨一直无法避免的上翘缺点，铺就出新中国第一条具有较高水平的铁路——成渝铁路。

1976年，包钢在我国首次生产出60千克/米重轨，金属量只比其1969年生产的50千克/米重轨增加17.5%左右，但水平刚度和垂直刚度分别提高了58%和38%，寿命延长了近1倍。1984年包钢轧制出75千克/米重轨。

2000年，攀钢开发出中国首批时速200千米的高速钢轨。2004年，攀钢万能轧机生产线建成投产，为中国第一条、世界第三条百米钢轨生产线。2005年，中国首批60千克/米时速350千米的100米长尺钢轨在攀钢诞生。2006年，包钢轨梁厂建成万能轧机高速钢轨生产线，同样具备了生产定尺100米、时速350千米的高速钢轨的能力。

2008年，国产“和谐号”CRH3型动车组在京津城际铁路运行试验中创出394.3千米的时速，所用钢轨均产自攀钢，标志着国产钢轨生产工艺技术和实物质量达到世界先进水平。

目前，我国钢轨用钢已完全实现国产化，形成了强度等级从880兆帕到1350兆帕级的珠光体钢轨系列，主要包括880兆帕级U71Mn钢、980~1180兆帕级U75V钢和U77MnCr钢、1080~1300兆帕级U78CrV钢等品种。此外，近年来贝氏体钢轨、过共析钢轨等新型钢轨用钢的开发和应用，显著改善了钢轨的耐磨性和潮湿环境下耐腐蚀性等性能，延长了钢轨的使用寿命。其中，被誉为“21世纪的钢轨”的贝氏体钢轨是当前铁路用钢轨研发的主攻方向，被列入国家重点研发计划项目。历经10余年合力攻关，

2018年，包钢高强韧性贝氏体钢轨研发取得新突破，具备了9种轨型贝氏体钢轨的批量生产能力。

车轮钢

车轮钢要求具有较高的强度、韧性、抗疲劳性能、耐磨性和抗热裂性。尤其是高铁车轮，由于轮轨间的作用力是以速度的平方增长的，当列车速度由120千米/小时提高到220千米/小时、300千米/小时的时候，轮轨间的作用力分别增大3倍、6倍。在时速超过300千米时，高铁车轮承受的压力可想而知。

铁路车轮钢按制造工艺可分为辗钢车轮和铸钢车轮，辗钢整体车轮在低倍组织、金属利用率和使用寿命方面明显优于铸钢车轮，获得广泛应用。铁路用辗钢整体车轮多采用中高碳碳素钢或微合金化中高碳钢，抗拉强度大于860兆帕。

为了新中国铁路事业的发展，20世纪60年代初，党中央、国务院将自行建造一座大型车轮轮箍厂摆上了重要议事日程。在冶金工业部等8个部委和众多兄弟单位的大力支持下，1963年，马钢车轮轮箍厂成功轧制出第一个国产轮箍；1964年又轧制出我国第一件直径840毫米的辗钢整体车轮，结束了我国火车只能使用“洋轮、洋箍”的历史。

1988年，冶金工业部牵头制定了第一个车轮、轮箍国家标准《铁路用辗钢整体车轮》（GB 8601—1988），规定了适用于标准轨距，轴重不大于23吨的铁路客、货车及其他铁路车辆用辗钢整体车轮的尺寸、外形、重量级允许偏差，技术要求，检验规则等。

20世纪80年代后期至90年代中期，我国相关厂家开始尝试研究生产铸钢车轮。1998年，中美合资的铸造企业生产出了我国第一件铸钢货车车轮，基本满足了国内市场相关需求。

之后，伴随着高速铁路的发展，我国又先后开发出KKD、HDS快速车轮和CL50、CL60高速车轮，以及CL70重载车轮，强度、速度等级、耐磨性、载重量等指标均有了大幅提高。

2014年，“动车组关键技术自主创新深化研究——时速350千米中国标准动车组轮轴设计研究”重大课题立项。通过大量关键技术突破与创新，一种中碳 Si-V 微合金化 D2 材质车轮诞生了。2015 年，D2 车轮装配于“蓝海豚”和“金凤凰”中国标准动车组；2016 年 7 月 15 日，装配着国产高铁车轮的中国标准动车组，完成时速超 420 千米的世界最高速动车组交会、重联试验，跑出让世界惊叹的每秒“飞行”117 米的“中国速度”；2017 年 1 月，国产高铁车轮顺利通过 60 万千米装车运营考核。

在当前高速、重载的发展趋势下，传统车轮材料（中高碳碳素钢或微合金化中高碳钢）性能潜力已至极限，而贝氏体车轮具有优异的强韧性、抗耐磨性、抗热损伤等性能。2018 年，马钢新型贝氏体钢重载货车车轮投入试验运行，使马钢成为国内首家研制并上线贝氏体车轮的钢企。

军工用钢　以强军梦托起中国梦

从工业革命开始，钢铁就成了战舰、坦克、飞机等国防利器最亲密的“盟友”。一艘艘威武的战舰在大洋上劈波斩浪，是钢铁为这些“海上蛟龙”保驾护航；一辆辆坦克以“陆战之王”的雄伟姿态在陆地上所向披靡，是钢铁为这些“陆地猛虎”穿上了“钢盔铁甲”；一架架战机穿过云层在空中翱翔，是钢铁为这些“空中雄鹰”插上翅膀。

新中国成立 70 年来，军用钢材的发展脚步从未停止。1947 年末，大连炼钢工厂在我国冶炼史上首次成功炼出用于加工炮弹引信支耳的镍铜合金；1948 年 2 月 26 日，阳泉铁厂流出第一炉铁水，开始制造军需用品，有力支撑了解放战争；20 世纪 50 年代初，本钢在苏联专家的帮助下，试制出我国第一批 P 类炮钢；1958~1960 年初，大连钢厂共仿制和研制出 11 个牌号的精密合金成品带 1500 千克，填补我国精密合金的空白，为“两弹一星”提供了重要的材料；20 世纪 70 年代，新中国第一座特厚钢板厂作为国家重要的战备军工企业，落户河南省舞阳县杨庄公社（现为舞钢市杨庄乡），填补了我国特厚特宽钢板生产的空白……一个个历史足迹，串联起我国军工钢的昨天。发展至今，首艘国产航母、055 型万吨级驱逐舰首舰、第四代隐形战机歼-20 等一大批由我国自主研发、高度信息化和集成化的新型武器装备成功列装，更是彰显了我国在国防科技领域取得的重大成就，令人热血沸腾。

装甲钢

99A 主战坦克（中国冶金报社提供）

歼-20（中国冶金报社提供）

装甲钢要求具有良好的抗弹性能（主要包括抗弹丸的侵彻能力、抗冲击能力和抗崩落能力），即要求装甲钢具备高纯净度、高强度和良好的韧性。

传统装甲钢有害杂质含量高，在高速冲击载荷下，容易产生脆性损伤，将抗弹性能限制在较低的水平。20 世纪 80 年代，我国通过对美国的 AISI 4330 钢进行改进，研发出了 685 和 686 装甲钢。在工艺性能相当的条件下，685装甲钢的抗枪弹和抗炮弹性能优于当时我国大量应用的苏联43ПСМ装甲钢，但其断裂韧性和抗应力腐蚀能力都较差，在应用上受到了一定限制。由于纯净度的提高，现代装甲钢在强度与韧性的平衡上有所改善，相应地提高了抗弹性能。

目前，全球坦克普遍采用复合装甲。作为复合装甲重要组成部分的均质装甲钢，正向中、薄板方向发展，一般使用厚度为35毫米以下，最厚不超过50毫米。作为世界上最先进的复合装甲之一，贫铀复合装甲具有很高的防护水平，开展贫铀装甲材料的研究是装甲钢未来发展的一个新方向。

航空航天用钢

大飞机C919（中国冶金报社提供）

70年来，我国航空航天事业发展成就举世瞩目，尤其是近年来，随着天宫一号、天宫二号、神舟号系列载人飞船、嫦娥三号、大飞机C919等一系列航空航天重大科技成果相继问世，我国征服星辰穹宇的进程不断加快。

在这一过程中，以低合金超高强度钢为代表的航空航天用钢功不可没。

我国低合金超高强度钢的研究始于20世纪50年代。一是仿制国外已有的牌号，20世纪五六十年代主要以仿制苏联的钢种为主，如30CrMnSiNi2A；20世纪70年代后以仿制美国的钢种为主，如4340钢、300M钢等；二是根据我国资源情况和工程需要，自主开发研制了具有我国特点的低合金超高强度钢，如406钢等。

天宫二号（中国冶金报社提供）

406 钢是我国自行设计、研制低合金超高强度钢的成功典范，是为满足航天固体火箭发动机壳体用材料需求而研制的。1966 年由冶金工业部和第七机械工业部联合下达研制任务，于 1980 年 11 月定型生产。采用 406 钢制造的巨浪一号两级发动机壳体，K_{IC}（断裂韧性）大于 72MPa · $m^{1/2}$，相当于美国“北极星 A2”导弹一级发动机壳体所用的 D6AC 钢。为提高材料韧性，我国随后又开发了 D406A 钢，K_{IC}大于 87MPa · $m^{1/2}$。1980～2000 年，钢铁研究总院和抚顺特钢（现属于东北特钢集团）在钢的纯净化方面做了大量工作，发展了超纯冶炼技术，生产出的钢种成功应用于歼击机起落架上，实现了起落架与飞机同寿命。

2000 年以来，随着我国大飞机 C919 项目的立项，高强度钢品种逐渐得到了优化。2017 年，大飞机首飞成功，采用了宝钢特钢研发的飞机起落架用 300M 钢等一批国产高强钢，为我国实现航空关键材料国产化替代奠定了基础。

不锈钢　中国不锈熠熠生辉

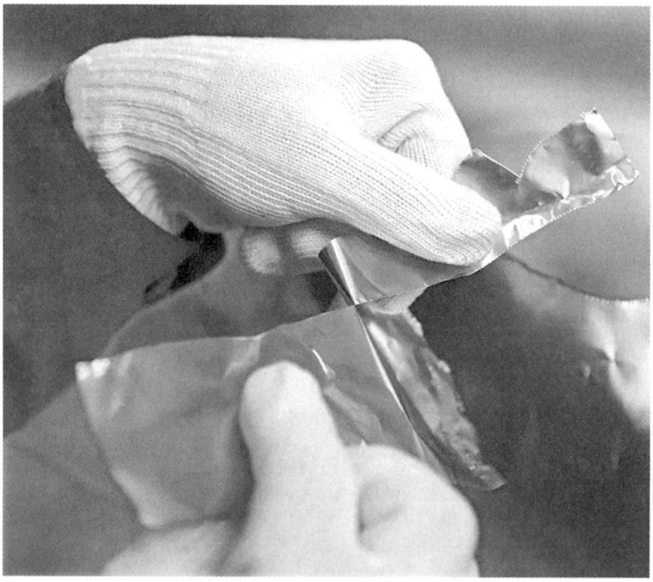

太钢“手撕钢”（中国冶金报社提供）

我国从1952年开始生产不锈钢，至今已有60余年历史。新中国成立以来到改革开放前，我国不锈钢的需求领域主要是国防军工。改革开放以来，我国不锈钢行业发生了巨大变化，产量从小到大，生产装备从落后到先进，产品品种从单一到多样，产品质量逐步提升，应用范围也愈加广泛。

1953年，抚顺特钢诞生了新中国第一炉航空用耐酸不锈钢。毛泽东主席为此欣然题词：“没有工业，便没有巩固的国防，便没有人民的福利，便没有国家的富强。”为纪念这一事情，抚顺特钢用这第一炉不锈钢制成一把钥匙，现今被收藏在国家博物馆里。

20世纪50~60年代，太钢、上钢开始生产单张冷轧不锈钢薄板；20世纪70年代，太钢建设了不锈钢生产线，形成了冷轧不锈钢带的生产能力。

1980年，抚顺特钢生产的00Cr14Ni6Mo2AlNb超低碳高强度马氏体时效不锈钢当时填补了国内空白，对我国感光材料工业的发展起到了重要作用。该钢种与美国用的沉淀硬化不锈钢相比，具有冶炼成分易控制、热处理温度范围广、工艺简单、组织稳定、耐腐蚀性强等优点；与日本用的奥氏体不锈钢

太钢“手撕钢”做成的艺术品（中国冶金报社提供）

相比，具有强度高、机加工性能好等优点。

近 20 年，我国不锈钢行业进入快速发展期，通过开发几乎不含镍的铬锰不锈钢和纯铬不锈钢，推动形成了 200 系（铬锰系）、300 系（奥氏体）和 400 系（铁素体）三大不锈钢系列，并在此基础上发展出诸多细分牌号，逐渐形成了门类齐全的不锈钢产业体系。尤其是近年来，我国不锈钢钢种结构发生了很大变化，300 系不锈钢占比下降，400 系不锈钢占比有所提升，未来将朝着“奥氏体占比 50%~60%，铁素体占比 30%~40%，其他占比 10%，其中双相钢占比 5%”的目标努力。

据粗略统计，目前已投放市场的不锈钢品种已达230种以上。这其中不乏在国内外舞台上熠熠生辉的高端品种。比如，太钢的“手撕钢”和笔尖钢，抚顺特钢供大飞机C919项目的321、15-5PH不锈钢，中国宝武供搭载神舟十一号载人飞船的运载火箭项目的特殊不锈钢等。

（原刊于《中国冶金报》2019年10月1日19版，记者　张　鹰）

第一章 新中国的钢铁第一

70载风雨兼程、不懈奋斗，中国钢铁工业演绎了一部由小到大、由大到优的辉煌成长史。

为再现中国钢铁人为国担当的钢筋铁骨，《中国冶金报》推出《壮丽70年 奋斗新时代·支撑共和国大厦的钢铁第一》专栏，梳理出70年来钢铁工业通过自主创新创造的多项“第一”。通过一个个国与钢的历史小档案，追根溯源，展现70年来中国钢铁人矢志不渝的报国情怀；共享荣光，激励新时代钢铁人为实现高质量发展、建设钢铁强国接力奋斗。

新中国第一炉钢水

1948年2月19日，辽宁鞍山解放。但解放初期的鞍钢，厂区千疮百孔，杂草丛生，设备破败不堪，生产全面瘫痪。原昭和制钢所理事濑尾喜代三曾经预言：“恢复鞍钢谈何容易！需要美国的资金、日本的技术和20年时间，看来鞍钢只好种高粱了。”

1948年11月2日，辽沈战役胜利结束；同年12月26日，鞍山钢铁公司正式成立。为支援全国解放战争；1949年初，中共中央和毛泽东发出电令：“鞍山工人阶级要迅速在鞍钢恢复生产。”

面对恢复生产的重重困难，鞍钢炼铁厂广大职工在老英雄孟泰的带动下，开展了一场声势浩大的献交器材运动和恢复生产立功竞赛活动。从1948年底到1949年初不到两个月的时间里，鞍山市民和鞍钢工人共献交各种器材21万多件。热火朝天的献交器材运动，为鞍钢崛起奠定了基础。

1949年4月25日，鞍钢第一炼钢厂2号平炉炼出了新中国第一炉钢水，时任中共中央委员贺龙代表党中央前来祝贺。

1949年7月9日，鞍钢举行了盛大的开工典礼，新中国第一个恢复建设的大型钢铁联合企业正式复工了。

目前，陈放在鞍钢集团博物馆展柜的贺幛——“为工业中国而斗争”，就是在开工典礼上中共中央和中央军委赠送给鞍钢的。

（原刊于《中国冶金报》2019 年 5 月 9 日 1 版，记者　刘敬元　整理）

新中国第一炉铁水

1948 年 12 月，中国人民解放军经过 3 昼夜激战，于当月 17 日凌晨 1 时许，把“八一”红旗插上了石景山山顶，并立即对石景山钢铁厂（首钢的前身）进行了军事管制，工人们从此成了工厂的主人。

这时的石景山钢铁厂，除一号高炉封炉还算完好以外，其余设备全部瘫痪。但这座高炉里还捂着一肚子未熄的焦炭和矿料。

如何制服这座没有爆发的“火山”？厂军管会将修复一号高炉、保证“七一”投产的计划交给工人讨论。工人们争先恐后地献计献策，厂军管会最后决定：先在高炉靠铁路一侧的炉腹下部开出一个洞口，在洞口处安装一个通向火车厢的漏斗，使扒出的炉料直入车厢。抢修时，一声令下，炉腹钢板很快被切开。未灭的焦炭，在风的作用下，伸出无数“火舌”，异味迅速扩散，路口工人操起工具向“火山”冲去。接着第二梯队上阵，把炉内 200 多吨焦炭、渣铁全部扒出。随后，修炉大军冒着浓浓的水蒸气、高温和粉尘进炉修理。

经过 100 多个日夜的奋斗，1949 年 6 月 24 日晚 10 时，一号高炉修复告捷，厂里连夜举行了隆重的开炉典礼；6 月 26 日黎明，炉口工人抡起大锤，砸开了出铁口。解放后的第一炉铁水，像一条金色的火龙，欢快地奔向铸铁场。全场欢声雷动。

1949 年 7 月 1 日，石景山钢铁厂举行“庆祝全面开工，向党的生日献礼”大会。当天下午 3 时，朱德总司令亲临大会祝贺，并满怀期望地鼓励大家：“多炼一吨铁，就是给国家多增加一份家当。革命的家当越多越好。”

与此同时，1949 年 6 月 27 日，鞍钢炼铁厂 2 号高炉流出了第一炉铁水。

1949 年 7 月 3 日，本钢 2 号高炉修复竣工，点火投产，也于当月 4 日下午流出了第一炉铁水。

（原刊于《中国冶金报》2019 年 5 月 14 日 1 版，记者　王春亮　整理）

新中国第一炉焦炭

1942 年太平洋战争爆发后，美军轰炸鞍钢的炸弹大部分落在化工部地区，加上日本投降时及国民党占领时期遭到破坏，当 1948 年 2 月 19 日鞍山解放，鞍钢回到人民手中的时候，化工厂已被破坏得千疮百孔。

焦炉的恢复是十分复杂的。在当时没有煤气和油的情况下，靠烧煤加热炭化室的炉墙，实现焦炉生产格外困难：在把煤装入炭化室之前，工人们必须迅速地把炭化室内的煤灶拆掉，关上炉门；如果动作慢了，装煤后产生的煤气不足，将影响燃烧加热的煤气量，炉温就会逐渐下降，导致开工失败。

而在此时，焦炉砖型的图纸、资料都丢失了，恢复焦炉生产就必须尽快将资料整理出来。鞍钢对化工部的恢复工作十分重视，组织了强有力的领导班子，积极调动各方面技术力量。在留用的外国人中，有一位来自德国奥托公司名叫曼纳尔的老工长，具有砌筑焦炉技术特长。他是日本人请来建造奥托式焦炉的。当时，曼纳尔急于回德国与家人团聚。鞍钢让懂英文、德文的工程师王振远一面照顾他的生活，一面做他的工作，和他一起把资料整理出来。鞍钢向曼纳尔允诺，待恢复生产后即送他回国。曼纳尔的思想负担没有了，办法也就多了。解放前的吉林化工厂有两座焦炉，也是从奥托公司购买的，曼纳尔提出到吉林去找找看，经过一番努力，很快完成了修炉的任务。

一切准备就绪后，工人们冒着高温，迅速拆除了烘炉用的炭化室，浓黄的烟随即带着火翻滚而出。工人们冒着烈火，盖上了装煤孔，不顾从上升管冒出来的浓烟，使用鼓风机把煤气迅速送到焦炉的底部，一个孔一个孔地把焦炉点着了……这标志着已取得焦炉投产的基本胜利。

经过 30 多个小时的努力，他们终于在 1949 年 6 月 12 日炼出了鞍钢的，也是新中国的第一炉焦炭。

（原刊于《中国冶金报》2019 年 5 月 15 日 1 版，记者　刘敬元　整理）

新中国第一批滚珠轴承钢

1949年4月（抚顺于1948年10月31日解放），抚顺特钢（现属于东北特钢集团）生产出新中国第一批滚珠轴承钢。

1949年，瓦房店滚珠轴承厂通过机电局向抚顺特钢正式提出试制滚珠轴承钢的要求，供应钢材尺寸分为两类：一类是直径100毫米以上的轴承外套用钢（钢号BB1），第二类为直径10毫米以下的滚珠用钢（钢号BB2）。1949年，抚顺特钢在6号电炉开始试验电石渣法炼钢，钢在电石渣下熔炼1小时左右，出钢前破坏电石渣为白渣而后出钢。当时，对BB1及BB2的技术要求只有化学成分及氧化物、硫化物、碳化物等简单几项。钢锭全部由锻钢1.5吨蒸汽锤开坯（锭重约为200千克），BB1是锻钢成型，BB2是由轧钢再开坯后，由一轧成材，经过退火后交货。

轴承钢的大批量生产为后来生产航空滚珠钢做了技术储备。滚珠轴承钢的研制成功和成批生产，促进了炼、锻、轧、热处理、检验等各个生产工序的操作进步和技术改进。

在当时的制造过程中，由于没有经验，技术水平低，出现很多问题，如缩管、夹杂、硫化物分布不均、偏析结晶粒粗大、尺寸不合、内部裂纹、脱碳等，以致在1950年第四季度停止了该钢种的生产。1951年末，在东北工业部的指导下，抚顺特钢恢复了该钢种的生产，同时由苏联专家亲临指导，经过有组织、有计划、有步骤的一系列试验工作，使滚珠钢合格率由30%跃升到97%以上。

（原刊于《中国冶金报》2019年9月4日1版，通讯员　吉勇　整理）

新中国第一代枪钢

1950年，国家急需一批轻武器用钢，本钢特钢厂接受了RS5镍铬枪钢的试制生产任务。1950年6月，本钢特钢厂完成了RS5型枪钢的试制生产任务，分别供给106厂制造手枪和五一兵工厂制造冲锋枪。此后，为保证国防急需，

本钢特钢工人冶炼镍铬枪钢的生产场景（中国冶金报社提供）

本钢又研制成功了50A、50特型钢材，结束了利用日本牌号和从苏联进口枪钢的历史，填补了我国枪钢生产的空白。

第一代枪钢成功研制，必须提到一个人——新中国第一代劳模贾鼎勋。试制一开始，贾鼎勋和工友们便碰到了钢锭纵向裂纹问题，久攻不克。随着交货日期的临近，贾鼎勋嘴角急出了大泡，人也瘦了一圈。经过逐道工序的研究、分析，他终于找到了影响枪钢质量的根源——钢中的非金属夹杂物。贾鼎勋马上组织工人，利用当时的设备和冶炼条件，采用氧化沸腾精炼，加大脱碳量，加强造白渣等新工艺，彻底解决了RS5枪钢纵向裂纹问题。

（原刊于《中国冶金报》2019年6月1日1版，通讯员 谢玉静 整理）

新中国第一支人造电极

1952年4月，抚顺特钢（现属于东北特钢集团）电极分场成功试制出新中国第一支人造电极，被称为“炼钢工业上的伟大贡献”。

据了解，电极是炼钢用的重要材料，此前一直依赖进口。随着新中国钢铁工业不断发展，解决这个问题变得日益迫切。当时，技术人员只从书本上了解到相关理论，却没有实际制造过；工人们虽在伪满时期制造过，却没有掌握日本人手里的技术。为解决这个问题，新中国成立以来，人民政府投入了大笔资金，找来专门技术人员与工人进行研究试制。试制过程中，曾出现成型时压制不均匀、一头松一头紧的问题。后来，工人们提出了两头压的办法，经试验，压出来的电极完全合适。其间，苏联专家还提出了改变电极粒度比的宝贵建议。

人造电极的成功制造给新中国的炭素工业开辟了新的道路，促进了新中国炼钢工业的发展。

（原刊于《中国冶金报》2019年9月25日1版，通讯员　吉勇　整理）

新中国第一个“万能工具胎”

20世纪50年代初，我国开始实施第一个五年计划，鞍钢重任在肩。1953年4月，鞍钢矿山一线告急：大批凿岩机因缺少备件——卡动器而被迫停止作业。十万火急的试制任务落到机械总厂王崇伦所在的工具车间。卡动器是凿岩机上最易磨损的零件，虽然体积还没有拳头大，但制作工艺复杂，需要经过车、插、铣、渗碳、淬火等12道加工工序，而且精度要求很高。当时，国内尚无厂家能生产这种备件。

由于工具车间设备不均衡，插床能力不足，造成大批零件积压，直接影响下道工序。王崇伦心急如焚，想创造一种新工具安在刨床上，让刨床干插床的活。终于，一天晚上，他在整理技术资料的时候，翻出一张刨床代替铣床加工拉杆的现场照片，突发灵感，一个大胆的构想产生了。半个月后，王崇伦把特殊的工具胎图纸展现在车间领导面前：这个工具胎外壳酷似一台电动机，由40多个零件组成，卡动器和反螺母都可以固定在套子中，旋转360度，任意选择加工角度。原来插床一次只能加工一个工件，而工件放置在这个工具胎内，刨床可以成摞切削，就像穿糖葫芦一样方便。车间主任和技术人员看了图纸后都对王崇伦的奇妙构思赞不绝口。

在领导和工友们的支持下，几天后，一个长500毫米、直径200毫米的工具胎被安置在王崇伦的刨床上。试车这天，数百人前来观看。当第一批工件加工完毕之时，计时人宣布：加工一个卡动器耗时45分钟。更让人震惊的是，以往加工凿岩机的40多个零件，每加工一种零件都得制作一套专用的卡具，而这一工具胎竟能全部取而代之。经过一番集思广益，王崇伦创造的这一独特工具胎被命名为"万能工具胎"。使用"万能工具胎"加工卡动器，提高工作效率7倍多，而且加工出的零件均为一等品，如期完成了凿岩机零件的生产任务。到1953年末，王崇伦创造了1年完成4年工作量的奇迹。王崇伦也因此被誉为"走在时间前面的人"。

（原刊于《中国冶金报》2019年8月21日1版，记者　刘敬元　整理）

新中国首批Cr13型汽轮机叶片异型钢材

1948年10月31日，本溪市全境解放。回到人民怀抱的本溪煤铁公司（于1953年3月3日更名为本溪钢铁公司）进入恢复生产时期。最早恢复生产的是特殊钢厂。1952年5月24日，该公司特殊钢厂试轧成功了新中国首批Cr13型汽轮机叶片异型钢材，解决了该品种钢材在国内不能生产、急需从国外订货的难题，填补了我国热轧异型叶片钢材的空白。东北电工器材厂用这种异型钢材，成功地制造出我国第一台透平发电机。为此，重工业部奖励该厂锦旗一面、奖金1000万元（旧币）。

欢欣鼓舞的工人们用首批轧制成功的钢材，手工制作了两把不锈钢大钥匙，钥匙一面刻着毛主席语录："没有工业，便没有巩固的国防，便没有人民的福利，便没有国家的富强。"另一面刻着斯大林语录："工业是整个国民经济（包括农村经济在内）的主脑，工业是一个钥匙，在这个钥匙的帮助之下，

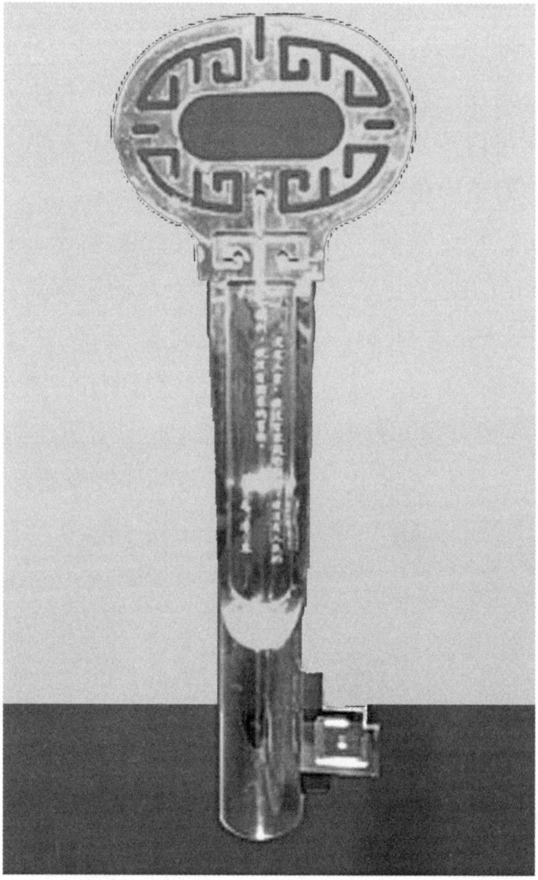

用首批轧制成功钢材制作的不锈钢大钥匙（中国冶金报社提供）

才能在集体化的基础上来改造落后的分散的农业。”这两把钥匙，一把献给了毛主席，另一把被国家征集。

（原刊于《中国冶金报》2019年5月31日1版，通讯员　谢玉静　整理）

新中国第一根大型钢材

中共中央于1952年5月4日批示：“要集中全国力量首先恢复和改建鞍山钢铁公司。”建设鞍钢被列为重中之重，其中包括著名的“三大工程”——大型轧钢厂、无缝钢管厂、炼铁厂七号高炉。

鞍钢大型轧钢厂是新中国第一座现代化轨梁轧钢厂。该工程于1952年8月1日正式动工，设计能力为年轧制钢轨及各种大型钢材50万吨，基础设施建设投资10471.1万元，全套设备和技术资料由苏联提供，主体设备有800毫米轧机、加热设备、热锯机、精整机组、钢轨加工及主电室、电磁站、地下油库和钢坯库等设施。

1953年11月30日，鞍钢大型轧钢厂热试轧成功，生产出新中国第一根大型钢材。

周恩来总理于1953年12月21日视察鞍钢时题词："大型轧钢厂、无缝钢管厂、七号炼铁炉的开工生产，是我国社会主义工业化建设中的重大胜利。"

（原刊于《中国冶金报》2019年9月20日1版，通讯员　吴先明　整理）

新中国第一炉钨铁

钨铁，是炼钢必不可少的原料。抚顺特钢（现属于东北特钢集团）是我国最早生产钨铁的企业。

1936年，中国在江西吉安筹建钨铁厂，后因抗日战争而中止。日伪时期，抚顺特钢建立铁合金分场，进行钨铁的研制与生产。新中国成立后，抚顺特钢又开始钨铁试制，先后进行了40多次的反复试验，在名黑和孝（抚顺制钢解放后留下来的日本技术人员）和该分场主任、副工程师张岭南指导下，综合中性渣法及碱性渣法两法优点，于1950年10月用电炉积块法试炼钨铁成功。抚顺特钢生产的钨铁填补了国内空白，为后来吉林铁合金厂的建立（1953年9月建成）提供了人员和技术保障。

1950年11月，抚顺特钢生产的一级品高达总量的80%，使抚顺特钢炼钢所需钨铁得到了保证，受到了当时东北人民政府工业部的表彰。

1951年10月，抚顺特钢铁合金分场钨铁实现批量生产。1956年12月，从苏联引进的电炉取铁法生产钨铁工艺在吉林铁合金厂投产。

（原刊于《中国冶金报》2019年9月5日1版，通讯员　王　凯　整理）

新中国第一根钢轨

解放初期，重庆兵工署第二十九兵工厂（1951 年 3 月 1 日，第二十九兵工厂更名为西南工业部一零一厂；1955 年 2 月，一零一厂、西南钢铁公司两家企业合并为西南钢铁公司；1955 年 4 月，西南钢铁公司改称为重庆钢铁公司）是当时西南地区最大的钢铁企业。解放前夕，第二十九兵工厂遭到破坏，机器设备残缺不全。1950 年 2 月 1 日，西南工业部钢铁管理委员会成立，在研究如何恢复和发展第二十九兵工厂的同时，也在酝酿修建成渝铁路，而首要问题是钢轨从哪里来？

1950 年 5 月 10 日，在苏联专家的指导下，经过工人们的连夜修复，第二十九兵工厂钢轨场恢复了生产。钢轨场工程师潘继庆、金石声、邹承祖等人依据英制资料，以 6400 匹马力蒸汽机为动力机，利用 1938 年从汉阳铁厂迁来的 800 毫米轧机，在加工修补的旧辊上，用自炼的小钢锭，试制轧出新中国第一根钢轨——85 磅/码重轨。

1950 年夏，重工业部、西南工业部联合提出方案，由第二十九兵工厂研制钢轨铺设成渝铁路。当时，西南军政委员会第一政委邓小平在此方案上签署意见并报送毛泽东主席，毛泽东主席批准了方案。于是，第二十九兵工厂在试轧出 85 磅/码重轨后，承担了研制中华 38 千克/米钢轨和垫板的光荣任务。

1952 年 4 月 10 日，中华 38 千克/米重轨在一零一厂试轧成功。试轧出的成品表面光整、圆弧显著，完全克服了 85 磅/码钢轨一直无法避免的上翘缺点。中华 38 千克/米钢轨与垫板研制成功后，相关人员当即向负责修筑成渝铁路的西南铁道部建议更换新轨，建议很快就被采纳。从 1951 年试生产开始，垫板生产线就开始生产供应成渝铁路的产品，并准备更换已铺设近百公里的旧式钢轨。

1952 年 6 月 13 日，成渝铁路全线都铺上了一零一厂生产的中华 38 千克/米钢轨，每根枕木上都安装上了中国人自己生产的垫板，使成渝铁路成为新中国第一条具有较高水平的铁路。

（原刊于《中国冶金报》2019 年 5 月 29 日 1 版，记者　袁 矗　整理）

新中国第一炉不锈钢

用第一炉不锈钢制作的宝塔（中国冶金报社提供）

1952 年 9 月 16 日，太钢电炉炼钢部成功冶炼出新中国第一炉不锈钢。太钢人用这炉钢制作了一座高约 20 厘米、银光闪闪的不锈钢宝塔送往北京，向党中央和毛主席报喜。当时，正值抗美援朝战争时期，为鼓励前线将士士气，宝塔被转交给旅顺苏军战利品陈列馆，向前线志愿军展出。1955 年，该陈列馆更名为旅顺军事博物馆。1977 年，在旅顺展出 25 年的太钢不锈钢宝塔随同旅顺军事博物馆其他 26600 余件文物移交到中国人民革命军事博物馆。

不锈钢是世界冶金史上一项伟大的发明。随着现代科技不断发展，不锈钢已广泛应用于经济和社会生活的各个领域。太钢作为我国最早和最大的不锈钢生产企业，对不锈钢事业始终矢志不渝，历经艰辛探索与奋斗，推动中国不锈钢产业奋力前行。

（原刊于《中国冶金报》2019 年 5 月 24 日 1 版，记者　黄传宝　整理）

新中国第一座自动化高炉

鞍钢炼铁厂8号高炉是我国第一座自动化高炉，于1952年4月动工改建，1953年3月11日建成，建设投资556.9万元，技术设计由苏联提供，施工图设计由鞍钢设计处完成。

8号高炉容积为909立方米，日均产铁量为1097吨，装有自动化装料系统、冷却壁冷却系统和炉前使用的电炮、开口机、堵渣口机，以及较完善的监测仪器等。

（原刊于《中国冶金报》2019年8月23日1版，通讯员　曹洪儒　整理）

新中国第一根无缝钢管

1953年10月27日，鞍钢无缝钢管厂直径140毫米自动轧管机组热试轧成功，顺利轧出新中国第一根无缝钢管。为表达对党中央、毛主席的敬意，无缝钢管厂从新中国第一根无缝钢管上切下200毫米的一段，送给敬爱的毛主席。

1953年12月24日，毛主席给鞍钢全体职工复信祝贺："鞍钢无缝钢管厂、大型轧钢厂和第七号高炉的提前完成建设工程并开始生产，是1953年我国重工业发展中的巨大事件。"

毛主席在复信中提到的鞍钢无缝钢管厂、大型轧钢厂和第七号高炉，就是我们经常说的鞍钢"三大工程"。1949年，中国的钢产量只有15.8万吨。国家各条工业战线的建设，最急需的就是工业的粮食——钢铁。当时，由于西方敌对国家对新中国实行经济封锁和禁运，从国外进口无缝钢管的来源中断，而国内还不能生产，这对经济的恢复和国防工业都产生了严重的影响。毛主席说："没有工业，便没有巩固的国防，便没有人民的福利，便没有国家的富强。"因此，在毛主席1949年12月出访莫斯科时签订的苏联帮助中国建设的50个工程项目中，鞍钢"三大工程"列于榜首。

鞍钢无缝钢管厂是我国兴建的第一座生产无缝钢管的现代化工厂，设计能力为年产6.5万吨热轧无缝钢管。该工程于1952年7月14日动工，基建投资5337.71万元，全部设备和技术资料由苏联提供。主要设备有140毫米轧管机组，包括加热、穿孔、轧管站、定径、矫直、精整、管头加工及主电室、电磁站、地下油库、空压机室和产品库等设施。

（原刊于《中国冶金报》2019年5月17日1版，记者 刘敬元 整理）

新中国第一炉铬不锈钢

1954年9月10日，抚顺特钢（现属于东北特钢集团）试炼新中国第一炉铬不锈钢成功。

试制工作是从1952年开始的，首批试制任务是1Cr13、2Cr13等铁素体和马氏体不锈钢。他们先在1吨电炉试炼。由于钢的含铬量高，加入的铬铁量大，电炉变压器功率低（600千伏安），铬铁分批加入后炉温骤降，结果未炼成功。后又转到2号5吨电炉试炼，虽然成分合格了，但1Cr13的低倍组织内裂严重，2Cr13则在塔形检查中发现裂纹不合格。1954年8月，苏联专家朱也夫到该厂亲自指导用矿石氧化法又试炼了一炉，低倍内裂问题仍未得到解决。

1954年，朱也夫再次在5号5吨电炉上进行试炼，采用苏联МПТУ技术，冶炼要点是：氧化期吹氧助熔，还原期吹氧熔化铬铁，插铝脱氧，保持白渣冶炼不少于50分钟等，结果低倍组织内裂问题解决了。

这次试炼成功，主要是应用了氧气吹炼和助熔，缩短了冶炼时间，提高了冶炼温度。应用氧气炼钢，在当时的全国特钢厂中还是首次，这为电炉炼钢工艺带来了根本性的改革，对合理利用合金返回钢、扩大冶炼品种，特别是高合金钢和低碳不锈钢的冶炼，起到了极其重要的作用。如果没有氧气炼钢，抚顺特钢生产的品种就不可能迅速增加。

1952~1954年，抚顺特钢主要是开发新品种，进行技术培训，积累经验，实际生产量较少。实际上，这是一个核心技术储备阶段。这些经验为1955年开始的不锈钢生产创造了条件。

（原刊于《中国冶金报》2019年7月23日1版，通讯员 吉勇 整理）

新中国第一批炮钢

20世纪50年代初，党中央把许多生产人民军队所需的特殊钢任务下达给了本钢特钢厂，研制和生产新中国第一批炮钢就是其中之一。1950年9月，本钢在苏联专家B·希脱洛夫的帮助下，试制成功SAE3335炮钢。1954年9月，我国第一批P类炮钢研制成功，包括PCr、PCrMo、PCrNiMo等品种，用于127军工厂加工生产榴弹炮、76.2毫米口径野战炮和37毫米口径高射炮。

1954年10月25日，毛主席写过一封贺信给127厂。信中说："127厂全体同志们：祝贺你们试制成功122公里榴弹炮，这对建立我国国防工业和增强国防力量上都是一个良好的开端。"

毛主席贺信提到的122公里榴弹炮，就是采用了本钢特钢厂研制的PCr炮钢生产的。本钢特钢厂的突出贡献，得到党中央的充分肯定，朱德同志先后于1952年和1959年两次视察本钢。

（原刊于《中国冶金报》2019年6月14日1版，通讯员　谢玉静　整理）

新中国第一根螺纹钢筋

1955年，第一个五年计划期间，国民经济建设正式起步，并逐渐掀起建设新高潮。苏联援建项目设备的基础建设均采用螺纹钢筋，但当时中国不能生产螺纹钢筋，只能生产光面圆钢筋，前者比后者可节约金属15%～20%。

以陈德宏工程师为主力的鞍钢孔型设计组经过反复研讨，进行螺纹钢筋孔型设计，在机械制造公司工程技术人员的配合下，将成品轧辊铣切成右螺旋横肋刻槽，在小型厂试制成功，轧制出新中国第一根螺纹钢筋。这一天是1955年5月19日。从此，中国结束了没有螺纹钢筋的历史。

此后，冶金工业部决定，从全国各钢铁企业抽调工程技术人员，在鞍钢举办孔型设计学习班，学习期为半年到一年。从此，螺纹钢筋的生产在全国钢铁企业得以普及，螺纹钢筋在全国建筑业得到普及应用。

（原刊于《中国冶金报》2019年5月16日1版，记者　刘敬元　整理）

新中国第一批 701 犁铧钢

1956 年 1 月，本钢成功设计并轧制出新中国第一批 701 犁铧钢，为我国农业发展做出了重要贡献。

1955 年中国的粮食缺口达到 5000 万吨，毛主席日夜思考如何解决中国人民的吃饭问题。要提高粮食产量就必须改进农业生产工具，因此，党中央在制定的《农业发展纲要四十条》中规定，在农业生产中推广具有一定技术含量的双轮双铧犁。

双轮双铧犁的推广与改进，需要大量的犁铧钢，研制这种钢也就成了一项政治任务。1955 年，根据毛主席批示，时任政务院副总理兼财经委员会主任的陈云同志亲自布置的 701 犁铧钢研制计划在本钢特钢厂正式实施。中央要求 1956 年 1 月 10 日前上交 500 吨农机用钢。

据本钢特钢厂当时的老厂长周刚回忆："本钢在一无资料、二无生产经验的情况下接受了中央领导下达的任务后，迅速召开会议，研究怎样组织生产这种从未生产过的钢种。接着调集全厂的攻关能手组成犁铧钢攻关小组，由责任心最强、最善于科技攻关的工程师李庆国担任组长。攻关组成立以后，没有图纸、资料和数据，李庆国吃住在工厂，和技术人员们一起研究试制方案，亲自设计绘制了轧机孔型图。经过多次试验，在不到一个月的时间里，他们成功轧制出符合规定的犁铧钢。"

1956 年 1 月，本钢共上交犁铧钢 1614. 827 吨，出色地完成了毛主席亲自批示的任务。

（原刊于《中国冶金报》2019 年 6 月 21 日 1 版，通讯员　谢玉静　整理）

新中国第一炉高温合金

1956 年 3 月 26 日，抚顺特钢（现属于东北特钢集团）成功冶炼出新中国第一炉高温合金 GH3030，从此拉开了我国高温合金产业从无到有、从低级到高级、从仿制到独立创新的发展序幕。

用于生产高温合金的3吨电弧炉（中国冶金报社提供）

1956年初，新中国大力发展航空工业，急需国产的高温合金替代进口材料用于制造飞机涡轮发动机。经重工业部和二机部研究决定，将这一艰巨的任务交给了抚顺特钢，并要求钢铁工业综合研究所（钢铁研究总院前身）协助完成试炼任务。

在苏联专家和国内专家的指导下，抚顺特钢选择GH3030作为第一个高温合金的试炼品种。GH3030是属于固熔强化型镍基变形高温合金，是米格17喷气式发动机燃烧室的主要应用材料。

接到任务后，抚顺特钢上下群情激奋，全力做好各项准备工作，技术人员和工人把首次试炼当作一件政治任务。经过金属材料、炉料、钢锭模、成分检验和洗炉等环节的精心准备，1956年3月26日，新中国第一炉高温合金在抚顺特钢一炼车间3吨电弧炉开始试炼，第一批共冶炼了两炉。

1956年4月18日，在锻钢车间，第一炉高温合金开始进入锻造开坯阶段。这一天正值周恩来总理第二次来到抚顺特钢视察。在重工业部部长王鹤寿的陪同下，周总理在5吨蒸汽锤前视察了第一炉高温合金的锻造过程，并亲切看望和慰问了为之辛勤付出的各方面专家和一线工人，指示说："要抓紧试制成功，扩大高温合金生产。"

在随后的10年间，抚顺特钢先后完成了十几个高温合金品种的试制任务，成为我国最重要的高温合金生产和研发基地，为我国国防建设发挥了不可替代的作用。

（原刊于《中国冶金报》2019年7月19日1版，通讯员　王凯　整理）

新中国第一炉超高强度钢

1956 年 5 月，抚顺特钢（现属于东北特钢集团）成功冶炼出新中国第一炉超高强度钢 H31，为我国航空工业发展做出了重要贡献。

超高强度钢具有高抗拉强度及良好的冲击韧性，应用于飞机起落架、合缝接头、螺栓等关键零件的制造。后期，这种材料又被广泛用于火箭燃料箱及导弹壳体等部件的制造。

因种种客观因素，抚顺特钢超高强度钢在研制初期未能投入批量生产。1964 年，在沈阳金属研究所的大力支持下，抚顺特钢对材料性能指标有了全面了解，并快速掌握了该材料的核心生产技术。然而，绝大多数的超高强度钢含有铬、镍元素，而当时国内铬、镍资源较少，最终在冶金工业部钢铁研究院，中国科学院金属研究所，三机部、五机部、七机部（分别为航空工业部、兵器工业部、航天工业部）研究单位等的支持和帮助下，抚顺特钢完成了无铬镍超高强度钢的研究试制工作。

从 1965 年开始，抚顺特钢先后试制了 4 个牌号的无铬镍超高强度钢。其中，32SiMnMoV 优于国外同等强度水平的铬镍钢，且成为我国自创的一个新钢种。1968 年，抚顺特钢打破了国外铬镍炮钢生产的框框，试制出 30SiMnWMoV。该材料不仅完全取代了苏联牌号 OXH1M，且强度水平比 OXH1M 提高了 66%。到 1969 年，抚顺特钢已经掌握了结构钢、不锈钢和马氏体时效钢等 10 多个超高强度钢的核心生产技术。

目前，国内航空航天用超高强度钢 90% 以上产自抚顺特钢。

（原刊于《中国冶金报》2019 年 7 月 24 日 1 版，通讯员　刘晓冬　整理）

新中国第一辆 CA10 解放牌汽车用弹簧扁钢“本钢造”

20 世纪，曾有一种绿皮大卡车驰骋在大街小巷，人们亲切地叫它“老解放”，它代表着人们对那个火红年代的历史记忆。它就是老解放 CA10。新中国第一辆 CA10 解放牌汽车就应用了本钢研制的 60Si2Mn 平面弹簧扁钢。

用本钢弹簧钢生产的CA10解放牌载重汽车（中国冶金报社提供）

1956年7月13日，长春第一汽车制造厂崭新的总装线装配出第一辆CA10解放牌汽车；7月14日，长春第一汽车制造厂装配出第一批12辆CA10解放牌汽车，结束了我国不能生产汽车的历史。本钢60Si2Mn平面弹簧扁钢应用在这批汽车上，标志着国产的汽车用钢发展随着国产汽车的问世开始起步。

解决卡车用钢国产化问题的主要功臣姚贵升，在“汽车用钢的回顾与展望”一文中写道：“1956年，解放牌载货车上，国内能生产、供应的钢材按重量计算只占19%。”到1962年，我国汽车用钢国内自给率已经达到98%，基本上实现了国产化。

第一批解放牌卡车参加了1956年的国庆阅兵式。之后，一部分汽车在天安门展出。

（原刊于《中国冶金报》2019年7月2日1版，通讯员　谢玉静　整理）

新中国第一条三角股钢丝绳

在三角股钢丝绳出现之前，矿山普遍使用普通的圆股钢绳，使用寿命较短，换绳频繁，导致矿山生产作业率低下。1953年，鞍钢钢绳厂开始研制三角股钢丝绳。1955年，鞍钢试制成功我国第一条6△（30）（由6根30股钢丝拧成，截面为三角形）、直径37毫米、长150米的三角股钢丝绳，在鞍钢高炉上料车卷扬机上试用，其寿命比普通绳延长1.5倍。

1958年，鞍钢钢绳厂突破仅能生产150米三角股钢丝绳的长度关，并将其扩大到煤矿上使用。第一根三角股钢丝绳在开滦煤矿正式应用，使用寿命达到英国和德国的同类绳水平。

（原刊于《中国冶金报》2019年9月3日1版，记者 刘敬元 整理）

新中国第一块宽厚板、第一卷带钢卷

为了适应中华人民共和国成立后工业发展形势，满足各部门对中厚钢板、热轧薄板、带钢和供冷轧机生产冷轧薄板用钢卷的需要，新中国建成第一个半连续轧板厂——鞍钢半连续轧板厂。

1958年，该厂从苏联引进的一套2800/1700毫米半连续式板带轧机建成投产，既生产中厚钢板，又生产钢卷。该轧机的轧制中厚钢板部分于1958年7月15日首先投产，轧出了我国第一块宽厚板；1959年精轧机组投产，轧出了我国第一卷带钢卷。在1959~1972年的较长时间内，该轧机一直是我国唯一一套生产带钢卷的轧机。

（原刊于《中国冶金报》2019年5月30日1版，记者 刘敬元 整理）

新中国第一根优质合金钢无缝钢管

无缝钢管在20世纪50年代是钢材中的稀缺产品，全国唯有鞍钢无缝钢管厂从苏联引进的无缝钢管机组能生产锅炉用无缝钢管，而合金钢无缝管当时在我国还是空白。1958年10月，大连钢厂（现属于东北特钢集团）用我国自行设计、制造的无缝钢管机组制造出我国第一根优质合金钢无缝钢管；1959年，又同北京钢铁学院（北京科技大学的前身）一起试制出热轧轴承钢管。同时，不锈钢无缝管的冷拔加工也在大连钢厂钢丝车间六工段试验成功，开始了大连钢厂合金无缝钢管的生产。

（原刊于《中国冶金报》2019年7月11日1版，通讯员 赵璇 整理）

新中国第一炉精密合金

1958年，在大连钢厂建立的我国第一个精密合金生产基地（中国冶金报社提供）

1958年以前，我国所用的精密合金完全靠从日本、苏联、联邦德国等国家进口。

为了打破国外封锁，大连钢厂（现属于东北特钢集团）从1958年开始，成立了精密合金研制小组。技术人员在不足100平方米的简易厂房里，用仅有的1台30千克非真空感应炉和1台二辊冷轧机，从仿制简单的坡莫合金开始进行研究。他们翻阅了国内外大量的有关精密合金技术资料，当年就生产出15千克、3个牌号的软磁合金、膨胀合金带。到1960年初，大连钢厂共仿制和研制出11个牌号的精密合金成品带1500千克，填补了我国精密合金的空白。

第一批精密合金产品的出现，标志着我国精密合金生产走上了新的道路。1960年4月，为了振兴我国精密合金专业，冶金工业部拨出专款兴建大连钢厂精密合金研究所，并把它作为国家的重点工程项目——“七五二工程”。1961年11月1日，大连钢厂正式成立了七五二研究所。1961年12月，冶金工业部在大连举办了第一次精密合金会议，来自生产、科研、使用部门的20多个单位的代表参会，大连钢厂提交的我国第一份精密合金技术标准获得了通过。1963年初，大连钢厂的精密合金生产已初具规模，具有12个技术条件、35个牌号；第二年，牌号又增加到70多个，年产量达60多吨。

1964年5月，大连钢厂生产的9项精密合金产品荣获国家科委、计委、经委联合颁发的新产品一等奖。这些产品是：矩磁合金、铁钴钒永磁合金、高弹性合金、定膨胀合金、低膨胀合金、铁铬铝电热合金、电工薄带和极细丝等。

精密合金的生产一直受到党和国家领导人的重视和关怀。1964年6月30日，邓小平、罗瑞卿、粟裕等领导同志到大连钢厂视察。邓小平看到毛细管的生产流程后，特别是看到比头发丝还要细的极细丝产品后大加赞扬。

（原刊于《中国冶金报》2019年7月12日1版，通讯员 赵 璇 整理）

新中国首批坦克装甲钢板

1958年，仿制苏联T-54式坦克装甲钢板的任务落到鞍钢头上。鞍钢主管军工生产的副经理马宾向鞍钢研究所工程师曹荫之布置了5种装甲钢板（按板厚依次为52C、42CM、49C、43ⅡCM、2Ⅱ）的任务，传达了冶金工业部和二机部的联合通知：国庆10周年大典时，党和国家领导人要在天安门城楼上检阅我们自制的坦克。希望鞍钢按质按量提前完成任务，并为六一七厂预留一段装车周期。

30岁出头的曹荫之接到任务后，白天翻译和查找资料，走访现场领导、老工人和技术骨干；晚上根据大家的意见，编制钢锭-钢坯-钢板轧制方案和均热、轧前、剪切、清理操作要点。终于在其他技术人员的帮助下，完成了技术准备工作。这时已到了1958年中秋节，离10周年国庆受检期限已不到1年。由于当时全国正在大炼钢铁，鞍钢任务极重，铁水硫高，无法排除，加上二初轧厂1600吨大剪牌坊出现隐患，半连轧的罩式回火炉与试样淬火炉也未建成，这批特殊用钢的冶炼工作不得不推迟到第二年。

1959年1月中旬，在冶金工业部钢铁研究院、六一七厂协助下，鞍钢第二炼钢厂顺利地炼出了第一炉坦克装甲板用钢；再由第二初轧厂和半连轧厂轧成装甲钢板，并通过表面检查、修磨后发给六一七厂，由他们代替鞍钢进行高温回火（1959年下半年起，鞍钢担负高温回火任务），之后是调质处理和靶场试验。当收到二机部发来的贺电和五二研究所（当时隶属六一七厂）

寄来的射击合格试验报告时，大家激动得热泪盈眶。

1959 年 10 月 1 日，当从收音机里听到我们自己的“五九式”坦克和履带式牵引车通过天安门广场的消息时，鞍钢职工感到无比欣慰和自豪。

（原刊于《中国冶金报》2019 年 6 月 11 日 1 版，记者　刘敬元　整理）

新中国第一炉稀土硅铁合金

20 世纪 50 年代末，包钢建设正值高潮时期，许多厂矿陆续投建。一号高炉投产后，包钢即着手生产稀土产品，开发新科技生产项目。

1958 年 8 月 28 日，时任包钢副总经理李超就筹建稀土金属厂相关事宜与冶金工业部有色金属司、有色设计总院和上海冶金陶瓷研究所负责人交换意见，并起草《关于包头稀有稀土金属厂筹建工作》的报告呈报冶金工业部。同年 9 月，包钢成立有色金属厂筹备处；10 月 4 日，冶金工业部发出《关于包头稀土金属试验厂建设原则的通知》。

1959 年 1 月，包钢稀土金属试验厂破土兴建。1959 年 6 月，撤销有色金属厂筹备处，成立包钢第二选矿厂。

1960 年 4 月，冶金工业部决定在包钢第二选矿厂建设年产 5000~10000 吨稀土硅铁合金的反射炉车间及其配套工程。

其间，1958 年 11 月~1959 年 3 月，包钢有色金属厂筹备处用试验厂冶炼白云鄂博矿石的小高炉炉渣，试炼稀土硅铁合金获得成功。1959 年 12 月 30 日 15 时 07 分，第二选矿厂（包钢稀土一厂）用反射炉正式试炼出第一炉稀土硅铁合金。包钢稀土产业发展就此发端，也打开了我国稀土工业发展的大门。

（原刊于《中国冶金报》2019 年 6 月 12 日 1 版，实习记者　于泓泽　整理）

新中国第一个大型轧辊

20 世纪 60 年代初，我国处于三年困难时期，苏联停止向我国供应大型轧钢机轧辊，鞍钢各轧钢厂面临停产。在这紧要关头，王崇伦与孟泰主动请缨，承担组织研制大轧辊的攻关任务。

在他们两人的领导下，500 多名干部、工程技术人员众志成城，从炼铁、炼钢到铸造，跨厂际联合攻关。历时一年之久，他们先后破解十几项重要技术难题，终于成功试制了新中国第一个大型轧辊，解了燃眉之急，也填补了我国冶金史上的一项空白。

（原刊于《中国冶金报》2019 年 8 月 30 日 1 版，记者　刘敬元　整理）

新中国第一件车轮

为了新中国铁路事业的发展，20 世纪 60 年代初，党中央、国务院将自行建造一座大型车轮轮箍厂摆上了重要议事日程。1961 年春，中央书记处召开会议，专题研究讨论车轮轮箍厂的兴建与选址事项。

时任中央书记处总书记邓小平亲自主持会议。会上，时任冶金部部长王鹤寿认为，马鞍山临江通海，水陆交通便利，拥有丰富的铁矿资源，更有两淮煤矿（淮南煤矿、淮北煤矿）的依托，是发展钢铁工业的热土，也是建设车轮轮箍厂最理想的地方。

邓小平在认真听取每一位代表发言后指出，目前国家经济十分困难，但再困难车轮轮箍厂一定要建，这就是把钱用在刀刃上，“我看场子就在马鞍山建设，这是大家的意见，也是我的想法”。

1961 年 3 月 7 日，马钢车轮轮箍厂筹备处迅速成立。随后，来自冶金部、一机部、铁道部等 8 个部委和江苏、上海、安徽、辽宁等 21 个省份的 19 个厅局、192 家主要设备制造厂，以及鞍钢、武钢、大冶等兄弟单位，全力支援马钢建设。

历经 2 年多的艰苦奋战，1963 年 11 月 18 日，国产第一个车轮轮箍在马钢试轧成功。1964 年 7 月 29 日，马钢又成功轧出国产第一件整体辗钢车轮。从此，祖国交通大动脉车轮烙上了“马钢印”。

如今，马钢车轮已驶入全球 70 多个国家和地区，可按世界任何一种车轮产品标准组织生产。自主研发的时速 250 千米、350 千米高速车轮，顺利通过中国高铁 60 万千米装车考核，并获得国内轮轴企业首张 CRCC（中铁检验认证中心）证书。2018 年 8 月，时速 270 千米高速车轮首次打进德国市场；同年11月，马钢瓦顿公司生产的CRH5G型动车组ER8C车轮在兰新客专线——乌鲁木齐—兰州段接受60万千米装车考核。

（原刊于《中国冶金报》2019年5月21日1版，记者　章利军　整理）

新中国第一块低合金高强度桥梁板

1963年，由于苏联政府单方面撕毁供货合同，南京长江大桥的建设计划因无桥梁板而受到威胁。铁道部提出了“四自”建桥方针，即自己备料、自己设计、自己制造、自己施工。

最困难的是自己备料，没有合格的桥梁钢板等于无米之炊。因此，铁道部寄希望于鞍钢，请鞍钢予以大力协助。这个任务非常艰巨，生产35千克级16Mn高强度桥梁板，系国内首创，难题不少。首先，鞍钢尚未大量生产过低合金锰钢，在性能上不够熟悉，需要有一个探索规律的过程。其次，由于是特宽（2500毫米）、特长（18米）的钢板，一方面工艺生产线条件不太具备；另一方面由于钢板太长，车辆运输有困难。最后，订货量大（2万多吨），时间很紧迫（1963年秋天签合同，1964年初就要供货）。

鞍钢接受任务后，一个一个解决难题。第一个难题就是半连轧厂的热处理生产线，由于钢板太长难以通过，需要进行革新改造。半连轧厂的生产线是20世纪50年代末刚进口的“洋”设备，他们首先从思想上破除迷信，敢于对“洋”设备动手术，以打通生产线。厂里迅速组织起一支专业革新队伍。在设计和施工中，职工们争分夺秒，利用节假日抢进度，终于提前完成了热处理冷床延长工程，满足了工艺要求。钢板输出上的难题，他们在铁道部的大力支援下，采用专列双车皮抬运的方式解决了。

该种桥梁板生产中的主要难题，是对锰钢性能不够熟悉，集中表现在屈服点合格率太低，达不到交货条件。按技术标准，该种桥梁板的屈服点要大于或等于35千克，而鞍钢大批量生产的成品，屈服点有近半数低于标准1~1.5千克。时任鞍钢有关领导组织开展一条龙攻关大讨论，找出了症结所在后，采取了一系列改进措施。在有关单位、部门的积极主动协作配合下，半连轧厂作为成品交货单位，经过4个多月的拼搏，终于出色地完成了为南京长江大桥供料的光荣任务，为我国当时最大的桥梁建设奠定了物质基础。

鞍钢生产的16Mn高强度桥梁板填补了一项国家空白，1964年获得了国家新产品一等奖。

（原刊于《中国冶金报》2019年5月23日1版，记者 刘敬元 整理）

新中国第一座30吨氧气顶吹转炉

1964年12月24日，新中国第一座30吨氧气顶吹转炉在首钢诞生。这是我国在没有从国外引进任何软件、硬件的情况下，自主建设的当时最先进的炼钢转炉，揭开了我国转炉炼钢的新篇章。

20世纪五六十年代，全世界炼钢生产是以平炉为主的时代。1953年，奥钢联开发出了氧气顶吹转炉炼钢法（LD法）。1956年左右，石景山钢铁厂（首钢的前身）"只出铁不出钢"，为了让其"既出铁又出钢"，国家决定投资扩建，并最终确定采用氧气顶吹转炉炼钢法进行炼钢。

当时，在没有购置国外任何技术、诀窍、装备，以及聘请任何外国专家的条件下，石景山钢铁厂完全依靠自己和兄弟部门的力量开展自主创新。这项工程于1958年破土动工，后由于遇上"三年困难时期"，上级指令基建停工造成延误，才延至1964年顺利投产。

氧气顶吹转炉是炼钢生产发展的方向，在同样的规模和条件下，基建投资和生产成本都要比平炉下降1/3以上。

（原刊于《中国冶金报》2019年5月22日1版，记者 王春亮 整理）

新中国第一颗原子弹用金属铀

提起金岭铁矿（现隶属于山钢矿业），很多人对它的印象是生产优质铁精粉的矿山企业。但是，还有一段尘封的历史不为人知，那就是它曾为新中国第一颗原子弹的爆炸做出贡献。

1964年10月16日，新中国第一颗原子弹在西部戈壁腾空而起。很多年以后，金岭铁矿山西铜厂的职工才知道，自己曾经为新中国的原子能事业做出过贡献。

1960 年，金岭铁矿建立了对外保密的山西铜厂，开始生产金属铀，对外称 28 号产品。经过严格筛选，由退伍复员军人、党员、基层骨干等组成的铀矿生产队伍成立了，他们就是“铜厂民兵第五连”。当时正值 3 年自然灾害时期，物资匮乏，材料奇缺，工人们克服重重困难，白手起家，安装设备，调试机器，终于使工程于 1961 年 1 月 22 日竣工。他们在荒凉的工地上搭起临时工棚，先是在实验室内，用瓶瓶罐罐进行实验，经过无数次失败后，终于生产出了铀产品。

山西铜厂的生产几经起落，1961 年 9 月 20 日试生产停止，共获得金属铀 171 千克。1963 年恢复生产，直到 1974 年 6 月铀矿资源枯竭。据金岭铁矿矿志记载：自 1963 年 5 月 6 日恢复生产到 1974 年 6 月，山西钢厂共处理铀矿石 5152.68 吨，获金属铀 32329.75 千克，创产值 699.2737 万元，上缴利润 222.0016 万元。

（原刊于《中国冶金报》2019 年 8 月 1 日 1 版，通讯员　孟豹　高谦　整理）

新中国第一炉超低碳不锈钢

1965 年 5 月 15 日，抚顺特钢（现属于东北特钢集团）试炼新中国第一炉超低碳不锈钢成功，含碳量为 0.029%，被工人称作“争气钢”。

超低碳不锈钢是指碳含量小于 0.03% 的奥氏体不锈钢或碳含量小于 0.01% 的铁素体不锈钢，具有很低的晶间腐蚀敏感性。

1945 年，美国在电炉内试炼成功了碳含量小于或等于 0.03% 的超低碳不锈钢，但由于当时工艺上存在不少问题而未能大量投产。随着氧气在炼钢生产中的应用及极低碳铁合金的出现，从 20 世纪 60 年代起，超低碳不锈钢才得到较大的发展。

为满足我国社会主义建设需求，国内各特殊钢厂从 1964 年起，先后开展了超低碳不锈钢的试制工作。但是，由于工艺上存在的问题难以解决，大部分钢厂没有试炼成功，有些厂炼出的超低碳不锈钢虽然化学成分合适，但钢的质量不过关，而且工艺复杂，生产成本很高。

在试炼超低碳不锈钢成功之后，1966 年，抚顺特钢又接受了冶金工业部科研生产任务，初步试制了 5 炉 00Cr18Ni10、1 炉 00Cr17Ni13Mo2、1 炉 00Cr17Ni14Mo3、4 炉含碳小于或等于 0.03%的 R1T。

（原刊于《中国冶金报》2019 年 9 月 18 日 1 版，通讯员　吉勇　整理）

新中国第一卷冷轧硅钢片

1970 年 1 月 25 日，鞍钢冷轧薄板厂生产出新中国第一卷冷轧硅钢片，引得职工争相观看（中国冶金报社提供）

1960~1964 年，鞍钢按照苏联设计规定，采用紧卷初退火和成品真空高温电炉退火等工艺进行冷轧取向硅钢片单片生产，因工艺设备落后，试生产几年一直未生产出 1 吨合格品。

1965 年以后，鞍钢设计制造了一套松卷初退火设备，在松卷初退火中采用强制通风，使钢板碳含量降低。1970 年 1 月 25 日，鞍钢冷轧薄板厂生产出新中国第一卷冷轧硅钢片。

（原刊于《中国冶金报》2019 年 6 月 25 日 1 版，记者　刘敬元　整理）

新中国第一座特厚钢板厂

20 世纪 70 年代初，中共中央决定建立国家重要的战备军工企业——特厚钢板钢铁联合企业，生产国家急需的特宽特厚军用钢板。经过多次选址，国家第一座特厚钢板厂最后落户河南省舞阳县杨庄公社（现为舞钢市杨庄乡）。

1970年10月10日，来自冶金工业部第六冶金建设公司的9000名干部职工、全国钢铁战线的3000多名技术精英、河北省中部11个县民兵团的74000余名民兵，组成了8万余人的建设大军，在河南省军区司令员张树芝的指挥下，在从马鞍山到平顶山八矿、姚孟电厂延绵百公里的中原大地上，展开了轰轰烈烈的平舞工程大会战。

平舞工程大会战项目包括矿山、钢铁厂、平顶山姚孟电厂、平顶山至舞阳两条高压输电线路、平顶山至舞阳杨庄公社冯庄和平顶山至八矿的铁路。

参加会战的广大指战员风餐露宿不觉苦，顶风冒雨不畏难，用心血和汗水浇灌着钢城之基。在平舞工程大会战的现场，有许多感人的故事，诗人雷抒雁在《水火之战——舞钢赋》中写道："这是钢与火的故乡，让你感受炽烈坚硬和鲜红；让你体验力量雄壮和厚重。"

8万多人的参战大军经过3年的艰苦奋战，于1973年在一穷二白的荒山野岭上建起了我国第一个特厚特宽钢板生产基地，填补了我国特厚特宽钢板生产的空白。

（原刊于《中国冶金报》2019年8月13日1版，通讯员　董洁　整理）

新中国第一套带有立辊的大型万能板坯初轧机

1975年8月11日，我国自行设计、制造、安装的第一套带有立辊的大型万能板坯初轧机——本钢1150毫米万能板坯初轧机全负荷试轧成功。该轧机于1973年10月破土兴建，由北京钢铁设计院设计，设计轧坯能力为173万吨/年。

这套初轧机组产线全长167.4米，可开坯普通碳素钢、低合金钢、硅钢等，开坯最大钢锭为27吨，最大轧制速度为每秒5米。由于设备设计和制造过程存在的缺陷与不足，刚投产时，年产只有10多万吨。

为了初轧达产，本钢先后对均热炉、液压剪、板坯打印机等进行改造，1982年将主传动3台大型同步电机改为可控硅励磁控制，并进行了

我国自行设计、制造、安装的第一套带有立辊的大型万能板坯初轧机
——本钢 1150 毫米万能板坯初轧机（中国冶金报社提供）

均热炉计算机控制等改造。到 1997 年上连铸技术之前，轧机已突破设计能力，达到 253 万吨/年。

随着冶金工业技术的迅猛发展，连铸技术逐步取代了模铸和初轧工艺。2002 年 1 月 11 日，该轧机正式退出历史舞台，在其服役的 25 年间，共生产钢坯 3400 多万吨，在新产品和军工产品的生产上，做出了特殊贡献。

（原刊于《中国冶金报》2019 年 7 月 31 日 1 版，通讯员　谢玉静　整理）

新中国自行设计制造的首台 4 米级厚板轧机

新中国成立后，为加速实现工业化，我国从苏联引进了大量冶金技术和设备。中苏交恶后，由于设备难以进口，我国决定自行建造一台 4 米级厚板轧机，并于1966年开始由冶金工业部和一机部统一领导研制，第二重型机器厂负责设计制造主体机械设备，东方电机厂提供主要电气设备，北京钢铁设计研究总院负责工艺和工厂设计。

1978年9月8日，由我国自行设计制造的、当时最大的4200毫米四辊可逆式单机架厚板轧机在河南舞阳钢铁公司（现为河钢集团子公司）投产，并成功轧出了第一块钢板。从此，我国宽厚钢板完全依赖进口的局面被彻底打破。

40多年来，这台轧机轧出的宽厚钢板在国防军工、航空航天、西气东输、西电东送、海采平台、机械制造等一大批国家重大技术装备项目中，均发挥着举足轻重的作用。这台轧机还先后轧制出鸟巢工程用钢、海洋钻井平台用钢、超高压临界锅炉汽包钢板等世界顶级产品，被中国钢铁工业协会命名为“功勋轧机”。

（原刊于《中国冶金报》2019年7月5日1版，通讯员　董洁　整理）

新中国第一套自产三辊轧管机组

直径108毫米三辊机组试车成功（中国冶金报社提供）

20世纪60年代末期，根据冶金工业部的安排，太原重型机械厂在借鉴国外相关图纸的基础上，自行设计制作了一套直径 108 毫米三辊机组，在当时钢管行业属先进机组。随后，冶金工业部将这套机组调拨至衡钢开展试验。由于一无资料二无经验，直径 108 毫米三辊机组安装一度停滞，试验也无法正常开展。

为全面攻克难关，20 世纪 70 年代中期，衡钢 108 车间员工主动请缨，开始着手安装和调试机组。由于每次试验用的管坯支数较少，员工们都是用小电炉做管坯加热试验，每次两三根，但无法达到 1300 摄氏度的穿孔温度。

为了不影响试验，员工们还尝试自行制作了用煤炭做燃料的土加热炉，经过多次试验，穿孔取得成功。没过多久，车间建好了用重油做燃料的正规环形炉。1978 年 9 月 30 日，直径 108 毫米三辊机组全线热试取得成功，红通通的钢坯从环形炉出炉后，经穿孔机变成一条“火龙”。

1980 年，国家相关部门到衡钢对直径 108 毫米三辊机组进行了鉴定，认为该机组设备性能良好、操作方便、易于掌握，生产的钢管尺寸精度接近国际水平。直径 108 毫米三辊机组的热试成功，填补了国内轧管设备方面的空白，开辟了生产中厚壁、高精度热轧无缝钢管的新途径。

（原刊于《中国冶金报》2019 年 6 月 19 日 1 版，记者　周金云　整理）

新中国第一条连续焊管生产线

1978 年，鞍钢焊管厂研发焊接钢管连续炉焊新工艺，将单片炉焊改造成连续炉焊。该工艺以成卷带钢为原料，经拆卷头尾焊接，在双层炉中加热，再经成型机轧辊孔型成型并焊接成钢管。新工艺比原链式焊管机组上生产的焊接钢管的焊缝强度高，表面质量好，切头少，金属消耗低。该工艺填补了新中国炉焊钢管生产中的一项空白。

1979 年 2 月，焊管厂建成中国第一条连续焊管生产线，实现焊管生产连续化、自动化。

（原刊于《中国冶金报》2019 年 9 月 13 日 1 版，记者　刘敬元　整理）

新中国第一座现代化高炉

1979年12月15日，首钢2号高炉移地大修改造工程竣工投产，成为我国第一座现代化的高炉。1985年，该成果获国家科学技术进步奖一等奖。

2号高炉原是1929年建于日本釜石制铁所的铁带式高炉，1941年拆迁到石景山。新中国建立后，虽经多次改造，但已到了陈旧落后的“暮年”，利用系数只有1.2吨/(立方米·天）左右，焦比高达800千克/吨；1号发电机是1901年西门子公司的产品，发1千瓦时电需0.72千克标准煤。

首钢决定移地大修2号高炉，完全依靠自己的力量建设一座达到国际先进水平的新2号高炉。经过组织几十次的研究、讨论，在得到多方面肯定的情况下，一个采用20多项新技术的具有国际先进水平的新2号高炉设计方案成熟了。一场轰轰烈烈的科技创新、自主创新活动展开了。新2号高炉用上了自主创新的高炉喷煤粉，用上了国际上从未在大高炉上使用过的顶燃式热风炉，在国内首次用上了斜桥大皮带机上料等，特别是在国内第一次用无钟炉顶代替了多少年来使用的钟式炉顶。新2号高炉的成功，为首钢的高炉技术改造创造了成功的先例，也为国内兄弟企业的高炉在技术方面提供了多种借鉴。

（原刊于《中国冶金报》2019年8月15日1版，记者　王春亮　整理）

新中国第一炉超低碳高强度马氏体时效不锈钢

1980年12月7日，抚顺特钢（现属于东北特钢集团）生产的00Cr14Ni6Mo2AlNb超低碳高强度马氏体时效不锈钢通过了冶金工业部的技术鉴定。该钢种的投产填补了国内空白，为我国感光材料工业的发展起到了重要作用。

1975年，原化工部第一、第二胶片厂，无锡电影胶片厂与冶金工业部钢铁研究总院、抚顺特钢签订协议书，共同推进感光材料“涂布挤压嘴用材”研究课题。经过5年的研制与使用，该项目于1980年全面完成。

1980年12月7日，由冶金工业部军工办、化工部二局组织各有关单位，对这一钢种进行了技术鉴定。鉴定结果认为，该钢种是我国自行研制的超低碳高强度马氏体时效不锈钢，具有良好的综合性能，填补了国内空白。其技术指标全面满足了“涂布挤压嘴”的要求，可推广到全国各胶片厂使用。

鉴定结果认为，该钢种与美国用的沉淀硬化不锈钢相比，具有冶炼成分容易控制、热处理温度范围较广、工艺简单、机加工性能好、组织稳定以及耐腐蚀性强等特点；与日本用的奥氏体不锈钢相比，具有强度高、机加工性能好等优点。该钢除可做锻件外，还可制成不同规格的板、棒、管、丝、带产品，可进一步推广和大批量生产。

（原刊于《中国冶金报》2019年9月17日1版，通讯员　吉勇　整理）

新中国第一炉冲压发动机用耐高温不锈钢

1981年5月19日，抚顺特钢（现属于东北特钢集团）生产的冲压发动机用0Cr21Ni6Mn9N耐高温不锈钢通过了原冶金部的技术鉴定。鉴定认为，该产品工艺成熟，性能良好，已达到国外同类产品的性能指标，具有推广使用价值。

此前，冲压发动机的热部件一直沿用1Cr18Ni9Ti奥氏体不锈钢作为结构材料。当发动机在低空速状态工作时，部件常发生热变形及局部烧蚀等故障，影响发动机使用寿命。为此，1977年，冶金工业部钢铁研究总院、抚顺特钢及原八机部携手共同研制具有较好的耐高温和抗氧化性能的不锈钢。

终于，冲压发动机用0Cr21Ni6Mn9N耐高温不锈钢在抚顺特钢研制成功，该钢种节约金属镍，具有推广使用价值。在我国，这种钢首先应用于冲压发动机热部件，用它制造的部件与原用部件相比，使用寿命延长1.5~4倍，达到国内先进水平。

（原刊于《中国冶金报》2019年9月19日1版，通讯员　吉勇　整理）

新中国第一块铜钢复合板

1981年11月1日，时任国务院副总理万里在视察国家高能物理所时，时任国务委员方毅介绍说：“（舞钢研制的）铜钢复合板，不仅填补了我国冶金工业产品的空白，而且质量比从德国（当时的联邦德国）进口的还好！”

铜钢复合板是国家“八七”工程关键材料，用于高能物理直线加速器的建造。1978年10月，国家将该钢的生产任务下达给了舞钢（现为河钢集团子公司）。

由于铜、钢熔点差较大，热胀性能不一致，当时国家急需的钢板又是大尺寸板形，对表面精度要求高，铜钢贴合率必须达到100%，还要能经受得住扭曲和内弯、外弯试验，生产难度极大。当时，世界上也只有德国（当时的联邦德国）、日本等少数几个国家能够生产。由于该钢主要用于尖端国防科技，在国际市场上根本买不到。

此时，舞钢4200毫米轧机刚刚投产不久，一切技术都还不完善，这么重的任务舞钢能担起来吗？从很多人眼里流露出的都是担心和怀疑的眼光。

国家利益高于一切，一定要将铜钢复合板轧制成功！1978年10月，由15名技术骨干组成的铜钢复合板试制攻关组迅速成立。一年多时间里，舞钢参加试制的科研和生产人员废寝忘食，攻克了排气真空、板迭加热、铜钢复合等一系列技术难关，于1979年9月22日，成功轧制出我国第一块规格为(4毫米+6毫米)×3200毫米×4000毫米的大型铜钢复合板；当年9月25日，轧制成功双板迭大型铜钢复合板。

自此，我国国防军工和国民经济建设所用该类特钢完全依赖进口的局面宣告结束。

（原刊于《中国冶金报》2019年7月9日1版，通讯员　董洁　整理）

新中国第一套高炉煤气自动分析与透阻信息系统

1983年2月13日，本钢钢铁研究所等单位研制的“5号高炉煤气自动分析与透阻信息系统”通过冶金部技术鉴定，该系统属国内首次应用，为我国首套。该系统对指导高炉生产、改善能源利用、增铁节焦以及延长高炉寿命等具有显著的经济效果。

高炉炉顶煤气成分是推测炉况的重要信息，也是高炉数学模型的主要参数。随着电子计算机逐步在高炉上应用，国内外对炉顶煤气自动分析等各种信息都曾进行过大量研究，并在生产中取得了成效。

本钢经过6年多的研究和试验，在5号高炉建立了一套煤气自动分析及与其相配合的高炉透气性阻力指数信息系统，于1982年4月19日投入运行。开始6个月连续运行的实践表明，在工业色谱仪等部分设备为单机的条件下，全系统运行作业率已达到96.36%，煤气分析精度最好可达0.129%，证明系统功能、作业率和煤气分析重复性精度均满足了设计要求，可以应用于高炉生产。

该系统投入5号高炉连续运行，不仅为编制5号高炉数学模型提供了大量的数据资料，而且在生产中通过研究炉顶煤气成分与透气性阻力指数的变化规律，对5号高炉在一定条件下适宜的矿石批重、顺行操作制度、炉内漏水的检测与相应热量补偿等起到了作用。随着研究工作的不断深入，该系统所提供的信息对改善高炉能源利用、降低能耗等也起到了越来越大的作用。

（原刊于《中国冶金报》2019年7月25日1版，通讯员　谢玉静　整理）

新中国第一块花纹板

1984年8月28日，本钢连轧厂试轧花纹板成功，轧制出我国第一块花纹板，填补了国内空白。这与1980年2月6日本钢试车成功后轧出第一批卷板仅时隔4年多时间。

花纹板即表面带有凸起（或凹陷）花纹的钢板。该产品具有板基厚度、精度高，耐磨损、耐腐蚀，防滑效果好，花纹外形美观，使用寿命长等特点，可广泛应用于造船、铁路机车、汽车、地面板及脚踏板等。

之后，为了满足对外形美观大方、性能优良花纹钢板的需求，本钢与东北工学院（现东北大学）联合进行了新型组合花纹板的研究。

1989年9月，本钢在“共和国的独生子”——国产1700毫米轧机上成功地生产出组合型花纹板，并实现批量生产，取得了较好的经济效益和社会效益。1991年2月26日，本钢轧制出的组合型花纹板被评为国家级新产品，填补了国内的一项重要空白。

（原刊于《中国冶金报》2019年6月27日1版，通讯员　谢玉静　整理）

新中国第一台焦炉炉顶烟气净化车

1984年11月27日，我国第一台焦炉炉顶烟气净化车在北钢焦化厂（现本钢北营公司焦化厂）试制成功。该烟气净化车能在侧装煤时将加煤过程产生的烟、灰尘予以净化，减少对大气的污染。

根据当时参与设计的人员介绍，该厂30孔炼焦炉为捣固侧装式，装煤时产生大量的黄色浓烟（即荒烟气），严重污染大气，危害职工的身体健康。1982年，该厂将焦炉加煤时外排黄烟的治理列为厂重点环境治理项目后，工程技术人员自行设计制造了焦炉炉顶烟气净化车，并在工艺上采用了燃烧、洗涤两级烟气处理的工艺流程，具有净化效率高、运行成本低、检修方便、安全可靠等优点，很好地改善了职工的作业环境。

这台焦炉炉顶烟气净化车运行后，通过直观观测，排放废气的颜色与处理前的颜色截然不同。烟饼从机侧推入炭化室，15秒之内风机排出的烟气为白色；15秒至25秒为浅灰色；从25秒一直运行到180秒，风机排出的烟气均为白色。对黄烟处理前后成分分析比较，有害物质净化率效果非常明显。

北钢焦化厂成功试制焦炉炉顶烟气净化车，为我国钢铁企业解决焦炉炉顶烟气净化问题提供了有益的方法和途径。

（原刊于《中国冶金报》2019年8月9日1版，通讯员　谢玉静　整理）

新中国第一个650轧机大模数双圆弧齿轮

1986年5月28日，本钢一钢厂自行设计650轧机大模数双圆弧齿轮，为国内首创。本钢一钢厂一轧车间650轧机自生产以来，一直采用渐开线齿轮。该齿轮使用期短、消耗大，是当时的冶金工业部设备改造重点攻关项目。

1983年，本钢一钢厂一轧车间技术员周丕福设计了传动齿轮座的双圆弧齿轮轴，将650轧机传动齿轮由渐开线齿形改为双圆弧齿形，于1986年安装投用，同时对轴瓦位置和进油方向进行改进。实践证明，传动效率提高7%~8%，齿面接触强度为原来的1.5~2.5倍，齿轮寿命可延长5倍以上，每年可节电35万千瓦时。该成果于1987年申请专利，于1989年2月被授予国家专利。

由于圆弧齿轮的承载能力比同样条件下的渐开线齿轮高，且工艺简单、成本低，我国从1958年就开始了研究和应用。在20世纪70年代中期以前，我国主要研究应用单圆弧齿轮，从80年代开始重点发展双圆弧齿轮。经过大量的试验和工业应用，我国先后制定形成了一整套有关圆弧齿轮的国家标准，如《圆弧圆柱齿轮模数》（GB/T 1840—1989）、《双圆弧圆柱齿轮基本齿廓》（GB/T 12759—1991）、《双圆弧圆柱齿轮承载能力计算方法》（GB/T 13799—1992）、《双圆弧齿轮滚刀型式和尺寸》（GB/T 14348.1—1993）、《双圆弧齿轮滚刀技术条件》（GB/T 14348.2—1993）、《圆弧圆柱齿轮基本术语》（GB/T 15752—1995）和《圆弧圆柱齿轮精度》（GB/T 15753—1995）。

本钢一钢厂一轧车间650轧机传动齿轮，由原渐开线齿形改为双圆弧齿形，在当时属于全国首创，为冶金系统同类轧机改造提供了实践依据。

（原刊于《中国冶金报》2019年8月28日1版，通讯员　谢玉静　整理）

新中国第一块汽车减重用热轧双相钢板

1987年12月，本钢在中国科学院金属研究所、第二汽车制造厂等有关单位的配合下，研制成功国内最早的汽车减重用热轧双相钢板。

研究表明，降低汽车自重10%，在其他条件不变的情况下，至少可使汽车油耗降低5%。可见，降低汽车自重是降低汽车油耗的简单而有效的办法。热轧双相钢即是典型的汽车轻量化用材之一，由于其具有高强度、低屈强比、高延伸率和高加工硬化率等诸多优点而引起材料学界的极大兴趣。

本钢1700毫米热连轧机组，是我国第一套也是当时唯一一套自行设计、制造、安装的轧机。1980年2月6日，该轧机试车成功，并轧出第一批卷板。由于此轧机带有诸多的先天不足，某些国内外专家曾把它说成是“一堆废铜烂铁”。但本钢人不甘心，连续多年持续攻关、大修、改造。1987年，本钢在资金紧张的情况下，仍投入8000万元对1700毫米热连轧机组的精轧区进行了3项改造，连轧主机在当时达到了国内先进水平，具备了生产高等级板带的能力。为此，本钢与中国科学院金属研究所、第二汽车制造厂等多家单位开展合作，最终成功研制出汽车减重用热轧双相钢板。

（原刊于《中国冶金报》2019年8月29日1版，通讯员　谢玉静　整理）

新中国第一代自行车链条钢

1989年“十一”前夕，本钢成功研制出新中国第一代链条钢，其主要技术指标达到世界先进水平，结束了我国自行车主件原材料长期依赖进口的历史。它的研制成功，对国内和国际自行车的发展，起到了巨大的促进作用。

我国是世界自行车生产大国，当时年产自行车4300万辆，但由于我国长期以来不能生产链条钢，每年要花大量外汇从国外进口，阻碍了链条生产的发展。对此，轻工业部门多次申报发展我国的链条钢。

本钢了解这一情况后，迎难而上，主动开发这项产品。1988年初，本钢组成了以主管副经理、工程师为首，由科技处组织连轧厂、初轧厂、二钢厂等单位科技人员参加的“一条龙”链条钢科技试制小组，经过两年多的努力，终于生产出了我国自己的链条钢。

该成果通过冶金工业部和轻工业部技术鉴定。专家们认为，本钢采用素有“人参铁”之称的生铁炼钢，由于它具有低磷、低硫和有害元素低的自然优势，生产出的链条钢强度、韧性优于当时进口的日本同类名牌产品。威海链条厂、上海链条厂等10个厂家的生产试验证明，本钢生产的链条钢主要技术指标超过了日本、美国同类产品。专家们还认为，这种链条钢完全能够代替进口，从而节约大量外汇。本钢仅试验生产的10251吨链条钢就节约外汇430.5万美元。

（原刊于《中国冶金报》2019年8月8日1版，通讯员　谢玉静　整理）

新中国第一批自行车专用钢

1992年3月，用武钢钢材制造的上海“永久”牌自行车
在武汉商场展销（中国冶金报社提供）

1991年6月27日，由武钢（现属于宝武集团）与上海自行车（集团）公司联合开发研制的9个钢号组成的系列自行车专用钢全部通过了冶金工业部和轻工业部组织的技术鉴定，结束了我国没有自行车专用钢的历史。

中国曾被称为“自行车王国”。“永久”“飞鸽”等品牌是上海乃至中国的自行车“名片”，可谓风靡全国、畅销世界。但生产这些自行车要依靠进口钢，不仅运输成本高，而且还花费国家大量的外汇。1979年，武钢在一米七轧机工程试生产时就主动与上海自行车（集团）合作，共同研发自行车专用钢，并于1981年12月12日生产出新中国第一批自行车专用钢。

自1979年开始，经过10年努力，武钢逐步开发研制出9个钢号，形成了自行车专用钢系列。该系列钢种不仅适应于自行车制造的主要零部件，而且还可制造高档自行车扩大出口。仅1986年到1990年，武钢共研制生产出自行车专用钢10万余吨，为国家节约外汇2600万美元。

（原刊于《中国冶金报》2019年7月16日1版，通讯员　邹汉平　整理）

新中国第一根热轧大 H 型钢

1998 年之前，我国没有一家钢铁企业能生产大 H 型钢，各个领域建设所用的大 H 型钢只得依靠进口。为满足国家重点工程建设需要，马钢依托 1993 年成功实施股份制改制募集而来的雄厚资金支持，从海外拼盘引进先进技术和装备，建设新中国第一条热轧大 H 型钢生产线。

历经多年日夜奋战，1998 年 7 月 4 日 22 时 58 分，在马钢大 H 型钢生产现场，随着总指挥一声令下，操作人员轻轻启动按钮，只见宽大的加热炉炉口慢慢打开，一会儿，一根火红的矩形钢坯似一条灵动的火蛇从炉口游出，在步进式轨道的牵引下缓缓向前移动，经过开坯、切锯、粗轧等十几道工序，最后近百米长的 H 型钢从万能轧机下线。就这样，国产第一根热轧大 H 型钢横空出世。

大 H 型钢问世后，先后用于国家大剧院、上海卢浦大桥、北京奥运场馆、海上石油平台、全球最大的俄罗斯天然气项目、港珠澳大桥和被誉为东非“世纪之路”的肯尼亚蒙内铁路等雄伟建筑和重点工程，满足了铁路、化工、建筑、煤炭、电力等行业的高端需求。

（原刊于《中国冶金报》2019 年 8 月 22 日 1 版，记者　章利军　整理）

新中国第一条 1700 毫米中薄板坯连铸连轧线

1999 年 7 月，鞍钢 1700 毫米中薄板坯连铸连轧生产工艺技术改造工程破土动工；2000 年 11 月 30 日，该项目连轧试车成功，12 月 18 日连铸试车成功。

该项目采用了我国第一次依靠自身力量研制的中薄板坯连铸连轧生产工艺，是我国第一条中薄板坯连铸连轧生产线，全线国产化设备达 99.5%。该项目研制了不同于常规铸机和当时世界流行的薄板坯连铸连轧技术的中薄板坯连铸连轧生产工艺，建成了包括工艺、设备及控制系统在内的具有全部自主知识产权的现代化生产线；研制了 1700 毫米精轧机液压压下、液压弯辊、液压窜辊等达到当时世界先进水平的轧制设备，开发了“带钢热连轧机组全线自动控制系统”模型，并实现了连轧生产线设备的全部国产化。

该项目在国内首次自主开发和集成了具有基础自动化、过程自动化、生产控制自动化的三级快速计算机硬件系统，完全满足带钢热连轧对控制系统高精度、高响应度、高速通信能力的要求；创造性研制了三级管理软件、过程控制模型、前馈硬度趋势 AGC 控制（自动厚度控制）及板形控制技术等。

该项目获得了国家科技进步奖二等奖和冶金科技进步奖特等奖。

（原刊于《中国冶金报》2019 年 8 月 14 日 1 版，记者　刘敬元　整理）

新中国第一批 Q460E-Z35 钢用于鸟巢

2005 年 3 月，北京奥组委召集 7 家国内钢铁巨头的当家人，共同商讨解决奥运鸟巢用钢国产化问题。

“Q460 钢材谁能生产?”时任北京奥组委主席刘淇发问。

据悉，鸟巢完全采用钢桁架编织而成，仅外部钢结构总重就达到 4.2 万吨，最大跨度达到 343 米，而全部重量最终都要靠 12 对呈 V 字形挺立的立柱支撑，每根立柱都要承受来自多个角度的拉扯力。专家论证后认为，必须要采用 Q460E-Z35 钢。在国家建筑结构用钢标准中，强度、低温韧性和防震 3 项指标的最高极限值，分别是 Q460、E 和 Z35（此前中国钢结构建筑使用过的钢板最大级别是 Q390 级）；理想的钢板厚度是 110 毫米，超出了国家建筑结构用钢标准的极限 100 毫米，此前全世界还没有一个厂家生产过 110 毫米厚度级的产品。若国内没有钢厂能够生产，Q460E 钢板就必须从国外进口，不但价格昂贵，而且可能耽误鸟巢工期。最重要的是，奥运工程就不能全部实现“中国制造”。

“我们可以生产，无须进口!”河钢舞钢的老总站起来了，“鸟巢用的所有特种钢，什么时候要我们什么时候供!”

河钢舞钢拥有当时世界上最先进的短流程宽厚板生产线，200 多个品种实现替代进口，不少品种填补了国内空白，在国家重点工程建设中发挥了关键作用。

2005 年 10 月，3600 吨鸟巢用钢（其中含 Q460E-Z35 钢共计 680 吨）全部交货，奥运工程用钢实现全部国产化。

（原刊于《中国冶金报》2019 年 9 月 12 日 1 版，通讯员　董 洁　整理）

新中国第一支热轧 F 型钢

2007 年 11 月，国内第一支热轧 F 型钢在莱钢大型 H 型钢生产线（现隶属于山钢股份莱芜分公司）轧制成功。这标志着磁悬浮列车轨道用 F 型钢的生产实现了历史性突破，填补了国内 F 型钢在钢铁生产线经过热轧一次成型的技术空白。

在此之前，国内磁悬浮轨排用 F 型钢要么经过钢板剪切焊接等机械加工而成，要么依赖进口，生产效率低、成本高、能耗高，是制约中低速磁浮轨道交通产业化发展的技术瓶颈。而热轧 F 型钢生产核心技术也被其他国家列为军事机密。

莱钢早在 2005 年 12 月 21 日，就与北控磁浮公司、国防科技大学签署了长期排他性合作协议，共同研发中低速磁浮轨排，并以莱钢为主体组建了轨排研发中心，由莱钢独立研发轨排用 F 型钢。莱钢经过工艺装备设计和制造、工艺优化以及 6 次工业化试验，成功解决了一系列重大技术难题，最终轧制成功，并获得独立技术知识产权。

莱钢瞄准磁浮轨道交通未来广阔的发展前景，于 2011 年 6 月建立了磁浮列车轨道加工基地。F 型钢的不对称性，使其在加工弯道钢轨时会产生扭曲、翘头、变形等各种缺陷，加工的技术难度极大。莱钢技术人员经过无数次技术试验，成功研制出国内第一台高科技含量的数控 F 型钢煨弯设备，加工出的磁浮轨排完全达到设计要求，实现了规模化生产。

2018 年 12 月 30 日，由莱钢承建 F 型钢轨道的北京首条磁悬浮轨道交通 S1 线开通试运营。目前，由莱芜分公司生产的 F 型钢正应用于在建的广东清远线。这标志着莱钢 F 型钢以及由此加工而成的 F 型钢磁浮轨排，成功实现了从研制到工业化应用的跨越，并拥有 8 项相关的专利技术，其技术水平保持了国际领先地位。

（《中国冶金报》通讯员　何爱喜　整理）

第二章　新中国钢铁 70 年 70 个瞬间

70 年栉风沐雨，70 年砥砺前行。1949 年 10 月 1 日，毛泽东同志在天安门城楼上那一声庄严的宣告，开创了中华民族的新纪元，也赋予了中国钢铁工业新的生命。从新中国成立之初钢产量不足世界钢产量的千分之一，到如今发展成为世界钢铁大国，中国钢铁人自力更生、艰苦奋斗，创造了一个又一个辉煌。值此新中国成立 70 周年之际，我们与您一起沿着时光隧道，跟随历史年轮，踏着 70 年钢铁工业发展进程中留下的坚实足迹，全方位回顾和感知共和国钢铁工业走过的光辉历程。

70 年 70 瞬间

1. “为工业中国而斗争”

鞍钢开工典礼现场（中国冶金报社提供）

1949年春天，鞍钢在所属29个厂矿发起了恢复生产和立功运动。同年7月9日，鞍钢举行了盛大的开工典礼。毛泽东同志和党中央来信祝贺并赠送了“为工业中国而斗争”的锦旗。在鞍钢2号高炉修复中，孟泰提供了各种型号的三通水门1300个。他储藏废旧器材的铁房被工人亲切地称为“孟泰仓库”。

2. 创建八一钢铁厂

八一钢铁厂建设情景（中国冶金报社提供）

1951年9月16日，王震将军率领驻疆人民解放军创建新疆八一钢铁厂，结束了新疆缺铁少钢的历史。此前，新疆不能生产1斤铁、1斤钢，农牧民耕地时使用的是木犁，解放初期平均每3户人家才有1把镰刀。八一钢铁厂创建之初，国家经济基础还相当薄弱。为了筹集资金，驻疆部队开展了轰轰烈烈的“节衣缩食”活动，大家除了从有限的津贴、伙食费和服装费中节省外，每天还节约半斤粮食，省下每一分钱用于钢厂建设。

3. “中华式38公斤重轨”

1952年7月1日，成渝铁路全线通车，重钢提供了全部13000余吨中华式38千克/米钢轨，因其完全由中国人自己研制，所以被命名为“中华式38

公斤重轨”，比用85磅英式钢轨修建成渝铁路节约了7000吨钢轨。成渝铁路是新中国成立后，第一条完全采用国产材料、由中国人民自主建成的铁路。

4. 苏联援建8个冶金项目

苏联援建的156个项目是中华人民共和国“一五”计划（1953~1957年）期间苏联对新中国工业领域的156个重点项目工程，史称“156项工程”。这些项目涉及钢铁、煤炭、冶炼、发电、造船等众多工业领域。它的实施，奠定了中国工业化的初步基础。其中，冶金工业项目有鞍钢、本钢、富拉尔基特殊钢厂（后改为北满特钢）、吉林铁合金厂、武钢、包钢、热河钒钛矿（河钢承钢前身）、吉林电极厂8个项目。

5. 建设武钢

武钢1号高炉开工典礼现场（中国冶金报社提供）

1954年3月，载着20多位苏联专家的车队驶向湖北武汉市郊。1955年，共和国的“新钢都”——武钢开始建设。武钢从决策到建设的每一个环节，都凝聚着党和国家领导人对新中国成立初期经济和工业建设道路的深刻思考。

1958年9月13日，毛泽东来到武钢1号高炉。当看到铁水飞泻而出时，毛泽东朝炉台上正在忙碌的炉前工人鼓掌致意。

6. 新中国炭素工业起步

1955年10月，我国第一个大型炭素厂——吉林炭素厂投产。当时设计的产品有直径60~400毫米的石墨电极、51毫米×51毫米和50毫米×180毫米的石墨阳极、铝用底炭块、侧炭块、电极糊、阳极糊等多种规格产品。就这样，我国炭素工业在国家“一五”期间156项工程的建设中起步了，并且得到较快发展。吉林炭素厂成为中国炭素工业的摇篮。

7. 冶金工业部成立、《中国冶金报》创刊

1956年6月1日，冶金工业部成立。冶金工业部的主要任务是：在国家计划指导下，充分利用我国资源条件，发展冶金工业，加强冶金科技工作，提供适用的冶金产品。

1956年7月，《冶金报》（现为《中国冶金报》）创刊，报名由周恩来总理亲笔题写，曾是冶金工业部党组机关报。1966年，《冶金报》停刊，1980年7月1日复刊，现由国务院国资委主管、中国钢铁工业协会主办。《中国冶金报》始终扎根于冶金行业，为促进我国冶金工业的发展与改革做出了不可磨灭的贡献。

8. “三大五中十八小”战略布局

1957年8月4日，当时的冶金工业部在《第一个五年计划基本总结与第二个五年计划建设安排》中，正式提出钢铁工业建设“三大五中十八小”的战略布局，架构起新中国钢铁工业的基本框架。“三大”即当时正在扩建的鞍钢和开始新建的武钢、包钢三大钢铁基地，“五中”是5个有发展前途、可以建设成年产钢50万~100万吨的中型钢厂，“十八小”是规划在18个省（市、自治区）建设18家年产钢10万~50万吨的小型钢铁厂。当时的中央领导同志将它们形象地比喻为“三皇五帝十八罗汉”。

9. 全民大炼钢铁运动

1958年8月17日，中共中央在河北省北戴河召开政治局扩大会议，通过了《全党全民为生产1070万吨钢而奋斗》的决议。在“以钢为纲，全面跃进”的口号下，全民掀起了轰轰烈烈的大炼钢铁运动。全民大炼钢铁运动造成人力、物力、财力的极大浪费，造成国民经济比例失调，严重影响了人民生活。至1960年初，大炼钢铁运动结束。

1960年9月30日，中共中央提出“调整、巩固、充实、提高”八字方针，以纠正“大跃进”中的错误倾向。

10. 建设酒钢

1958年12月15日，酒钢开工庆典在甘肃省酒泉市属地嘉峪关戈壁滩上举行。时任甘肃省委第一书记张仲良挥笔在酒钢1号高炉奠基石上写下“钢铁元帅升帐了，一切就带动起来了”。此前，毛泽东曾说：“酒泉的钢铁厂要搞。”带着这样的期许，我国第一个自行设计、自行制造、自行施工的大型钢铁企业——酒泉钢铁厂开工建设了。

11. 包钢1号高炉出铁

1959年9月26日，具有当时世界先进水平的包钢1号高炉提前一年建成投产，顺利地流出了第一炉铁水，结束了内蒙古千里草原寸铁不产的历史。同年10月16日，包钢举行1号高炉出铁剪彩典礼大会，周恩来总理亲自为1号高炉剪彩，并赞扬包钢人在荒漠的草原上建起这样一座雄伟、美丽的高炉。他还对工人们说：“这是世界上一流的大高炉，第一次在我们国家出现，你们要好好管理啊！”

12. “鞍钢宪法”

1960年3月22日，毛泽东对中共鞍山市委《关于工业战线上的技术革新和技术革命运动开展情况的报告》做出批示，把苏联办企业的做法称作“马钢宪法”（苏联马格尼托哥尔斯克钢厂），把鞍钢的一些新做法称作“鞍钢宪法”，其内涵主要为5项原则，即：实行政治挂帅，加强党的领导，大搞群众运动，实行“两参一改三结合”（“两参”即干部参加生产劳动，工人参加企业管理；“一改”即改革企业中不合理的规章制度；“三结合”即在技术改革中实行企业领导干部、技术人员、工人三结合的原则），不断开展技术革命和技术革新。此后，“鞍钢宪法”在全国推广，中国式企业管理经验诞生了。

13. 国产桥梁钢擎起南京长江大桥

南京长江大桥建成初期景象（中国冶金报社提供）

1961年，南京长江大桥修建面临着材料严重短缺的困境。大桥钢梁部分所用钢材近3.3万吨，其中2万吨原拟向苏联订购高强度合金钢，因对方撕毁合同，改用我国自己试制成功的鞍钢16Mn桥梁钢，成功支撑起南京长江大桥的建设。这是我国桥梁工程首次使用国产高强度低合金钢。

14. 破解“三口一瘤”难题

1969年，因白云鄂博矿的特殊性，“三口一瘤”（高炉铁口、风口、渣口易损坏和高炉炉膛易结瘤）问题成为包钢投产之后最大的生产瓶颈。时任包钢经理黄墨滨组织人员进行科技攻关。在他们的努力下，包钢“三口”问题到1978年基本解决，但结瘤问题依然很突出，严重影响生产。为此，当时冶金工业部和包钢共同组成解决炉瘤问题攻关组，集中力量破解这一难题。到1999年，“三口一瘤”难题彻底被攻克。

15. 攀钢1号高炉出铁

1970年7月1日，攀钢1号高炉炼出第一炉铁水，标志着我国攻克了普通高炉冶炼高钛型钒钛磁铁矿的世界性难题。20世纪60年代，党中央为了改变我国钢铁工业布局、开发攀西资源、建设“大三线”，做出重大战略决策——建设攀钢。1965年，攀钢破土动工。同时，在党和国家领导人的亲切关怀下，攀钢集中全国科技力量开展钒钛磁铁矿高炉冶炼联合攻关，见证了当时新中国冶金工业技术创新的发展历程。

16. “一米七”轧机

武钢“一米七”轧机工程开工奠基现场（中国冶金报社提供）

1974年9月7日，武钢“一米七”轧机工程举行开工誓师大会，拉开了中国钢铁工业走向现代化的序幕。作为中国引进的第一套热连轧生产线，武钢“一米七”轧机轧制出板、卷、带三大类产品，从此改变了我国钢铁工业的产品结构。

1990年，“武钢一米七轧机系统新技术开发与创新”项目获得国家科技进步奖特等奖。1974年建设、1980年投产的本钢1700毫米热连轧机组，是我国第一套自行设计、制造、安装的轧机。

17. 抗震“志气钢”

1976年7月28日，河北唐山地区发生强烈地震，唐山钢铁公司遭到严重损坏，全部停产，人员也有大量伤亡。基建工程兵冶金部队第一个赶到抗震救灾现场。唐钢全国劳模王益元记得，在全国的支援和唐钢工人的努力下，震后28天他们就炼出第一炉“志气钢”。

唐钢职工庆祝炼出抗震“志气钢”（中国冶金报社提供）

18. 为3000万吨钢庆功

1978年12月10日，为庆祝我国钢产量突破3000万吨，全国冶金战线群英大会在北京人民大会堂召开。

在钢材短缺时代，想钢盼钢，“夺钢大战”“三打两千六”就是想把钢产量搞上去。1978年，我国钢铁总产量达3178万吨，为改革开放后中国钢铁工业扩大品种、提高质量、建设大型现代化钢铁新基地，满足经济发展和人民生活需要提供了强大的动力。

19. 建设宝钢

1978年12月23日，上海宝山钢铁总厂举行动工典礼。这是我国成套引进技术设备建设的第一个现代化大型钢铁基地。

1985年9月15日、1992年4月17日、2000年12月20日宝钢一、二、三期工程相继投产。2015年9月25日，宝钢集团湛江钢铁有限公司1号高炉点火投产……中国现代化“钢铁梦工厂”全面起航。

宝钢工程动工时打下第一根桩的情景（中国冶金报社提供）

20. 首钢试点承包制

首钢承包制理论与实践研讨会现场（中国冶金报社提供）

1979 年 5 月 25 日，首都钢铁公司等企业被国家经委等 6 部委确定为第一批国家经济体制改革试点单位，实行利润留成制度。同年 9 月份，上海市冶金工业局提出增加效益、自筹资金、改造整个上海冶金行业、试行利润增长留成的体制改革方案，被称为“陆铁夫方案”。这一年，全国扩大国营工业企业经营管理自主权试点工作全面推进。

21. 重钢自销钢材

1980 年 4 月 1 日，《人民日报》刊登了时任重钢副经理王宇光撰写的题为“自销权—— 一味救活重钢经济的良药”的文章。这篇文章对重钢投石问路的自销权改革进行了肯定和宣传。重钢的自销行为及实际效果，引起了钢铁企业以及其他行业的连锁反应，国有企业纷纷走向市场，使企业的适应性大大增强。

22. 冶金战线助力洲际导弹发射

1980 年 5 月 18 日，我国第一枚洲际导弹发射成功。冶金工业战线 189 个为洲际导弹发射成功做出贡献的单位受到国防科委表扬。

23. 首次向国外输出冶金技术

1981 年 5 月 1 日，首钢高炉配煤技术以专利的形式转让给英国戴维麦基公司和卢森堡阿尔贝德公司。这是我国钢铁企业首次向国外输出冶金新技术。

24. 基建工程冶金部队集体转业

1983 年 11 月，基建工程冶金部队根据中央军委和国务院的决定，精简改编，集体转业。自 1966 年组建 17 年间，基建工程冶金部队先后参与了宝钢、长城钢厂、酒钢、鞍钢、本钢、攀钢、马钢等多个国家特大型钢铁基地建设，以及承担其他钢厂改建扩建任务，创造出钢铁工业新的生产力，为我国钢铁工业的振兴和发展、为建设钢铁强国打下坚实的物质基础。

25.“掌握新技术，要善于学习，更要善于创新”

1984 年 2 月 15 日，邓小平视察正在建设中的上海宝山钢铁总厂时题词：

掌握新技术，要善于学习，更要善于创新。这为宝钢发展指明了方向。短短16个字内涵很丰富，解答了在改革开放的背景下，一个现代化的企业应当怎么发展的问题。

26. 天管投产

1986年5月14日，年产50万吨无缝钢管的天津无缝钢管厂（简称天管）工程协议签字仪式在天津举行。该项目是国家“八五”重点工程。天津始终坚持高起点、高标准。其建设初期，从国外引进了当时世界上最先进的炼钢、轧管、管加工和直接还原铁设备技术，配备了完善的自动化系统，成为20世纪90年代技术最先进、国内规模最大的石油管材专业生产厂。它的建成投产改写了我国石油套管长期依赖进口的历史，成为我国参与国际竞争的行业主力军。

27. 钢企首用银团贷款方式利用外资

1987年5月28日，由12个国家和地区的24家银行组成的银团，为攀枝花钢铁公司二期工程贷款2.1亿美元的签字仪式在北京举行。这是中国钢铁企业首次采用银团贷款的方式利用外资。当年，国家计委先后正式批准鞍钢、武钢、本钢、梅山冶金公司和莱芜钢铁厂5家企业利用外资建设项目建议书及天津无缝钢管总厂利用外资可行性研究报告。

28. 走质量效益型发展道路

1989年，武钢明确提出了“走质量效益型发展道路”的发展战略。武钢坚持科技进步，强化以质量为中心的经营管理，走出了“投入少、产出多、经济效益高”的质量效益型路子。1991年2月19日，国务院办公厅发出通知，号召全国工交系统学习武钢走“质量效益型”发展道路。

29. 钢材市场兴起

1992年至1993年夏天，中国钢材市场经历了有史以来最为活跃的发展阶段。国家对钢材经营者的资格要求不再严格，集体、私营、个体经济开始成规模地进入到钢材流通领域，民营钢材经销商群体自此开始出现。

1995年5月24日，上海香山钢材交易市场正式开业。它是沪地改革开放后成立的最早的一批钢材市场之一。直至2011年6月，上海香山钢材交易市场正式终止营业。

2013年被称为钢铁电商“元年”。在国内电子商务和第三方支付业务突飞猛进的大背景下，钢铁电商在短时间内蓬勃发展。2012年初，钢铁全产业链电商平台找钢网成立，作为产业互联网的标志性企业，正在为中国传统行业的转型升级做出自己独特的贡献。2015年2月13日，注册资金为20亿元的欧冶云商股份有限公司（简称欧冶云商）成立，开启了钢铁产业链合作新模式。

30. 武钢率先实施主辅分离改革

1992年，武钢率先在国有大中型企业中提出以“精干主体、剥离辅助、减员增效”为主要内容的体制改革和组织结构调整，并在全国率先叫响“七万人不吃钢铁饭”的响亮口号，从12万名职工中剥离分流出7万人走向市场。

钢铁行业精干主体、剥离辅助改革典型还有宝钢、鞍钢、重钢等。此轮体制改革，使钢铁企业主体人员大幅精简，技术装备“鸟枪换炮”，管理跃上新阶梯，企业核心竞争力大大增强。

31. “中国钢铁第一股”

1994年，马钢股份上市，职工踊跃认购马钢股票（中国冶金报社提供）

1993年4月6日，全国钢铁企业股份制试点座谈会在武钢召开。当时，全行业有14家股份制企业。同年8月27日，国务院体改委正式批准马鞍山钢铁公司改制重组为马鞍山钢铁股份有限公司和马鞍山钢铁总公司的企业分立方案；9月7日，马鞍山钢铁股份有限公司正式成立。截至1993年10月31日，全国钢铁行业已组建31家股份制试点企业。同年11月3日，马钢H股在香港联交所成功上市，被誉为“中国钢铁第一股”。

32. 鞍钢解放思想大讨论

鞍钢工人进行解放思想大讨论（中国冶金报社提供）

1995年起到2006年，鞍钢连续开展了分别以“痛失一汽传统市场的反思与警醒”“如何振兴鞍钢”“怎样当家做主为振兴鞍钢做贡献”“学习贯彻十五大精神，如何深化改革、提高市场竞争力”“科教兴企”“如何贯彻落实党代会精神，实现第一步奋斗目标”“中国加入WTO，鞍钢怎么办”“入世后的鞍钢如何生存发展”“如何深入贯彻十六大精神，转变观念，推进‘三个创新’”“振兴东北老工业基地，鞍钢怎么办”等为题的12次解放思想大讨论，使广大干部职工彻底摒弃了计划经济旧观念，树立了“市场是企业的生存空间”“用户是‘上帝’”“资金是企业的血液”等市场经济新观念。

33. “邯钢经验”

全国学习推广邯钢经验暨企业管理工作会议现场（中国冶金报社提供）

1996年1月2日，国务院发出《学习、推广邯钢经验的通知》；2月29日，全国学习推广邯钢经验暨企业管理工作会议在邯钢召开；3月21日，冶金工业部发出通知，大力推广邯钢经验，加速实现冶金工业经济增长方式转变。以“模拟市场核算，实行成本否决”为主要内容的“邯钢经验”，形成于1990年，为国企“三年脱困”，实现从传统的计划经济体制向社会主义市场经济体制、从粗放经营向集约经营两个具有全局意义的根本性转变提供了借鉴。

34. 六大行业精神

1997年，冶金工业部党组在制定《“九五”冶金行业社会主义精神文明建设规划纲要》时确定了六大行业精神——“孟泰精神”“马万水精神”“攀枝花精神”“铁山精神”“李双良精神”“曾乐精神”，为在改革开放道路上探索实践的钢铁人树立起了精神的标杆。

35. 国家冶金工业局、中国钢铁工业协会成立

1998年4月8日，国家冶金工业局正式挂牌成立。此前3月10日，九届

全国人大一次会议批准国务院机构改革方案，决定撤销冶金工业部，改设由国家经贸委管理的国家冶金工业局，行使行业管理职能，不再直接管理企业和经济工作。2001年，国家冶金工业局正式撤销。

1999年1月21日，中国钢铁工业协会第一次会员代表大会在北京召开。钢铁行业市场经济发展的步伐自此越迈越大、越走越稳。

36. 钢企实施“债转股”

1999年9月17日，宝钢集团梅山公司成为冶金行业首家“债转股”试点企业。同年11月11日，上钢一厂、上海浦东钢铁（集团）公司、上海五钢（集团）公司分别与有关资产管理公司签署7.77亿元、20.33亿元、4.91亿元的债转股协议；11月16日，鞍钢与华融资产管理公司等4家资产管理公司签署68.54亿元债转股框架协议；12月30日，太钢与中国信达资产管理公司签署尖山铁矿26.3亿元债转股框架协议。债转股的实施在化解银行不良贷款风险方面发挥了重要作用。此后，以市场化为主导的公司治理结构改革不断深化。

2016年12月9日，首例央企“债转股”——中钢债务重组方案经国务院批准后正式落地。

对比两次“债转股”，1999年的“政策性债转股”，由政府主导实施，并非市场化操作，行政干预多。而2016年的“债转股”是市场化、法治化的债转股。企业转股的债权、转股的价格、实施机构由市场主体自主协商确定。债转股的资金筹措也以市场化方式筹措为主。

37. 我国最后一座大型平炉正式关停

2001年12月28日，包钢1号平炉流出最后一炉钢水，我国最后一座大型平炉正式关停，标志着我国冶金工业在淘汰落后生产工艺、调整产品结构方面取得重大进步。

38. 对进口钢铁产品实施最终保障措施

2002年11月19日，对外贸易经济合作部发出公告称，决定对5类进口钢铁产品实施最终保障措施。这是我国加入世贸组织后首次运用世贸组织规

包钢 1 号平炉关停仪式现场（中国冶金报社提供）

则对部分钢铁产品实施保障措施。

此前的 2000 年 12 月 18 日起，我国对日韩不锈钢冷轧板征收 4%~58%的反倾销税。1998 年，一些国外企业的不锈钢以低于国际市场正常水平 1/3 多的报价向中国出口，太钢率先向当时的国家冶金局提出对日韩不锈钢冷轧板进行反倾销，得到上海浦钢、陕西精密合金厂 2 家企业的响应。太钢因此成为我国钢铁企业自 1995 年取得自主经营出口业务权利以来，最早利用世贸组织规则维护自身利益的企业。

39. 鞍钢整套技术输出济钢

2004 年 11 月 6 日，鞍钢集团成套“交钥匙”工程——济钢 1700 毫米中薄板坯连铸连轧（ASP）工程在山东济南开工，这是国内冶金系统首次大规模的整套技术输出。从 1994 年开始，鞍钢走出了一条“高起点、少投入、快产出、高效益”的老企业技术改造之路。技术改造使鞍钢的技术装备和产品结构跨入了世界先进水平钢铁企业行列。

40. 首支国产百米长定尺钢轨轧制成功

2004 年 12 月 29 日，攀钢轨梁厂万能生产线进行了热负荷试车，成功轧制出中国首支100米长定尺钢轨。此前，国内生产的最长钢轨长度为50米。国产长定尺钢轨工艺技术的研发成功，全力确保了国家铁路建设，既是中国钢企必须承担的责任，也是钢企抢抓市场机遇的途径。

41. 世界500强首现中国钢企身影

2004年，宝钢年产钢量达2141万吨，成为国内首家年产钢规模超2000万吨的钢铁企业。在当年世界500强榜单中，宝钢以2003年实现营业收入1204亿元，折合145.48亿美元的业绩，首次进入世界500强，成为中国竞争性行业和制造业中第一批进入世界500强的企业。

42. 米塔尔入股华菱管线

2005年1月14日，国家发改委做出批复，同意湖南华菱钢铁集团把当时拥有的华菱管线74.35%的法人股转让37.17%给米塔尔钢铁公司，华菱管线成为国内首家以股权结构调整为手段进入国际钢铁集团的钢铁公司。

43. 《钢铁产业发展政策》出台

2005年7月20日，我国第一部《钢铁产业发展政策》正式出台。《钢铁产业发展政策》包括政策目标、产业发展规划、产业布局调整、产业技术政策、企业组织结构调整、投资管理、原材料政策、钢材节约使用等共九章40条，以贯彻落实科学发展观和走新型工业化道路为主线，既起到政府对行业发展的指导作用，又是企业规范发展方向和重点的依据。

44. 太钢新不锈钢工程项目竣工投产

2006年9月29日，太钢新不锈钢工程项目竣工投产，不锈钢产能从100万吨提高到300万吨。太钢因此成为当时全球产能最大的不锈钢企业。

45. 首钢启动搬迁调整

2007年3月12日，首钢京唐钢铁联合有限责任公司钢铁厂工程开工典礼在北京和河北曹妃甸同时举行。

2011年6月13日，首钢宣布石景山厂区全面停产。

首钢京唐钢铁联合有限责任公司钢铁项目开工仪式（北京）现场（中国冶金报社提供）

首钢在搬迁调整的过程中，新建了世界首座完全按照循环经济理念设计建设的千万吨级的首钢京唐钢铁公司，以及顺义冷轧薄板厂、首钢迁钢公司、秦皇岛金属材料有限公司等钢厂，并先后重组了水城钢铁公司、贵阳特殊钢公司、山西长治钢铁公司、新疆伊犁钢厂和吉林通化钢铁集团，基本形成一业多地的发展格局。

46. 钢铁行业全力救助汶川

2008 年 5 月 14 日，中国钢铁工业协会向全体会员发出倡议书，救助“5·12”汶川地震灾区。各会员企业和职工向灾区捐款 76391 万元，捐物折合人民币 7444 万元；全行业紧急供应救灾钢材 77918 吨。来自钢协会员企业的一支支抢险队、医疗队、突击队奔赴灾区。受灾严重的攀钢集团下属的攀长钢、攀成钢及陕西略阳钢厂面对灾害带来的巨大破坏，奋勇自救，迅速恢复生产。

47. 鞍钢营口鲅鱼圈钢铁项目投产

2008 年 9 月 10 日，鞍钢集团宣布旗下营口鲅鱼圈钢铁项目正式竣工投产。这是首个由我国自主设计、技术总负责，具有当代世界先进水平的新型沿海钢铁联合企业。鞍钢鲅鱼圈项目具备年产 493 万吨铁、500 万吨钢、200

鞍钢营口鲅鱼圈钢铁项目（中国冶金报社提供）

万吨宽厚板和296万吨热轧板等系列钢铁产品的生产能力，能满足各行业对高质量宽厚板及薄规格品种板材的需求。特别是建设有着“轧机之王”之称的世界上最大规格的5500毫米宽厚板轧机，填补了国内空白。

48. “鸟巢”钢“中国造”

“鸟巢”外景（中国冶金报社提供）

2008年8月8日，北京奥运会惊艳登场，北京奥运会场馆钢结构建设所用钢材全部实现“中国造”。2006年6月22日，由邯钢集团舞钢公司（现河钢舞钢）自主研发生产的680吨110毫米Q460厚钢板，全部运达北京国家体育场（“鸟巢”）工地，并用于该工程钢结构的核心部分。“鸟巢”用钢成功实现全部“中国造”。

49. 优秀装备企业助力钢铁快速发展

2008年，中国一重研制完成我国第一套具有国际先进水平的5500毫米宽厚板轧机。钢铁工业的快速发展，优秀装备企业的鼎力支持功不可没。如：

1960年6月4日，国家对富拉尔基重机厂（现为中国一重）验收，并于5日举行开工剪彩。20世纪70年代，他们在我国最早研制出大型连续带材轧机等先进装备。

1993年10月，由中国重型机械研究院股份公司（原西安重型机械研究所）自主研发的攀钢百万吨级1350毫米板坯连铸机，热负荷试车一次成功，是我国第一台立足国内设计、制造、安装、调试成功的先例，标志着我国大型板坯连铸机国产化跃上新台阶。

2002年9月，包钢180毫米无缝管生产线，泰尔重工自主研发的国内第一套无缝管穿孔机主传动万向联轴器成功上线应用。2019年3月，由沙钢集团建成的中国首条超薄带工业化生产正式发布，泰尔股份“热轧内水冷卷筒”成功应用，再次助力中国钢铁工业创新发展。

50. 京沪高铁用高速轨全部实现国产化

2010年11月15日，在安徽蚌埠南站，随着最后一根钢轨的扣件螺栓被拧紧，举世瞩目的京沪高铁全线铺通了。该线路所用的30多万吨百米长定尺高速钢轨全部实现国产化，供货合同由攀钢、包钢、鞍钢包揽。京沪高铁全长1318千米，全线共设24个车站，是世界上一次建成线路里程最长、标准最高的高速铁路。

51. 中国有能力打造世界上最清洁的钢厂

2010年底，河钢唐钢“绿色转型”在业界引起强烈反响，去唐钢参观、考察和学习的人已有1000多批、1万多人次。在2008年世界金融危机爆发后，河钢唐钢积极实施“绿色转型”，坚持“绿色产品、绿色制造、低碳发展”的理念，提前关停拆除落后装备和生产线，建设花园式工厂，使企业面

河钢唐钢工厂俯瞰（中国冶金报社提供）

貌焕然一新，生产经营生机勃勃。河钢唐钢“绿色转型”的成功，说明中国有能力打造世界上最清洁的钢厂。

52. 中国钢企国际影响力持续提高

于勇在世界钢铁协会理事会上讲话（中国冶金报社提供）

2011年10月11日，在国际钢铁协会第45届年会会员大会上，时任鞍钢集团公司总经理张晓刚正式当选国际钢铁协会（现世界钢铁协会）会长，任期一年，这是该协会历史上首次由中国大陆钢铁企业负责人担任会长。2013年9月21日，张晓刚当选新一届ISO（国际标准化组织）主席。这是自1947

年ISO成立以来，中国大陆钢铁企业负责人首次担任这一国际组织的最高领导职务。

2018年10月17日，在日本举行的世界钢铁协会理事会上，时任中国钢铁工业协会会长，河钢集团党委书记、董事长于勇当选世界钢协新一届领导人。

自2004年10月3日在土耳其伊斯坦布尔召开的国际钢铁协会第38届会员大会上，中国钢铁工业协会和宝钢集团公司、鞍钢集团公司、武钢集团公司、首钢集团公司、邯钢集团公司正式被接纳为国际钢铁协会会员后，中国钢企在世界舞台上担起越来越重要的角色。

53. 中国铁矿石价格指数推出

2011年9月20日，中国钢铁工业协会联合中国五矿化工进出口商会和中国冶金矿山企业协会宣布正式推出中国铁矿石价格指数，英文简称为“CIOPI”，由国产铁矿石价格指数和进口铁矿石价格指数两个分项指数组成；10月10日正式向社会公开发布了2011年10月份第一周中国铁矿石价格指数。2014年1月1日，中国铁矿石价格指数实现按日发布。

54. 中国钢铁沿海战略布局显现

2012年5月28日，武钢防城港钢铁基地项目（现柳钢防城港钢铁基地项目）在广西防城港开工；5月31日，宝钢湛江钢铁基地项目在湛江东海岛全面展开建设。自此，中国钢铁工业结构调整的两大载体项目进入实施阶段，中国钢铁沿海战略布局显现。

随着辽宁鲅鱼圈、河北曹妃甸、山东日照、广东湛江、广西防城港五大沿海钢铁生产基地相继建设，我国钢铁产业布局已从资源布局型调整为临港临海布局型。

55. “中国版”铁矿石期货正式启航

2013年10月18日，全球首个实行实物交割的铁矿石期货合约在大连商品交易所挂牌交易，标志着“中国版”铁矿石期货正式启航。

2018年5月4日，大连商品交易所铁矿石期货引入境外交易者，实现了

全球首个实行实物交割的铁矿石期货合约在大连商品交易所挂牌交易（中国冶金报社提供）

国内首个已上市期货品种的对外开放。

自 2009 年 3 月 27 日螺纹钢期货和线材期货在上海期货交易所挂牌上市，到 2019 年 9 月 25 日全球首个不锈钢期货在上海期货交易所挂牌交易，黑色系上市品种已达到 9 个。

56. 习近平总书记回信郭明义爱心团队

郭明义爱心团队开展活动，吸引爱心人士积极参与（中国冶金报社提供）

2014 年 3 月，习近平总书记在给郭明义爱心团队的回信中指出："希望你们努力践行社会主义核心价值观，积极向上向善，从‘赠人玫瑰、手有余香’中感受善的力量，以实际行动书写新时代的雷锋故事，为实现中国梦有一分热发一分光。”习总书记给郭明义爱心团队的回信，使鞍钢及整个钢铁行业广大职工备受鼓舞，钢铁人积极践行社会主义核心价值观。

57. 核电用钢“走出去”

“华龙一号”核电项目（中国冶金报社提供）

2015 年 11 月，鞍钢成功中标某知名企业核电用钢 1200 余吨合同。这批钢材用于海外首个在建的“华龙一号”核电项目——巴基斯坦卡拉奇 K2 核电机组的环形吊车等装备制造。鞍钢还成功研制出超宽幅双相不锈钢，结束了我国核电用双相不锈钢板依赖进口的局面。

2017 年 4 月，宝钢股份核电用钢成功中标巴基斯坦卡拉奇项目。自投产以来，宝钢生产了各类核电用钢，广泛应用于核岛主设备，已成为国内核电用钢的重要供应商。

2018 年 5 月，三宝集团获得全国第一本耐蚀钢筋生产许可证，并已生产出全系列全规格的耐蚀钢筋，成为全国首家民营钢铁企业生产供应核岛建设用钢企业。三宝集团在耐蚀钢筋研发、生产和应用方面走在全国前列。

58. 提前两年完成“十三五”去产能目标任务

2016 年 2 月 4 日，国务院发布的《国务院关于钢铁行业化解过剩产能实

马钢9号高炉关停仪式现场（中国冶金报社提供）

现脱困发展的意见》提出，从2016年开始，用5年时间再压减粗钢产能1亿~1.5亿吨。自此，中国钢铁工业去产能战役正式打响。

截至2016年5月底，杭钢安全有序关停了半山钢铁基地，并妥善分流安置12000人，成为钢铁行业去产能的成功模板。2018年4月23日，马钢9号高炉在运行65年后被永久性关停，此后这里作为爱国主义教育基地和工业遗址保存。截至2018年底，全国已累计压减粗钢产能1.5亿吨以上，提前两年完成“十三五”去产能目标任务。

2017年1月10日，中国钢铁工业协会2017年理事（扩大）会议召开，国家发改委副主任林念修和时任工信部副部长徐乐江表示，在同年6月30日之前务必出清“地条钢”，一场整治“地条钢”的风暴开始席卷全国。最终，1.4亿吨“地条钢”产能全部出清。

59. 习近平亲临河钢塞钢视察

2016年6月19日，国家主席习近平亲临河钢塞尔维亚公司视察。这是习近平就任国家主席以来首次视察钢铁企业，显示了党和国家领导人对钢铁工业“走出去”的高度重视。2016年4月18日，河钢与塞尔维亚共和国政府正式签署斯梅代雷沃钢厂收购协议，全盘接收该钢铁厂所有资产和5050名员工。

2019年4月29日，中宣部授予河钢塞钢管理团队“时代楷模”称号。河钢与塞尔维亚斯梅代雷沃钢厂合作运营项目启动3年来，河钢集团塞尔维亚公司管理团队9名工作人员勇于担当、忠诚履职，使企业扭亏为盈、重获新生，使塞钢成为塞尔维亚就业人数最多的企业和第一大出口企业。他们面对

河钢塞钢管理团队“时代楷模”称号授予现场（中国冶金报社提供）

跨文化企业整合难题，创造性提出用人本地化、利益本地化、文化本地化的海外经营策略。

60. 安钢“四个三”党建工作法

2016年10月10~11日，安钢集团在《实行“四个三”党建工作法为企业解危脱困转型发展提供动力保证》中正式提出“四个三”党建工作法，即“三讲”（讲形势、讲任务、讲责任）、“三转”（转思想、转模式、转作风）、“三管”（管党、管人、管思想）、“三大体系”（决策、执行、监督体系），把党的思想政治优势、组织优势和群众工作优势转化为企业的发展优势、竞争优势和创新优势。

61. “钢铁航母”破浪前行

2016年12月1日，中国宝武钢铁集团有限公司在上海总部揭牌成立，“钢铁航母”正式启航。宝钢在合并中扮演整合者的角色，吸收合并武钢，武钢整体并入宝钢。新成立的集团命名为中国宝武钢铁集团。宝钢和武钢的重组是业内首个集团重组与上市公司合并同步推进的央企联合重组，是钢铁行业发展史上的里程碑。

2019年9月19日，中国宝武钢铁集团有限公司与马钢（集团）控股有限公司在安徽合肥签约重组实施协议。

62. 越南台塑河静钢厂建成

越南台塑河静钢厂 1 号高炉点火现场（中国冶金报社提供）

2017 年 5 月 29 日，由中国冶金科工集团有限公司（以下简称中冶集团）负责总体设计和多个单元设计建设的越南河静钢铁项目成功点火。中冶集团由此实现了国际千万吨级绿地钢铁系统设计和全产业链输出，带动 4000 立方米级大型高炉技术、标准和装备整体成套出口。这是近 20 年来在海外新建的唯一一座千万吨级钢铁联合企业，也是近期继宝钢湛江钢铁以来，中冶承担的又一例新建千万吨级绿地钢铁联合企业项目。

近年来，中国冶金建设企业积极参与“一带一路”建设，大力推进国际产能与装备合作，在越南、印度、土耳其、马来西亚、伊朗、巴西等国家承担了一批有国际影响力的项目，力争成为中国钢铁产业及成套装备“走出去”的引领者、中国装备制造走向国际市场的生力军。

63. 宝武集团、南钢等钢企走在智能制造前列

2017 年 7 月，世界首台轧辊补油机器人在宝钢股份投用，宝武集团的数字化、网络化、智能化达到国际一流水平。

南钢推进以 JIT（Just In Time 准时制生产方式）+ C2M（Customer-to-Maker 用户对制造端）新模式为特色的工业互联网建设，先后获得国家级信

息化和工业化深度融合示范、智能制造试点示范、制造业“双创”平台试点示范等称号，同时获批国家发改委“互联网+”重大工程支持项目，在国务院第4次大督查中被认定为钢铁行业转型升级的典型，入选全国钢铁行业2017年度十件大事。

64. 沙钢入主东北特钢　建龙入主北满特钢

2017年9月，沙钢入主东北特钢集团，东北特钢集团旗下抚顺特钢发布公告称，锦程沙洲拟持有重整后东北特钢的股权比例为43%，本钢板材持股10%。抚顺特钢实际控制人将由辽宁省国资委变更为锦程沙洲实际控制人、沙钢集团董事局主席沈文荣。

同年9月29日，建龙集团对原东北特钢旗下的北满特钢、齐齐哈尔北兴特钢、齐齐哈尔北方锻钢制造公司3家公司的破产重整计划方案正式生效。

65. 中国钢企胜诉美国“337调查”

2018年3月19日，美国国际贸易委员会（ITC）裁定，决定终止原告美国钢铁公司对中国钢铁的“337反垄断调查”。至此，中方在“337调查”中的反垄断、盗窃商业秘密、虚构原产地3个诉点上全部胜诉。这对避免“337调查”成为滥诉工具做出重要贡献，也大大增强了中国钢铁工业应对贸易摩擦的信心，为各行各业应对贸易保护主义积累了经验，提供了有益借鉴。

从2016年欧盟“双反”案首例成功胜诉到2018年中国唯一获出席欧盟钢铁保障措施听证，从2018年中国应诉美国反补贴诉讼唯一获最低税率出口到2019年土耳其反保障措施胜诉，天工国际用行动践行了使命和担当，挺起了中国新材料产业的脊梁。

66. 超百万吨国产钢撑起港珠澳大桥

2018年10月24日，港珠澳大桥正式通车。这座世界级的超级工程所用钢材全部实现国产化。据不完全统计，宝武、鞍钢、河钢、马钢、山钢等钢铁企业为其供应钢材超过百万吨。

太钢自主研发的耐腐蚀、强度高、免维护的双相不锈钢钢筋在港珠澳大桥工程建设中首次批量化应用，用量超过8200吨，打破了国外垄断，填补了国内空白。

这座在中国交通建设史上被称为“技术最复杂”的“世纪工程”，一次次挑战着工程师的智慧和建设者的勇气，最终成为中国迈入桥梁强国的里程碑。

67. 精准扶贫的钢铁担当

2018年9月，宝武对口援助的西藏昌都市丁青县、云南普洱宁洱县实现脱贫摘帽。除宝武外，鞍钢集团攀钢承担了8个扶贫县、12个重点帮扶村的定点扶贫任务，2018年投入扶贫资金1300万元；鞍山钢铁安排重点扶贫项目31项；南钢推进“健康暖心——乡村医生精准扶贫计划”项目；太钢新增了山西省忻州市保德县10个定点帮扶行政村……广大钢铁企业纷纷加大扶贫力度，书写出精准扶贫的钢铁担当。

68. 《关于推进实施钢铁行业超低排放的意见》发布

2019年4月末，生态环境部等五部委联合印发《关于推进实施钢铁行业超低排放的意见》。意见提出，推动现有钢铁企业超低排放改造，到2020年底前，重点区域钢铁企业超低排放改造取得明显进展，力争60%左右产能完成改造；到2025年底前，重点区域钢铁企业超低排放改造基本完成，全国力争80%以上产能完成改造。

中共中央政治局常委、全国人大常委会委员长栗战书于2018年5月在河南检查《大气污染防治法》实施情况期间，专程来到安钢，查看焦炉烟气治理情况和烧结机脱硫脱硝装置的运行情况。栗战书对安钢的环保工作给予肯定，并指示：“继续努力、再接再厉，保持现有的领先水平，争取做出更大的成绩。”

近几年，首钢、宝武、安钢、河钢、太钢、德龙、中天等一批钢企大力推进超低排放改造并率先取得突破，为打赢蓝天保卫战、打造全球最大的钢铁清洁生产体系树立了信心。

69. 钢铁行业庆祝新中国成立70周年座谈会召开

《中国钢铁企业绿色发展宣言》发布现场（中国冶金报社提供）

2019年9月7日，由中钢协主办，中国宝武、鞍钢、首钢、河钢、太钢、沙钢协办，中国冶金报社承办的钢铁行业庆祝中华人民共和国成立70周年座谈会在北京召开。座谈会以“新时代、新钢铁、新征程”为主题，深刻总结了中国钢铁工业70年历史，尤其是党的十八大以来，在“创新、协调、绿色、开放、共享”的新发展理念指导下所取得的新成绩、实现的新发展。座谈会上播放了由中国冶金报社制作的首部钢铁行业宣传片《中国钢铁——让世界更美好》，中国宝武钢铁集团有限公司等15家中国钢铁企业联合签署并共同发布《中国钢铁企业绿色发展宣言》。

70. 5名钢铁人当选“最美奋斗者”

9月25日举行的“最美奋斗者”表彰大会，隆重表彰了新中国成立以来各行各业涌现出的先进模范，钢铁行业的“最美奋斗者”们也跃然于榜上。他们是带领工人为新中国献出第一炉铁水的孟泰、带领团队创造全国黑色金属矿山掘进新高峰的马万水、被誉为“走在时间前面的人”的王崇伦、“当代雷锋”郭明义、带领团队将河钢塞钢打造成“一带一路”建设标志性工程的宋嗣海。

（原刊于《中国冶金报》2019年10月1日10版、11版、14版，图片来自本报图片资料，由朱亚明整理。记者　郑洁　何惠平　实习记者　贾林海　编写）

第三章　改革开放40年·数说钢铁

改革开放40年来，中国钢铁工业实现了跨越式发展，有力地支撑了国民经济的快速发展和下游用户的转型发展，取得了举世瞩目的发展成就。中国粗钢产量在2014年突破8亿吨大关之后，至今一直保持在8亿吨以上的规模，占据了世界粗钢年产量的半壁江山。中国钢铁工业工艺技术装备已跻身世界一流水平，花园式绿色环保钢厂彻底颠覆了钢铁“傻、大、黑、粗”的形象，实现了与城市、环境和谐共生发展；大多数钢材品种的自给率都超过了100%，特别是航母甲板用钢和球扁钢、时速350千米百米高速钢轨和高速车轮、第三代汽车钢等一批高端钢铁产品打破了国外垄断，占据了高端用钢的制高点……《中国冶金报》特推出《改革开放40年·数说钢铁》栏目，通过1978年与2017年的主要数据对比，来展现40年来中国钢铁行业发生的巨大变化和取得的辉煌成就。

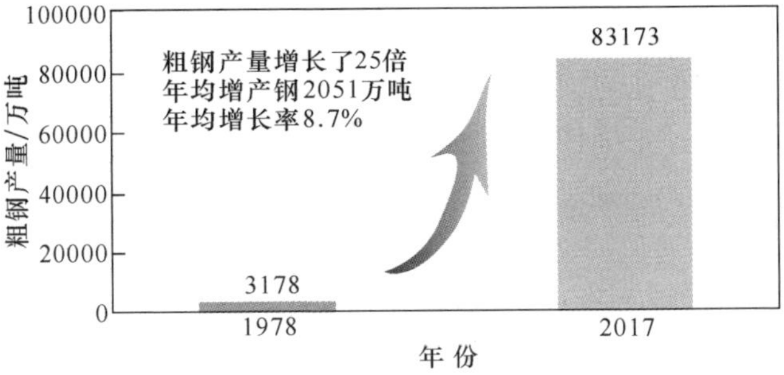

中国粗钢产量

数据来源：《中国钢铁工业改革开放30年》《中国钢铁工业统计月报（2017年12月）》

提示：

1. 中国自1996年首次突破1亿吨钢产量并一举成为世界最大产钢国后，2003年突破2亿吨，2005年突破3亿吨，2006年突破4亿吨，2008年突破5亿吨，2010年突破6亿吨，2012年突破7亿吨，2014年突破8亿吨，之后便一直保持在8亿吨以上的规模。

2. 中国自1996年成为世界最大产钢国以来，连续22年居世界第一位。

（原刊于《中国冶金报》2018年6月20日1版，记者　罗忠河　整理）

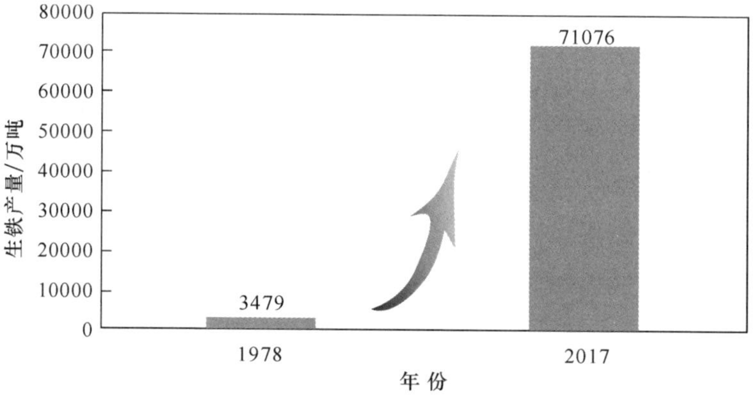

中国生铁产量

数据来源：《中国钢铁工业改革开放30年》《中国钢铁工业统计月报（2017年12月）》

提示：

1. 我国生铁产量于1992年达到7589万吨，超过日本同年的产量（7314万吨），成为世界第一大产铁大国；于1995年首破1亿吨，达到1.05亿吨。至今，我国生铁产量已连续26年居世界第一位。

2. 我国生铁产量2003年突破2亿吨，2005年突破3亿吨，2006年突破4亿吨，2009年突破5亿吨，2011年突破6亿吨，2013年突破7亿吨以后，除2015年稍微回落至6.9亿吨之外，一直保持在7亿吨以上的规模。

（原刊于《中国冶金报》2018年6月21日1版，记者　罗忠河　整理）

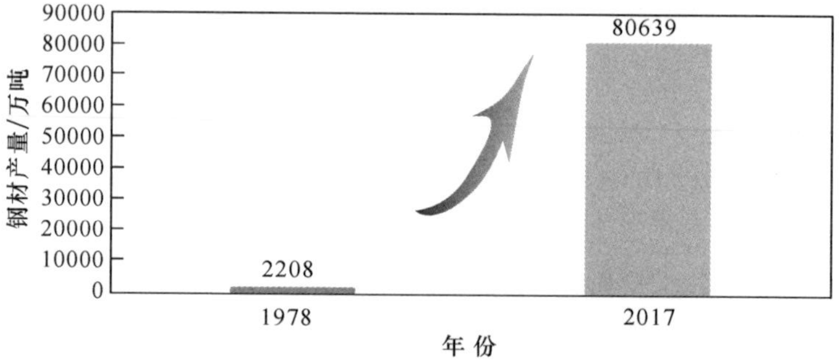

钢材（扣除重复材）产量

数据来源：《中国钢铁工业改革开放30年》《中国钢铁工业统计月报（2017年12月）》

（原刊于《中国冶金报》2018年6月22日1版，记者　罗忠河　整理）

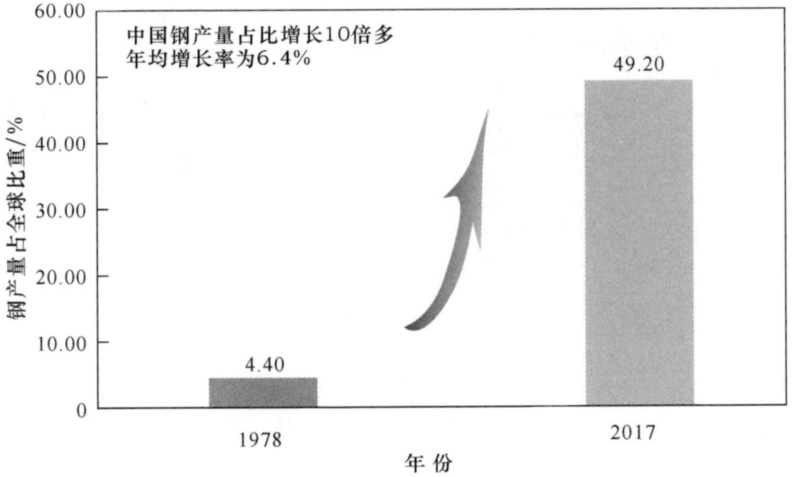

中国钢产量占全球比重

数据来源：《中国钢铁工业改革开放 30 年》《国际钢铁统计数据 2018》

（原刊于《中国冶金报》2018 年 6 月 26 日 1 版，记者 罗忠河 整理）

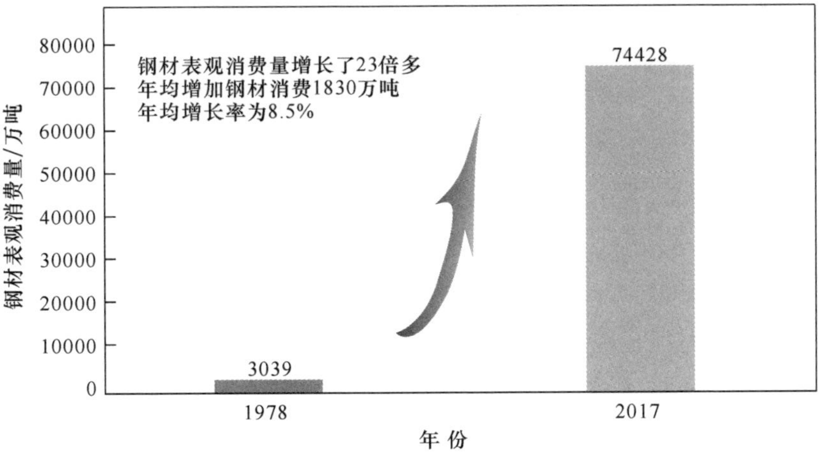

钢材（扣除重复材）表观消费量

数据来源：《中国钢铁工业改革开放 30 年》《中国钢铁工业统计月报（2017 年 12 月）》

（原刊于《中国冶金报》2018 年 6 月 27 日 1 版，记者 罗忠河 整理）

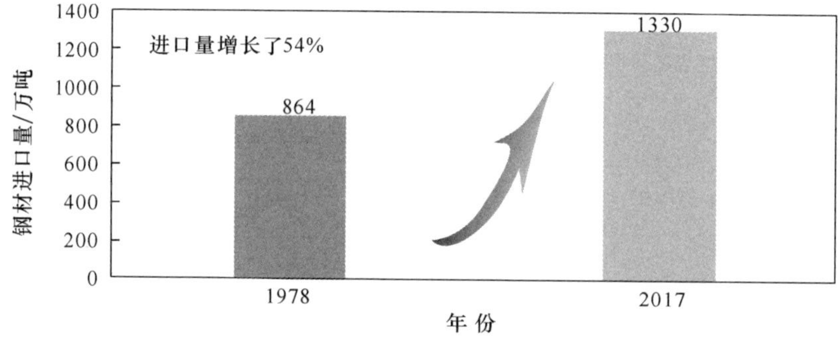

钢材进口量

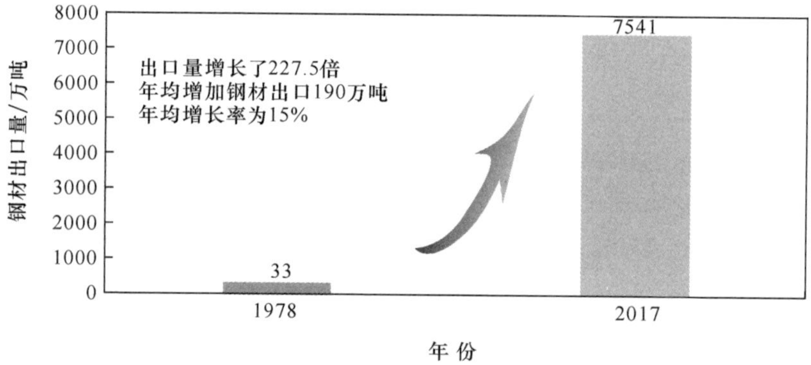

钢材出口量

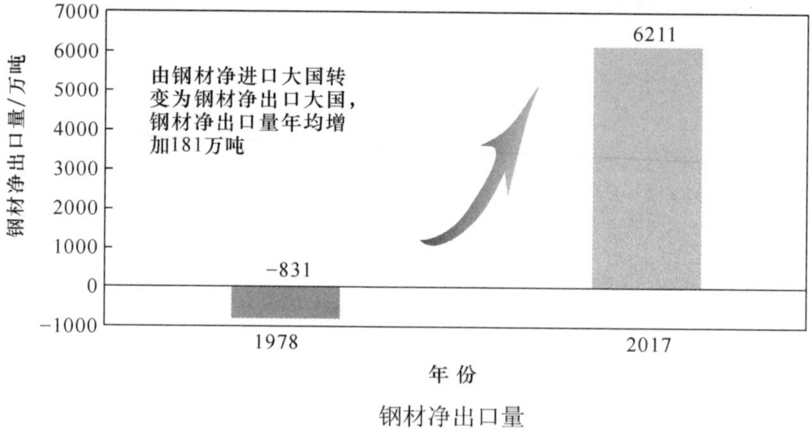

钢材净出口量

数据来源：《中国钢铁工业改革开放30年》《中国钢铁工业统计月报（2017年12月）》

提示：

1. 2006年，我国钢铁产品对外贸易格局发生了历史性转变，从此由钢材净进口国转变为钢材净出口国，当年净出口钢材2450万吨。

2. 我国钢材进口量、净进口量最高的年份都是2003年。当年，我国进口钢材3717万吨，净进口钢材3021万吨。此外，我国钢材进口量超过3000万吨的年份还有1993年，当年进口钢材3026万吨，净进口钢材2914万吨。

3. 我国钢材出口量、净出口量最高的年份都是2015年。当年，我国出口钢材11240万吨，净出口钢材9962万吨。此外，我国钢材出口量超过1亿吨的还有2016年，当年出口钢材10849万吨，净出口钢材9528万吨。

（原刊于《中国冶金报》2018年6月28日1版，记者　罗忠河　整理）

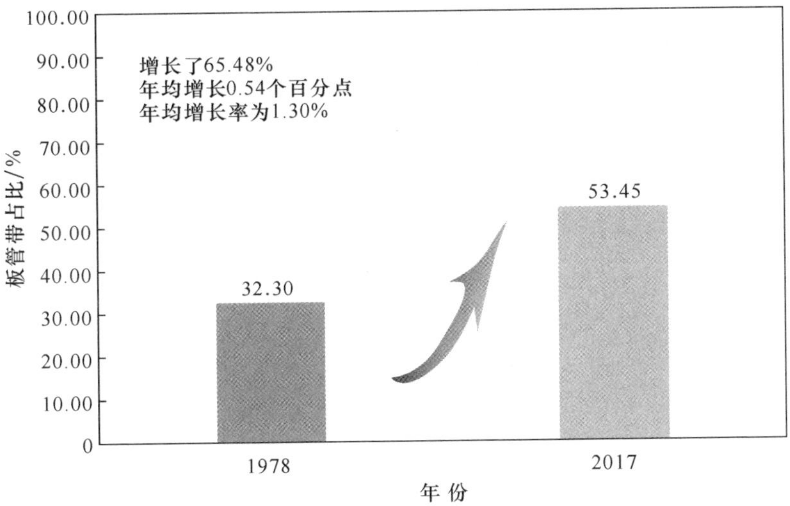

板管带占比

数据来源：《中国钢铁工业改革开放30年》《中国钢铁工业统计月报（2017年12月）》

（原刊于《中国冶金报》2018年6月29日1版，记者　罗忠河　整理）

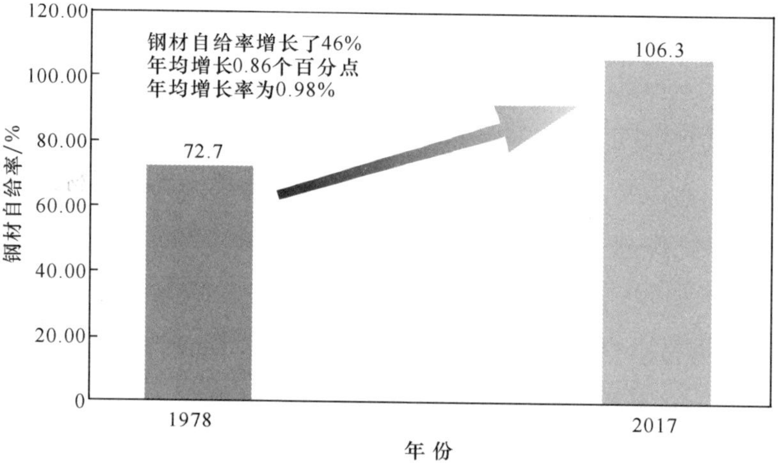

我国钢材自给率

数据来源：《中国钢铁工业改革开放30年》《中国钢铁工业统计月报（2017年12月）》

（原刊于《中国冶金报》2018年7月3日1版，记者 罗忠河 整理）

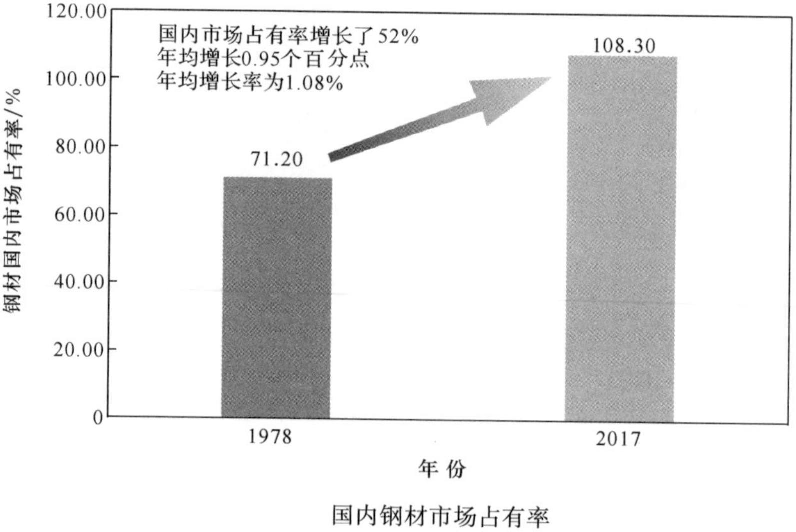

国内钢材市场占有率

数据来源：《中国钢铁工业改革开放30年》《中国钢铁工业统计月报（2017年12月）》

（原刊于《中国冶金报》2018年7月4日1版，记者 罗忠河 整理）

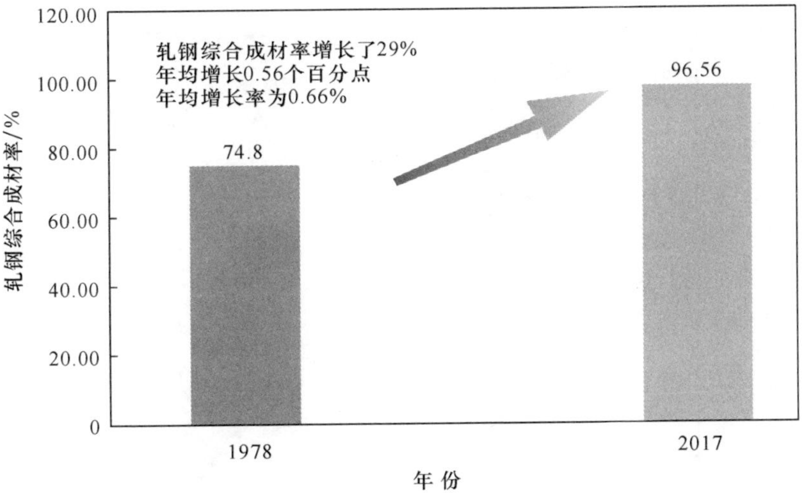

轧钢综合成材率

数据来源：《中国钢铁工业改革开放30年》《中国钢铁工业统计月报（2017年12月）》

（原刊于《中国冶金报》2018年7月5日1版，记者　罗忠河　整理）

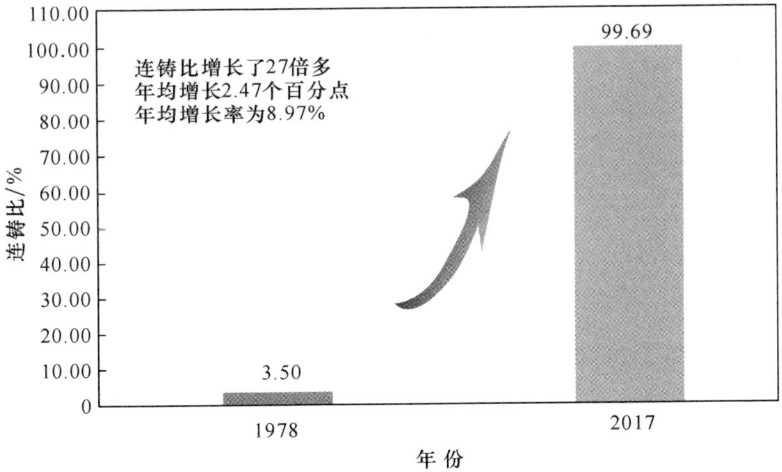

连铸比

数据来源：《中国钢铁工业改革开放30年》《中国钢铁工业统计月报（2017年12月）》

（原刊于《中国冶金报》2018年7月6日1版，记者　罗忠河　整理）

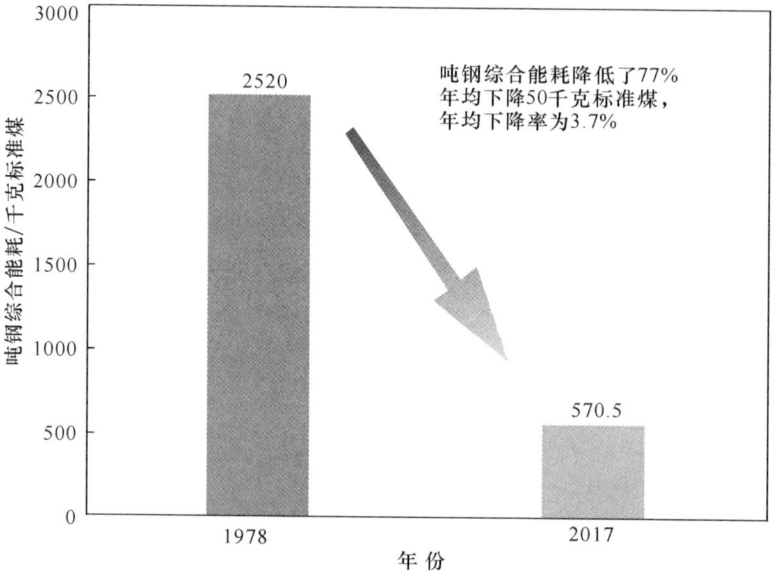

吨钢综合能耗

数据来源：《中国钢铁工业改革开放30年》《中国钢铁工业统计月报（2017年12月）》

（原刊于《中国冶金报》2018年7月10日1版，记者　罗忠河　整理）

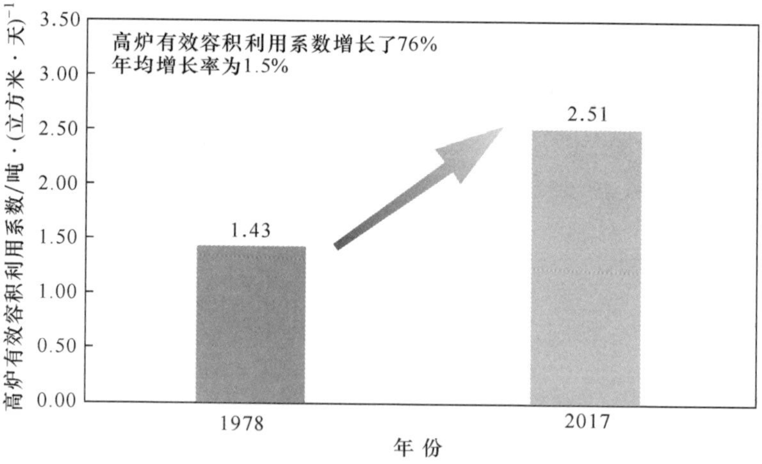

高炉有效容积利用系数

数据来源：《中国钢铁工业改革开放30年》《中国钢铁工业统计月报（2017年12月）》

（原刊于《中国冶金报》2018年7月11日1版，记者　罗忠河　整理）

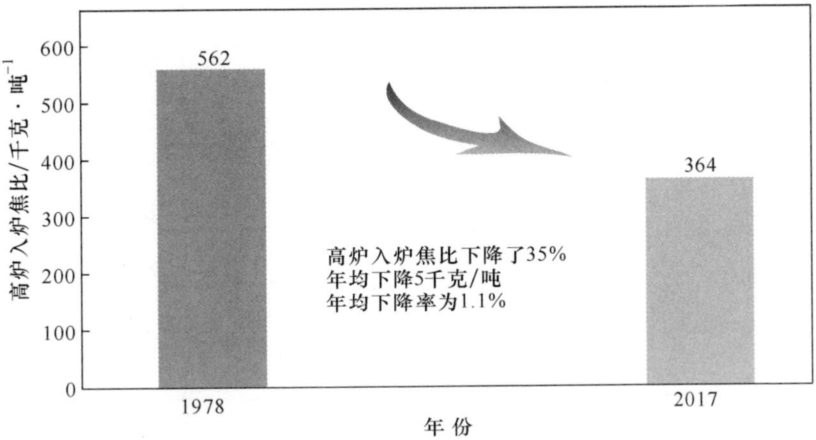

高炉入炉焦比

数据来源：《中国钢铁工业改革开放 30 年》《中国钢铁工业统计月报（2017 年 12 月）》

（原刊于《中国冶金报》2018 年 7 月 12 日 1 版，记者　罗忠河　整理）

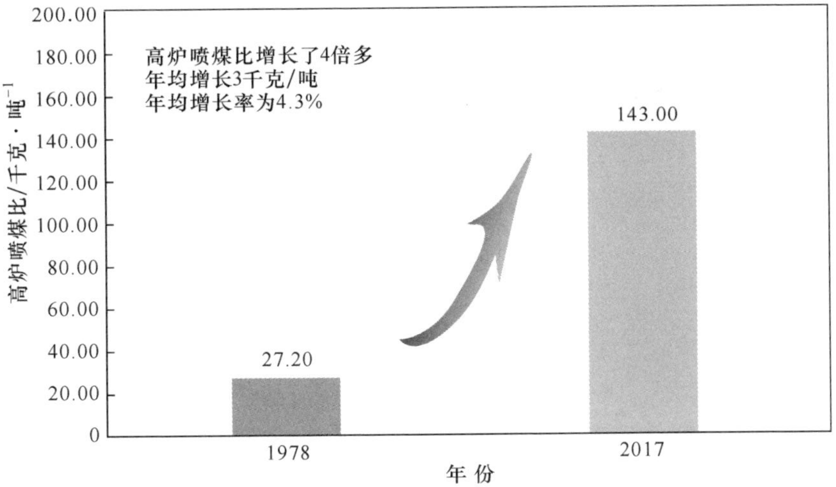

高炉喷煤比

数据来源：《中国钢铁工业改革开放 30 年》《中国钢铁工业统计月报（2017 年 12 月）》

（原刊于《中国冶金报》2018 年 7 月 13 日 1 版，记者　罗忠河　整理）

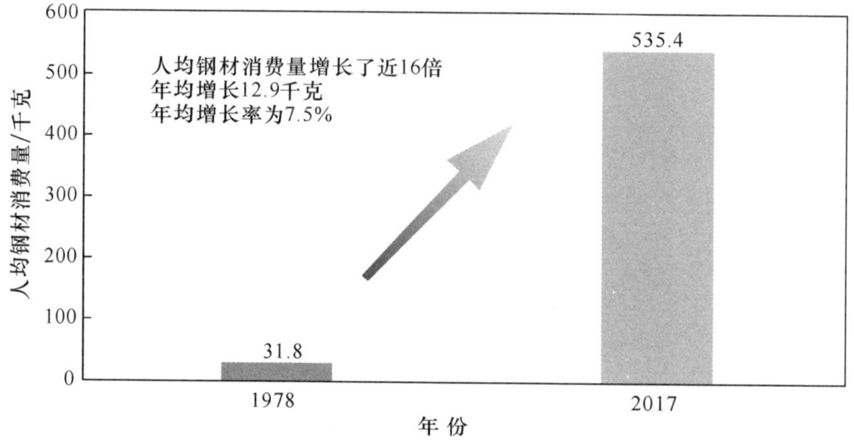

我国人均钢材（扣除重复材）消费量

数据来源：《中国钢铁工业改革开放30年》《中国钢铁工业统计月报（2017年12月）》

（原刊于《中国冶金报》2018年7月17日1版，记者　罗忠河　整理）

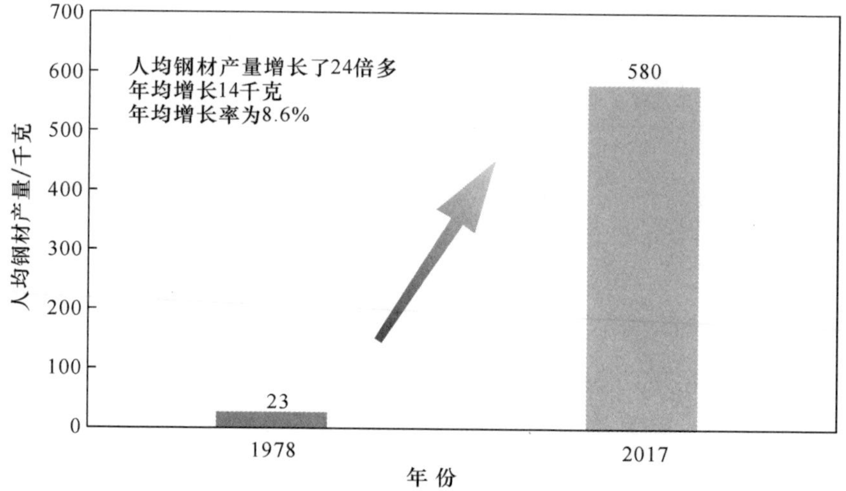

我国人均钢材（扣除重复材）产量

数据来源：《中国钢铁工业改革开放30年》《中国钢铁工业统计月报（2017年12月）》

（原刊于《中国冶金报》2018年7月18日1版，记者　罗忠河　整理）

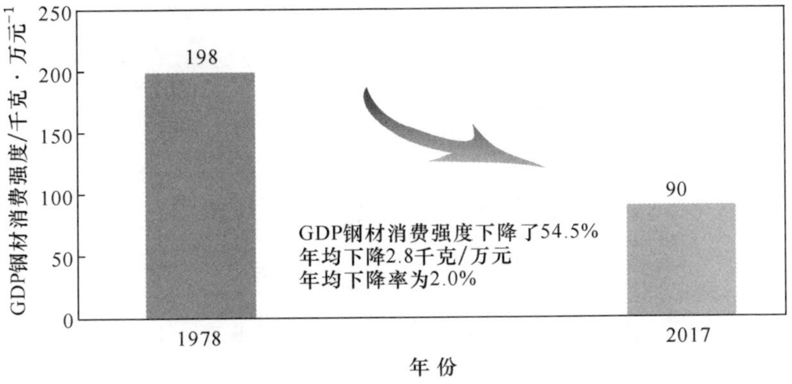

我国 GDP 钢材消费强度

数据来源：《中国钢铁工业改革开放 30 年》《中国钢铁工业统计月报（2017 年 12 月）》《中华人民共和国 2017 年国民经济和社会发展统计公报》

（原刊于《中国冶金报》2018 年 7 月 19 日 1 版，记者 罗忠河 整理）

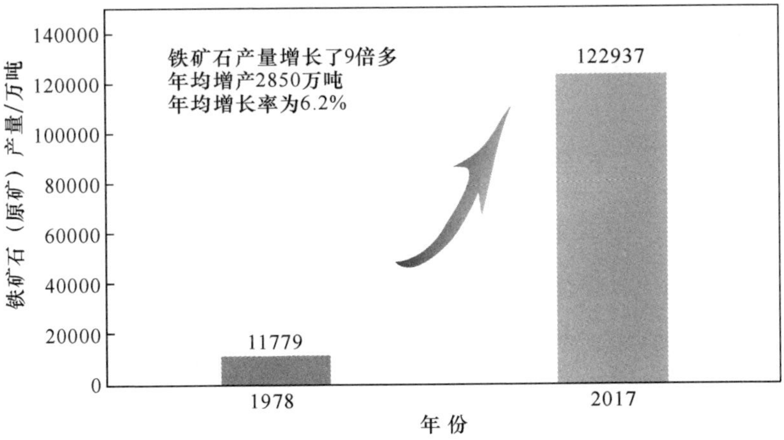

我国铁矿石（原矿）产量

数据来源：《中国钢铁工业改革开放 30 年》《中国钢铁工业统计月报（2017 年 12 月）》

（原刊于《中国冶金报》2018 年 7 月 20 日 1 版，记者 罗忠河 整理）

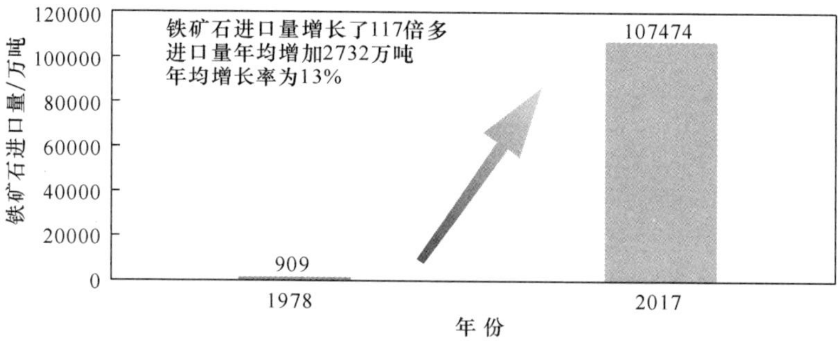

我国铁矿石进口量

数据来源：《中国钢铁工业改革开放30年》《中国钢铁工业统计月报（2017年12月）》

提示：

1. 1978年铁矿石进口量为折算值，是根据《中国钢铁工业改革开放30年》里的“2000年进口铁矿石6997万吨，比1978年增长7.7倍”计算得出的。

2. 我国铁矿石对外依存度不断创新高，2017年已攀升至88.6%，我国钢铁行业资源安全保障体系亟待加强。

（原刊于《中国冶金报》2018年7月25日1版，记者　罗忠河　整理）

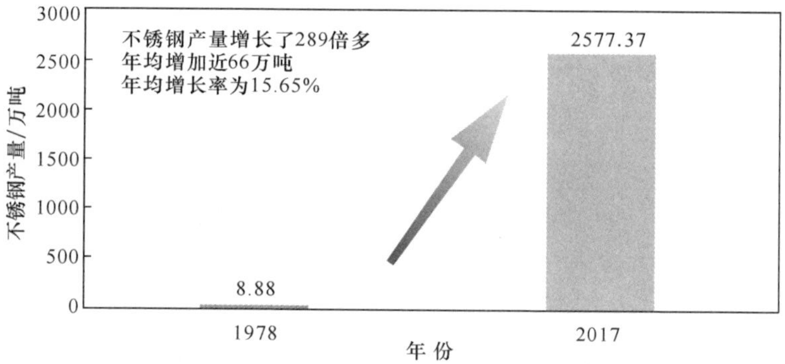

我国不锈钢产量

数据来源：《中国钢铁工业改革开放30年》、中国特钢企业协会不锈钢分会

提示：

1. 2001年，我国不锈钢消费量超过日本，达到225万吨，正式成为世界第一大不锈钢消费国。2017年，我国不锈钢消费量达到1994万吨，已连续17年保持世界第一。

2. 2006年，我国生产不锈钢529.88万吨，比2005年增长67.68%，超过日本跃升为世界第一大不锈钢生产国。到2017年，我国不锈钢年产量已连续12年保持世界第一，占世界不锈钢年产量的比例已跃升到53.6%。

3. 2010年，我国首次成为不锈钢净出口国，彻底扭转了长期需要大量进口不锈钢的局面，实现从不锈钢进口大国向出国大国的转变。

（原刊于《中国冶金报》2018年7月25日1版，记者 罗忠河 整理）

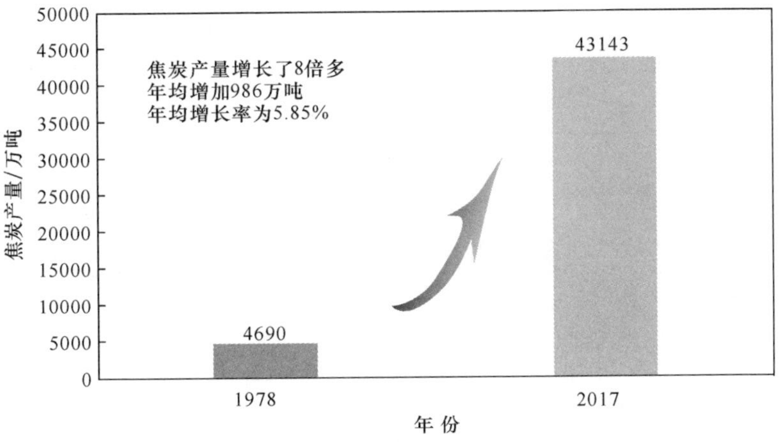

我国焦炭产量

数据来源：《中国钢铁工业改革开放30年》《中国钢铁工业统计月报(2017年12月)》

（原刊于《中国冶金报》2018年7月27日1版，记者 罗忠河 整理）

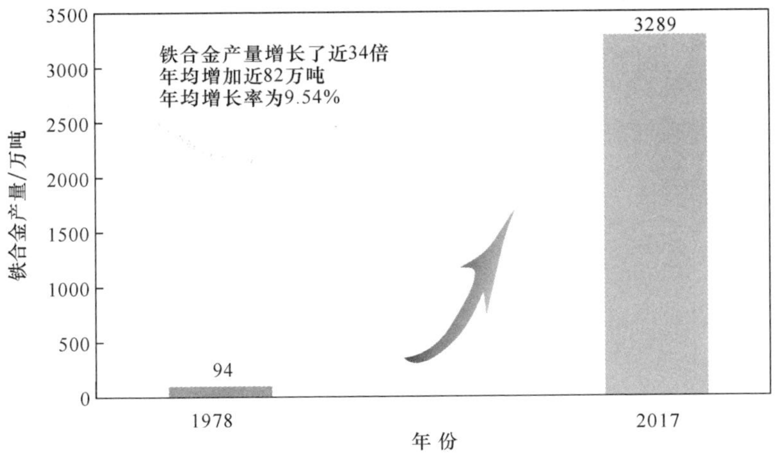

我国铁合金产量

数据来源：《中国钢铁工业改革开放30年》《中国钢铁工业统计月报（2017年12月)》

（原刊于《中国冶金报》2018年8月2日1版，记者 罗忠河 整理）

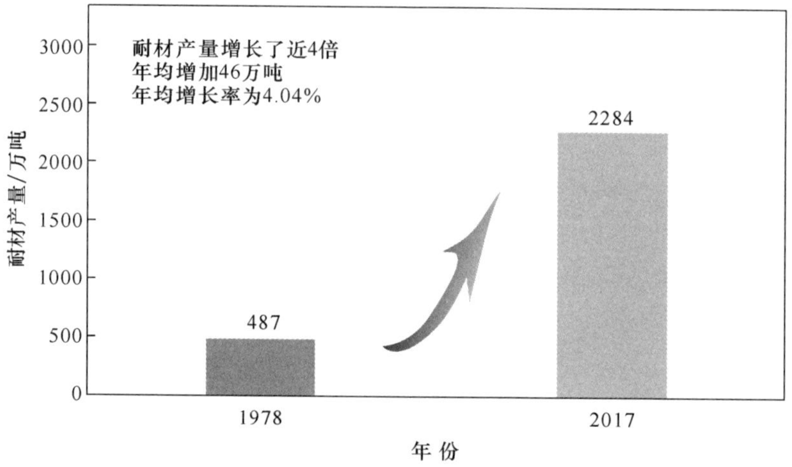

我国耐火原材料产量

数据来源：《中国钢铁工业改革开放30年》《中国钢铁工业统计月报（2017年12月）》

（原刊于《中国冶金报》2018年8月3日1版，记者 罗忠河 整理）

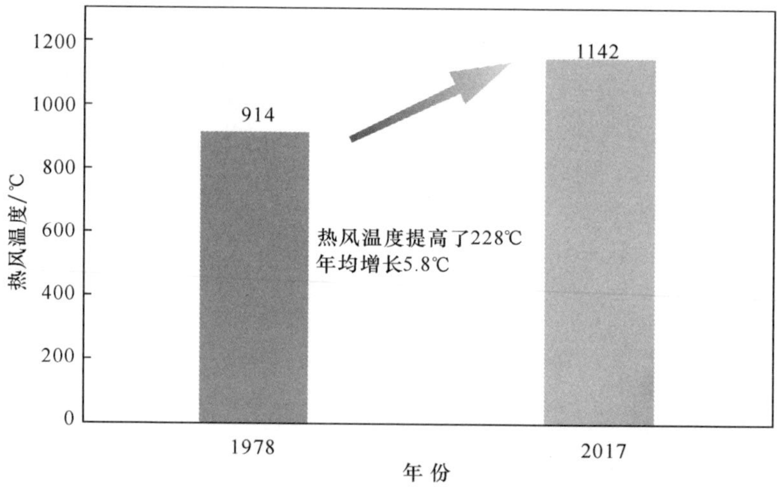

重点钢企高炉平均热风温度

数据来源：《中国钢铁工业改革开放30年》《中国钢铁工业统计月报（2017年12月）》

（原刊于《中国冶金报》2018年8月7日1版，记者 罗忠河 整理）

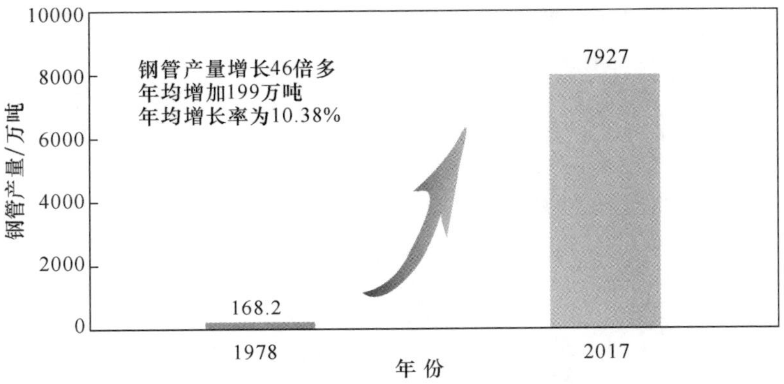

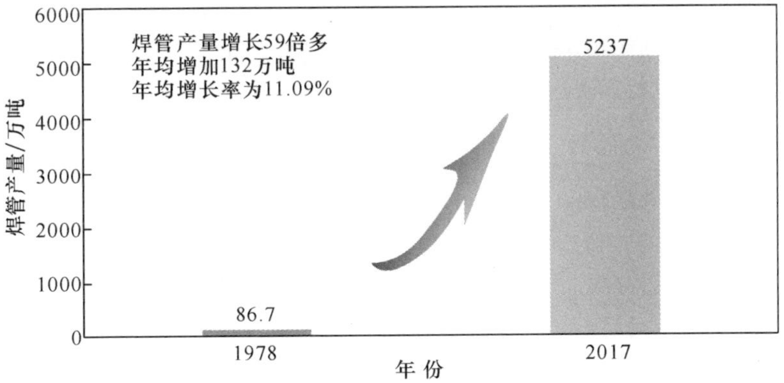

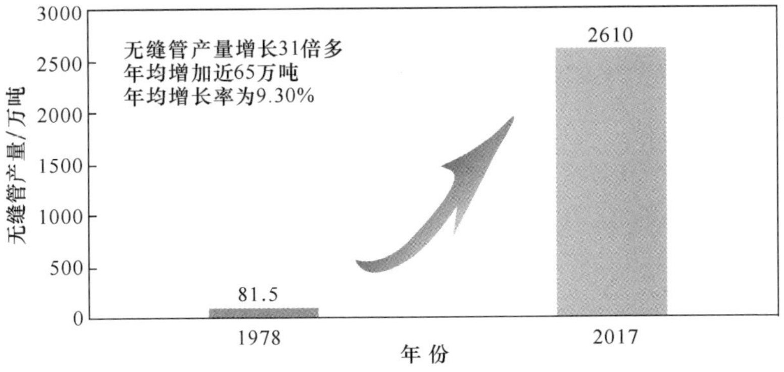

我国钢管产量

数据来源：《中国钢铁工业改革开放30年》《中国钢铁工业统计月报（2017年12月）》

（原刊于《中国冶金报》2018年8月9日1版，记者　罗忠河　整理）

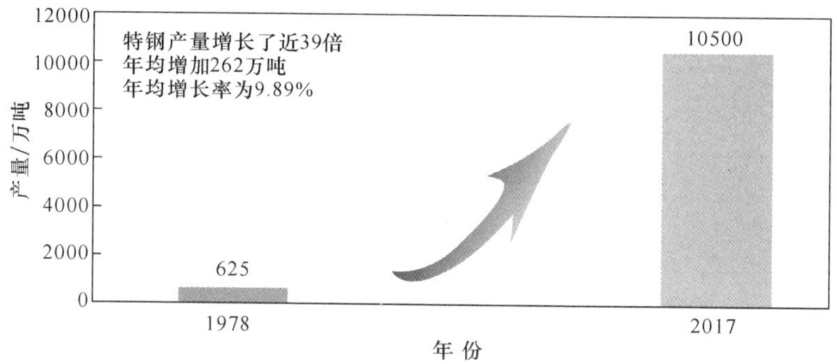

我国特钢产量

数据来源：《中国钢铁工业改革开放 30 年》、中国特钢企业协会、中国特钢企业协会不锈钢分会

提示：

2017 年特钢产量为中国特钢企业协会主要企业优特钢产量+全国不锈钢产量。

（原刊于《中国冶金报》2018 年 8 月 16 日 1 版，记者　罗忠河　整理）

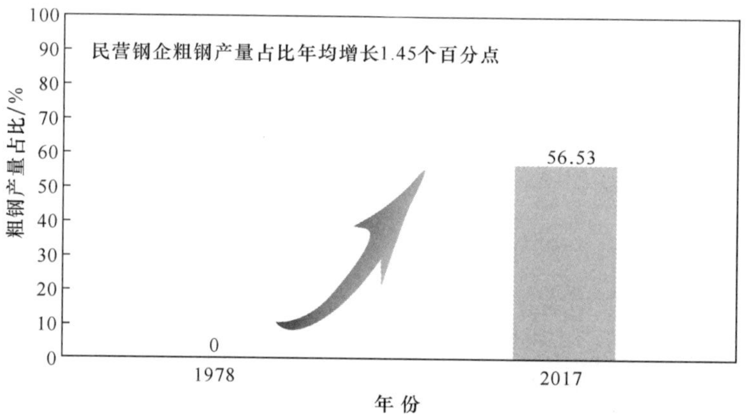

我国民营钢企粗钢产量占比

数据来源：全联冶金商会

提示：

1. 民营钢企崛起是改革开放以来钢铁工业的重大事件，改变了我国钢铁工业的发展格局，产量已超过钢铁行业的半壁江山。一批民营钢铁巨头涌现，其中沙钢在 2009 年迈入世界 500 强行列。

2. 2017 年，民营钢企粗钢产量达到 4.71 亿吨，占全国钢产量的比例由 2016 年的 58.53%下降到 56.53%，下降 2 个百分点，扭转了民营钢企粗钢产量占比逐年上升的趋势。

（原刊于《中国冶金报》2018 年 8 月 17 日 1 版，记者　罗忠河　整理）

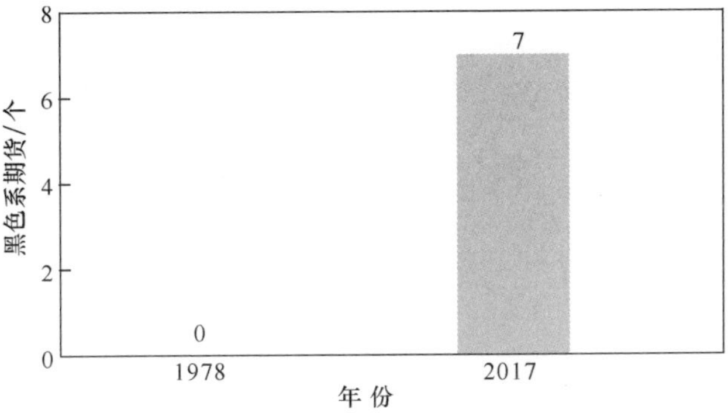

我国黑色系期货

提示：

2009年3月27日，螺纹钢和线材期货交易在上海期货交易所正式上市交易。2011年4月15日，焦炭期货在大连商品交易所上市交易，成为世界上首个焦炭类期货。2013年3月22日，焦煤期货在大商所正式上市。2013年10月18日，全球首个实行实物交割的铁矿石期货合约在大商所挂牌交易。2014年3月21日，热轧卷板期货在上期所挂牌交易。2014年8月8日，在交割和持仓等方面进行创新设计的硅铁、锰硅期货合约在郑州商品交易所挂牌交易。这样，黑色系期货已经覆盖了钢铁整个生产链条。

（原刊于《中国冶金报》2018年8月22日1版，记者　罗忠河　整理）

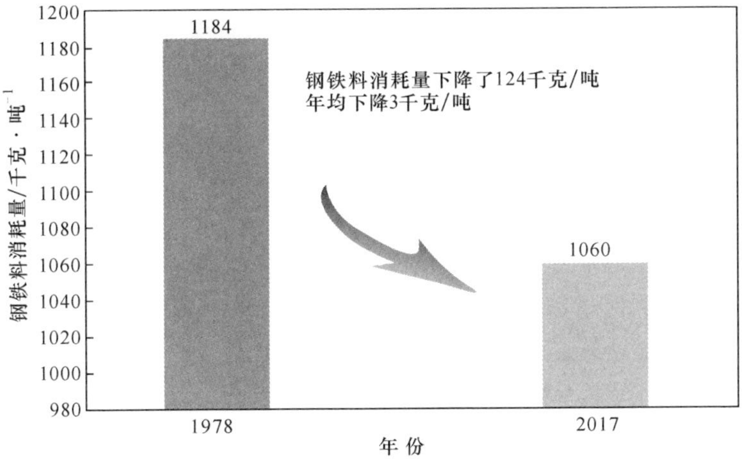

重点钢企转炉钢铁料消耗量

数据来源：《中国钢铁工业改革开放30年》《中国钢铁工业统计月报（2017年12月）》

（原刊于《中国冶金报》2018年8月23日1版，记者　罗忠河　整理）

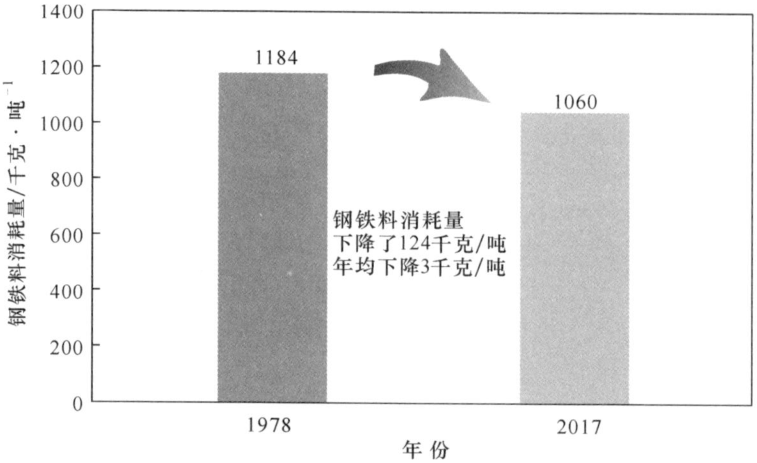

重点钢企转炉钢铁料消耗量

数据来源：《中国钢铁工业改革开放30年》《中国钢铁工业统计月报(2017年12月)》

（原刊于《中国冶金报》2018年8月29日1版，记者 罗忠河 整理）

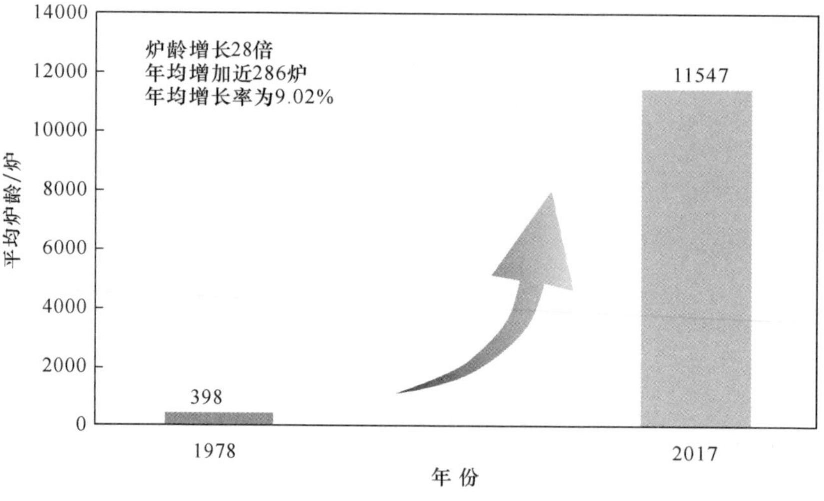

重点钢企转炉平均炉龄

数据来源：《中国钢铁工业改革开放30年》《中国钢铁工业统计月报（2017年12月）》。

（原刊于《中国冶金报》2018年8月30日1版，记者 罗忠河 整理）

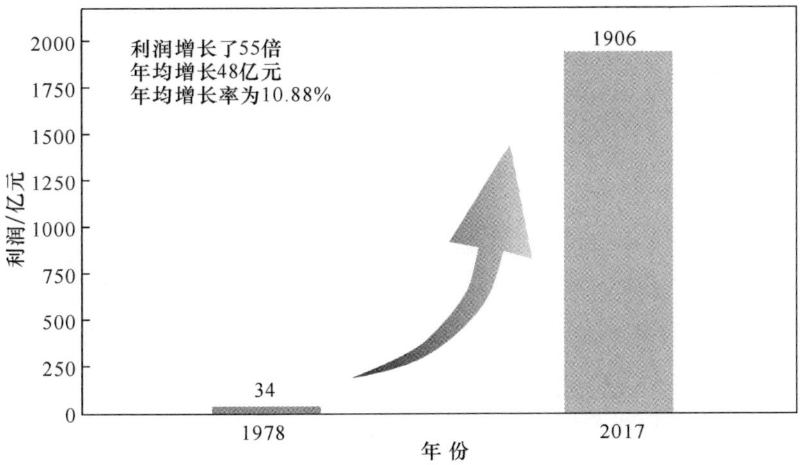

重点钢企利润

数据来源：《中国钢铁工业改革开放 30 年》《2017 年中国钢铁工业协会会员企业统计年报》

（原刊于《中国冶金报》2018 年 8 月 31 日 1 版，记者　罗忠河　整理）

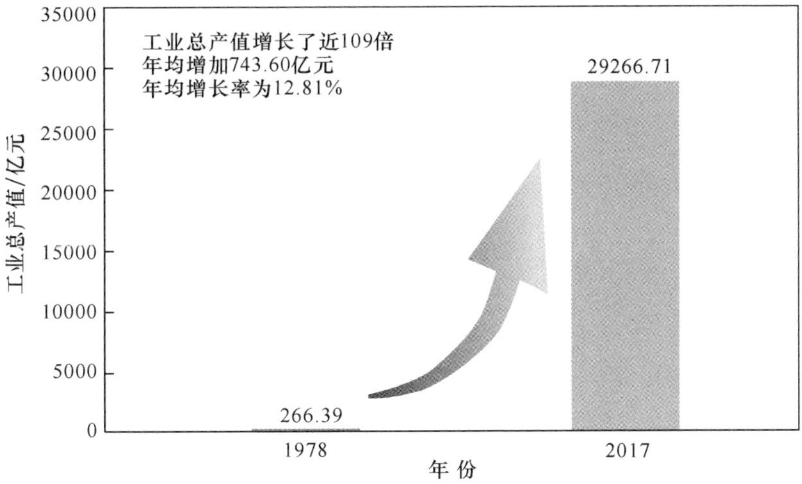

重点钢企工业总产值

数据来源：《中国钢铁工业 50 年》《中国钢铁工业协会会员企业 2017 年财务年报》

（原刊于《中国冶金报》2018 年 9 月 5 日 1 版，记者　罗忠河　整理）

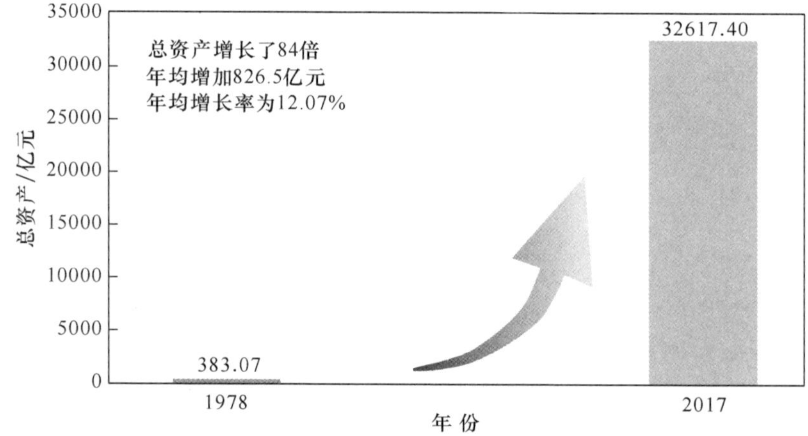

重点钢企固定总资产

数据来源：《中国钢铁工业50年》《中国钢铁工业协会会员企业2017年财务年报》

（原刊于《中国冶金报》2018年9月6日1版，记者　罗忠河　整理）

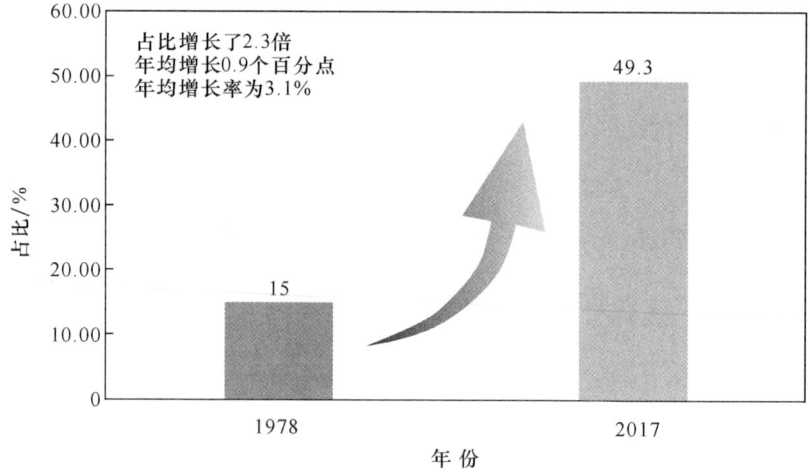

重点钢企合金钢和低合金钢占比

数据来源：《中国钢铁工业50年》《中国钢铁工业统计月报（2017年12月）》

（原刊于《中国冶金报》2018年9月7日1版，记者　罗忠河　整理）

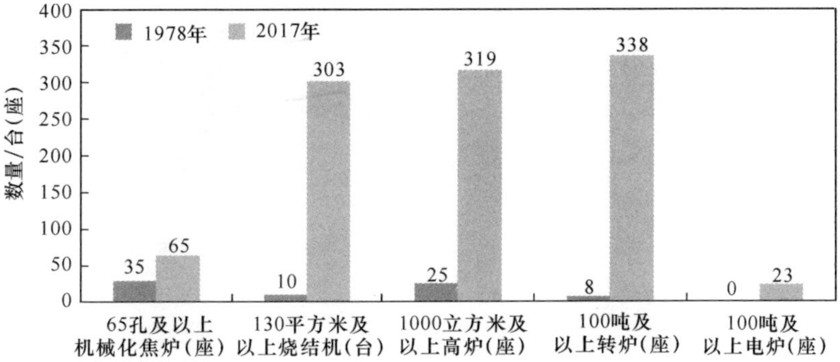

重点钢企大型化生产装备

数据来源：《中国的钢铁》《2017年中国钢铁工业协会会员企业统计年报》

提示：

1. 总体看，1978年，我国钢铁工业装备水平还停留在苏联20世纪五六十年代的水平，与日本、欧美国家相差更远。2017年，我国钢铁工业整体装备已跻身国际一流水平。

2. 2017年钢协会员企业319座1000立方米及以上高炉中，1000～1999立方米高炉207座，2000～2999立方米高炉71座，3000～3999立方米高炉19座，4000～4999立方米高炉17座，5000立方米及以上高炉5座。

3. 2017年钢协会员企业338座100吨及以上转炉中，100～199吨转炉290座，200～299吨转炉37座，300吨及以上转炉14座。

（原刊于《中国冶金报》2018年9月12日1版，记者　罗忠河　整理）

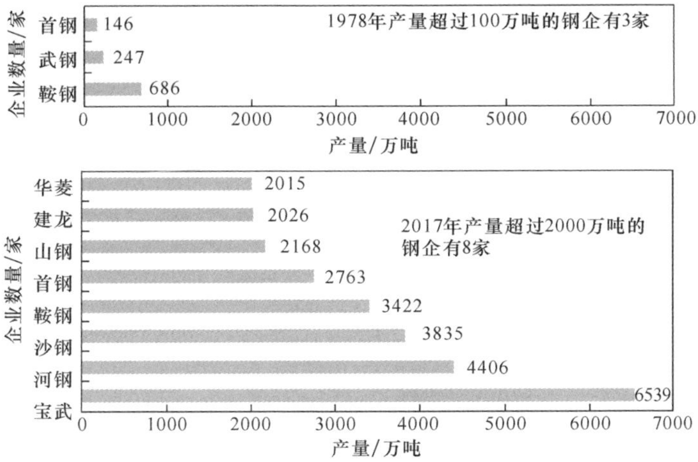

我国粗钢相对集中度

数据来源：《中国钢铁工业改革开放30年》《中国钢铁工业统计月报（2017年12月）》

（原刊于《中国冶金报》2018年9月13日1版，记者　罗忠河　整理）

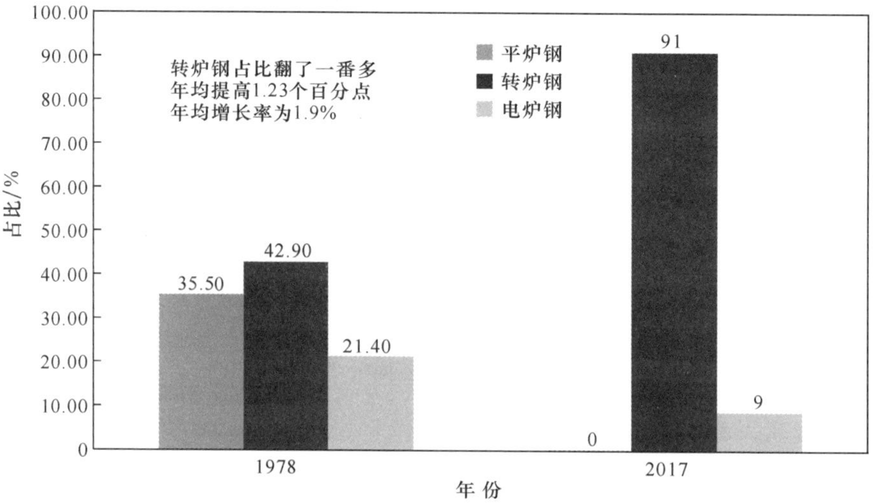

平炉钢、转炉钢、电炉钢占比

数据来源：《中国钢铁工业改革开放 30 年》《国际钢铁统计数据 2018》

提示：

1978 年，我国平炉钢占比 35.5%，而世界平炉钢占比在 20%以下。到 2000 年末，我国平炉钢基本被淘汰，比原计划提前了 5 年。

（原刊于《中国冶金报》2018 年 9 月 14 日 1 版，记者　罗忠河　整理）

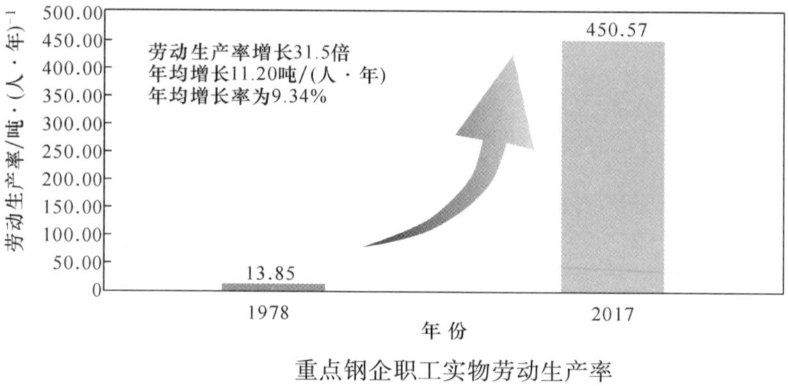

重点钢企职工实物劳动生产率

数据来源：《中国钢铁工业 50 年》、中国钢铁工业协会

提示：

2017 年重点钢企实物劳动生产率按主业在岗职工总数计算为 663.28 吨/（人·年）。

（原刊于《中国冶金报》2018 年 10 月 10 日 1 版，记者　罗忠河　整理）

第四章　改革开放40年·钢铁热词

改革开放40年来，我国逐步从计划经济走了出来，确立了具有中国特色的社会主义市场经济体制。我国钢铁行业作为改革开放的先锋之一，在生产经营管理体制改革、技术装备更新迭代、引进来走出去等方方面面都积累了宝贵的经验，实现了跨越式发展，支撑了国民经济的高速发展。

在庆祝改革开放40周年之际，我们梳理了40个热词，分别刊载于《中国冶金报》2018年12月18日19版、22版、23版、25版。透过这些耳熟能详的热词，我们可以清晰地窥见我国钢铁工业改革开放40年由小到大、由工艺落后到装备技术跻身于世界一流水平行列的发展历程、实践探索以及取得的伟大成就，从而筑牢对未来钢铁行业实现高质量发展的信心。

热词40年

1. 建设宝钢

宝钢是我国成套引进国外技术设备建设的第一个现代化大型钢铁基地。1978年3月9日，国家计委、国家建委、国家经委、上海市、冶金部5个单位联名向中央报送了《关于上海新建钢铁厂的厂址选择、建设规模和有关问题的请示报告》，提出在上海建设年产600万吨钢的钢铁联合企业。当年3月11日，国务院批准同意建设。当年12月23日，上海宝山钢铁总厂举行动工典礼。

在宝钢建设之初，对于宝钢立项决策是否正确、是否应该下马的争议曾经引发轩然大波，给一期工程建设造成了重大影响。为此，陈云同志去上海进行了专题调查。在1979年6月16日的国务院财经委员会全体会议上，他就宝钢问题讲了8点意见，第一条就是既然决定建设宝钢，就要一干到底，规模不变。1979年9月，邓小平同志高瞻远瞩地指出："历史将证明，建设宝钢是正确的。"这一论断赋予了千万名宝钢建设者极大的信心和勇气，使得宝钢的建设在危难中获得调整、恢复和发展。

1985年9月15日，宝钢一期工程如期完工。从1984年10月起，宝钢开始了二期工程建设，全部工程于1991年完工。自1993年12月起，宝钢开始了三期工程建设，全部工程于2000年底基本完工。至此，一个现代化的、先进的千万吨级钢铁联合企业屹然耸立在扬子江畔，成为中国钢铁工业发展史上一个崭新的里程碑。

2. 扩大企业自主权

1979年7月，国务院发布《关于扩大国营工业企业经营管理自主权的若干规定》，标志着扩大自主权的企业改革正式开始。

我国钢铁工业是扩大企业自主权的先锋之一。早在1978年10月，重钢、成都无缝钢管厂等6家企业就被四川省委确定为扩大企业自主权的试点企业，允许其在完成增产增收计划后，可少量提取利润作为企业基金，并可发放少量奖金。1979年5月25日，首都钢铁公司等企业被国家确定为第一批国家经济体制改革试点单位，实行利润留成。1979年9月，上海市冶金工业局提出增加效益、自筹资金、改造整个上海冶金行业、试行利润增长留成的体制改革方案，又称为"陆铁夫方案"。1980年1月11日，国家计委、财政部批准《上海市冶金工业试行利润增长留成办法》。1980年4月、5月，鞍钢、武钢分别被国家批准为扩大企业自主权试点单位。

1984年5月，国务院做出关于扩大企业自主权的规定，钢铁企业开始拥有10项自主经营权。1992年7月23日，国务院发布《全民所有制工业企业转换经营机制条例》，又将企业经营自主权扩充到14项。同一天，国务院发出《批转国务院经贸办、国家体改委关于进一步扩大首钢自主权改革试点报告的通知》，赋予首钢扩大投资立项权，扩大外贸、外经和外事权，扩大资金融通权。

3. 钢材交易市场

1979年10月，由上海市生产资料服务公司创办的上海生产资料交易市场正式成立，这是新中国第一家从事钢材等工业生产资料买卖的交易市场。从1979年开始，作为钢材流通唯一渠道的物资部门开始尝试进行钢材流通渠道的变革。

1986年12月，国家批准在上海、天津、沈阳、武汉、重庆、西安、石家庄等市，由本地区的物资部门成立地方钢材市场。国家物资局直属的地区性市场经营者由国家物资局从其在北京、上海、天津、沈阳、武汉、成都、西安所属企业中选定。截至1990年，全国共有260个大中城市先后建立294个钢材市场，中小钢厂自销钢材的大部分进场交易。这些钢材市场的基本运行模式与上海生产资料交易市场一致。

1993年，随着物资部的撤销，各级物资部门进行全面转型，钢材交易市场迎来了快速发展期，催生了大量的钢贸商，“前店后库”成为主要模式，如1996年11月成立的上海逸仙钢材现货交易市场便是我国第一家此类市场。随着我国钢铁工业的快速发展，我国钢材市场大型化特征明显，平均规模远超其他二级市场、三级市场。

2008年，我国年度交易额在亿元以上的金属材料交易市场（钢材市场没有专门分类统计，这类市场主要销售钢材）达到267个，占亿元以上商品交易市场总数的5.8%。随着互联网的快速发展，钢材电子交易市场兴起，尤其是钢铁电商平台崛起后，钢材现货交易市场已过最繁荣时期，2010年6月，上海香山钢市关闭，折射出“互联网+”给钢贸流通行业带来了巨大的变革。

4.《冶金报》复刊

1980年6月10日，冶金工业部发布《关于恢复出版<冶金报>的通知》；7月1日，《冶金报》正式复刊，并从此进入蓬勃发展时期。

1956年7月23日，在冶金工业部的指导下，《冶金报》创刊号出版，年发行1.8万份。在此后的10年间，《冶金报》逐步形成自己的办报风格、记者队伍，奠定了在行业中的权威地位。1967年1月1日，受“文化大革命”影响，《冶金报》暂时停办。1996年，《冶金报》正式更名为《中国冶金报》。

多年来，《中国冶金报》以服务行业、服务企业，促进中国钢铁工业健康发展为己任，全方位记录了中国钢铁工业发展的历史足迹，折射出钢铁人薪火相传的报国情怀。

目前，《中国冶金报》已经迈入报纸、网站、微信、微博、手机客户端五大媒体联动的融媒体时代，旨在建设成为“国内是权威，国际有影响”的行业传媒龙头，打造最具权威性、前瞻性的行业信息资讯和专业咨询共享平台。

5. 利改税

利改税是我国改革国家与国营企业利润分配关系的一项重大措施。核心内容是将所得税引入国营企业利润分配领域，把国营企业向国家上交利润改为缴纳税金，税后利润全部留归企业。

利改税分两步实施。第一步主要是对有盈利的国营企业征收所得税，即把企业过去上交利润的大部分改为用所得税的形式上交国家。1983 年初，国有钢铁企业实行利税并存的方式，企业上缴所得税、营业税，所得税率为55%。实践证明，利改税的第一步改革，比利润留成、利润包干等办法具有更大的优越性。到 1983 年第 4 季度，国有钢铁企业开始实行以税代利，也就是由税利并存逐步过渡到完全的以税代利，企业上缴所得税、产品税、增值税、营业税、土地使用税、房产税、车船使用税、城市建设税、奖金税等 11 个税种。利改税的第二步改革在广度和深度上都比第一步前进了一大步，这也是我国工商税制的一次全面改革。

6. 承包经营责任制

钢铁企业是实行承包经营责任制的发源地。重钢于 1978 年、上海冶金局和首钢于 1979 年率先开展扩大企业自主权试点，先后实行利润分成、利润包干、盈亏包干，超产钢材自销等多种形式的承包办法。1982 年 2 月 15 日，国务院对《首钢 1982 年进一步完善经济责任制的设想》做出批示后，冶金工业部在全行业推广首钢经验。同年 4 月 23 日，国务院同意首钢试行上缴利润递增包干的方法。到 1983 年，冶金行业（含有色金属行业）已有 900 多家企业实行了多种形式的利润承包，占企业总数的 80% 以上，并有 17 个省、直辖市、自治区冶金厅（局、公司）实行了地区行业总承包。

1984 年，经国务院批准，由冶金工业部对国家实行“两保五包”（在 1985 年到 1990 年的“七五”期间，国家一保钢铁工业 400 亿元的基建和技改投资额度，二保指令性计划指标的生产条件；冶金工业部一包钢产量每年递增200万吨、上缴统配钢材每年递增100万吨，二包降低综合能耗，三包提高钢材质量、扩大钢材品种，四包基建、技改建设速度，五包提高经济效益）的投入产出总承包。随后，承包制在钢企全面推行。到1988年底，全国县级以上钢企中有920家实行了承包制，承包面达86.7%；110家重点和地方骨干企业中有103家实行了承包制，十大钢企全部实行了承包制，还有19个省、直辖市、自治区冶金厅（局、公司）实行了地区行业总承包，还产生了首钢承包责任制、鞍钢“一体两翼”（即以综合承包为主体，以科技承包和管理效益承包为两翼）承包制等一批先进的改革试点经验。

承包经营责任制是从高度集中的计划经济体制向社会主义市场经济体制转变的一种过渡经营形式，是实现两权分离、推进钢企市场化的一次有益探索。

7. 厂长（经理）负责制

1984年5月15日，六届全国人大二次会议上的政府工作报告宣布，要逐步实行厂长（经理）负责制。厂长作为企业的主要负责人和法人代表，对企业的全部经济活动负全责，厂长全面领导企业的生产经营管理工作，依照国家有关法律、法规，有权决定企业的生产经营计划、机构设置、人事任免，以及做出各项经营管理决策。同年5月18日，《中央办公厅、国务院办公厅关于认真搞好国营工业企业领导体制改革试点工作的通知》以及附件《国营工业企业法（草案）》发布，要求在企业整顿中验收合格、领导班子得力、生产情况正常的国营大中型骨干企业中进行厂长负责制改革试点工作。

早在1981年4月21日，《冶金报》就介绍了鞍钢第一初轧厂建立党委领导下厂长负责制的经验和做法。1984年之后，厂长（经理）负责制改革迅速在全国冶金系统大型钢铁联合企业中展开。1984年，新钢被江西省政府确定为厂长负责制的首批试点单位，湘潭钢铁厂被湖南省委、省政府确定为厂长负责制改革试点单位；1984年7月10日，重钢公司及二级厂矿正式开始进行厂长（经理）负责制改革试点；1985年6月13日，冶金工业部企业整顿领导小组批准攀枝花冶金矿山公司进行厂长（经理）负责制试点。

厂长（经理）负责制的推广和实行，对我国钢铁企业走上现代化企业管理之路起到了重要的推动作用。

8. 价格“双轨制”

从1983年开始，钢铁产品实行指令性计划和指导性计划、国家统一定价和市场浮动价并存的“双轨制”。短线钢材实行指令性计划，属于必须完成的指标，实行国家统一定价，由国家统一调配，叫作“统配材”；长线钢材实行指导性计划，属于限额完成的指标，不得突破，由企业自销，执行市场浮动价格。完不成指令性计划指标的，按国家分配原燃材料的相应部分在下年度扣减，并处以罚款，在企业留成基金中支付。

1984年5月，经国务院批准，允许钢铁企业在计划外拿出2%的产品自销，完成指令性计划后的超产产品也由企业自销，但自销产品的价格限制在加价20%以内。1985年初，国务院决定取消对钢铁企业自销产品只能加价20%的规定，由企业随行就市自行定价。从此，钢铁产品正式开始实行计划价和市场价并行的价格“双轨制”。1990年，全国钢铁企业自销钢材的数量达到2135万吨，占总产量的43%。1993年1月1日，经国务院批准，除指令性计划内的国防、军工、农业和农田水利（含救灾）、铁道专用钢材外，从当日起放开钢铁产品的价格，价格“双轨制”终结。

钢价“双轨制”的终结，使中国钢铁工业初步引入了有效竞争的市场机制，促进了钢材市场价格机制的形成，促使中国钢企成为自主经营、自负盈亏的市场主体，为钢铁工业进一步市场化改革开辟了道路。

9. 拨改贷

拨改贷是改革开放后国家对基本建设投资由无偿拨款改为有偿贷款的简称，即我国基本建设投资由财政无偿拨款改为通过建设银行以贷款方式供应的制度。这是固定资产投资管理体制的一项重要改革。

我国基本建设投资长期以来实行国家统一管理的制度，建设计划由国家统一下达，建设投资由国家统一分配，基本建设资金由财政拨款无偿使用，实行统收统支。这种管理体制对于集中财力、物力保证重点建设，曾经起到一定作用。但它是资金供应吃“大锅饭”的体制，片面强调行政手段的管理，造成敞口花钱、工期拉长、比例失调、投资效益低的弊端。为了破除上述弊端，1979年，国家按照资金有偿使用的原则，进行了拨改贷试点。

钢铁企业在1979年实行流动资金全额信贷的基础上，从1986年开始，实行计划内经营项目的固定资产投资由拨款改为贷款，固定资产投资的主体由国家转为企业，由企业承担偿还固定资产投资贷款本息的责任。

10. 利用外资

20世纪80年代后期，正是我国国民经济调整和整顿时期，基本建设投资的担子几乎全部压在企业身上。1986年4月16日，国务院提出利用1000亿美元外资，加快我国钢铁工业发展。

同年，总投资95.4亿元的攀钢二期工程全面启动，一启动就面临严重的资金短缺问题。为此，1987年初，原冶金部建议攀钢进入国际金融市场引进外资。1987年5月28日，攀钢开中国企业先河，与来自美国、英国、日本等12个国家和地区的24家银行组成的银团在人民大会堂签订了贷款2.1亿美元的协议，成为我国首家采用银团贷款方式利用外资的企业，也是我国首家直接进入国际金融市场的企业。这笔外资在攀钢二期工程上得到有效利用，使攀钢成为我国西南地区最大、最重要的钢铁生产基地和我国最大的铁路用钢材、钒钛生产基地，结束了我国西部不能生产板材的历史。这笔贷款于1997年5月28日连本带息全部还清。

攀钢之后，越来越多的钢铁企业积极引入外资。1978~1992年，我国钢铁工业从国外引进了700多项先进技术，利用外资60多亿美元。1998年10月1日，国内利用外资最大的冶金项目——上海克虏伯不锈钢公司不锈钢板卷工程在上海浦东奠基，总投资14亿美元，于2000年建成投产。自那以后，我国钢铁工业对外开放的脚步越迈越大，利用外资的方式越来越灵活多样，由单纯的贷款逐步发展为成立中外合资或外商独资企业，开展中外合作项目，向国际金融市场发行债券、股票等。我国钢铁行业与国际市场的联系越来越紧密，充分享受到了改革开放的红利。

11. 天津大无缝

天津钢管厂（俗称天津大无缝）是我国继宝钢之后成套引进国外先进装备技术建设的又一座现代化钢厂。1989年6月18日，天津大无缝破土动工建设。该项目是以石油套管为主要产品的大型热轧无缝钢管工程，被列为国家

“八五”期间重点建设项目。该工程设计规模为年产钢60万吨、无缝钢管50万吨，主体技术设备分别从意大利、联邦德国、美国引进，具有20世纪90年代初国际先进水平，实行全精炼、全连铸和计算机控制。该工程投产后，产品填补了国内多项空白，改写了我国石油套管长期依赖进口的历史，保障了国家能源安全。

1992年6月27日，天津钢管厂炼钢连铸热负荷试车成功。1995年12月20日，天津钢管厂工程竣工验收，并于1996年1月1日正式投产，标志着我国无缝钢管特别是石油套管生产技术、工艺跃上了新台阶。

12. 武钢质量效益型道路

伴随着武钢一米七轧机的引进、建设、调试、生产，武钢人不断在赶超世界先进水平的过程中磨砺着自己。1983~1985年，武钢开展了“废品减半”“废品再减三分之一”“废品再减三万”的活动；1986~1988年，武钢进一步开展了产品质量升级活动；1989年，武钢明确提出了“走质量效益型发展道路”发展战略，其核心是：企业要真正把质量和品种放在首要位置，促进钢铁生产持续、稳定、协调发展。

1990年1月13~17日，冶金工业部召开全国冶金工作会议，要求各单位学习武钢“坚持企业社会主义方向，走质量效益型发展道路”的经验。1990年2月19日，国务院办公厅发出通知，学习武钢走质量效益型发展道路。

与此同时，《中国冶金报》对武钢走质量效益型道路的经验进行了长期重点报道。

13. 邯钢经验

邯钢经验产生于20世纪90年代初，其核心是“模拟市场，独立核算”。

当时，一方面外部原燃材料大幅涨价，另一方面钢材市场疲软，导致邯钢的28个产品中有26个出现连续亏损，而内部各工序间仍采取产品经济模式核算，出现“分厂报盈，总厂报亏”的矛盾现象。1991年，邯郸钢铁总厂在连续亏损5个月后，决定全面引入市场机制，推行“模拟市场核算，实行成本否决”的新经营模式，使邯钢在市场困境中一举扭亏为盈。

1996年初，国务院下发批转邯钢经验的通知，召开推广邯钢经验现场会，邯钢经验走向全国。到1999年初，通过学邯钢，全国冶金行业的企业亏损额下降了34亿元。

在当时的社会经济背景下，邯钢经验是企业深化内部改革，自觉走向市场，适应社会主义市场经济发展的成功尝试。总结推广邯钢经验，对于当时的国有工业企业深化改革，转换经营机制，加强企业管理，降低成本，提高效益，扭亏增盈，具有积极的意义。

14. “精干主体，分离辅助”

20世纪90年代初，一批国有钢铁企业面临人员多、生产效率低、负担过重的问题，不利于企业的改革和发展。1992年，武钢率先在国有大中型企业中提出以“精干主体、剥离辅助、减员增效”为主要内容的体制改革和组织结构调整，叫响“7万人不吃钢铁饭”的口号。

这一举措，不仅提高了钢铁生产部门的生产效率，而且让分离人员再就业，改变了企业大而全、吃“大锅饭”的局面。其后这一做法在全国钢铁企业得到推广。

在深化企业改革中，武钢以“精干主体，分离辅助”为特征，大力调整企业内部结构，着眼于提高劳动生产率，这一做法为当时国有钢铁企业转变生产经营方式，逐步摆脱市场困境，初步建立现代企业制度，完成由计划经济向市场经济的蜕变提供了宝贵的经验。

到2002年前后，钢铁行业“精干主体，分离辅助”工作取得了重要进展，再就业工作成效显著。其中，鞍钢从事钢铁生产的职工由1995年的9.8万人下降到2001年底的3.95万人；首钢的服务产业已逐步走向产业化、国际化，其钢铁主业已减至2.5万人，下岗再就业率达到98%；莱钢没有把一名职工推向社会，企业效益大幅攀升。

15. 民营钢企崛起

萌芽于20世纪80年代，生根于20世纪90年代，崛起于21世纪，这是中国民营钢铁企业的成长轨迹。

20世纪90年代，一大批民营钢铁企业沐浴着改革开放的春风，先后成长起来。1986年，由投资45万元的沙洲县锦丰轧花剥绒厂轧钢车间起家的沙洲县钢铁厂更名为张家港市钢铁厂，并于1992年组建成立了沙钢集团。沙钢集团坚持“一切从市场出发”，通过引进设备和不断调整产品结构，一步步发展成为我国最大的民营钢铁企业。与此同时，永钢集团、中天钢铁、荣程钢铁、元立集团、立恒钢铁、博长集团、方大钢铁、泰山钢铁、德龙钢铁、津西钢铁、兴澄特钢、龙腾特钢、敬业集团等民营钢铁企业也陆续成长起来，与国有钢铁企业一道，共同推动我国钢铁工业健康发展。

党的十八大以来，尤其是2015年以来，民营钢铁企业和国有钢铁企业一起，积极推进供给侧结构性改革，挨过了钢铁“寒冬期”，取缔了“地条钢”毒瘤，取得了举世瞩目的成就。

2017年，中国民营钢铁企业粗钢产量达4.71亿吨，占全国钢产量的56.53%，构成了中国钢铁工业的半壁江山。在工信部2017年、2018年公布的两批绿色工厂名单里，28家钢企被评为绿色工厂，其中民营钢企和国有钢企交相辉映。

16. 股份制改革

20世纪90年代中后期，在相继采取了承包制等改革措施后，国有钢铁企业仍然面临盈利水平下降、亏损面大的问题。为进一步推进国企改革，真正建立起现代企业制度，一些钢铁企业直面困难和挑战，勇于承受“阵痛”，毅然决然地进行了改革攻坚。“股份制改革”成为当时的一个重点。

1993年，马钢股份在中国香港上市，向全球发行股票，成为我国第一家上市的钢铁企业，被称为“中国钢铁第一股”。

马钢股份的成功上市为其他钢铁企业股份制改造提供了有益的经验。此后，鞍钢新轧、本钢板材、武钢、邯钢、杭钢等一批钢铁股份公司陆续上市。其中，鞍钢新轧股份于1997年在香港、深圳两地上市，融资41亿元，实现债转股64亿元，利用资本市场解了当时发展的燃眉之急。目前，我国钢铁企业已在股票市场上构成了钢铁板块。

股份制改革符合社会主义市场经济国有企业改革、改造、投资主体多元化的要求。通过股份制改革和钢铁主业整体上市，中国钢铁企业逐步掌握了在市场经济条件下利用资本市场运作、融资的方法，明确了企业管理体制，盘活了资产，实现了减负，增强了综合实力，重新焕发了活力，为建立现代企业制度、参与国际竞争奠定了坚实的基础。

17. 全连铸

1994年1月6日，在全国冶金工业会议上，时任冶金工业部部长刘淇提出，以提高连铸比为重点，优化工艺技术结构，到2000年，全行业连铸比要达到70%以上。

积极发展全连铸技术，对于进一步降低成本、提高铸坯质量、增加经济效益有重要意义。自1958年重庆钢铁公司第三钢铁厂的连续铸钢装置投产以来，我国钢铁工业一直在研究全连铸技术。改革开放以来，我国连铸技术得到了快速发展。“八五”期间，原冶金部提出了“以全连铸为方向，大力提高连铸比，推动冶金工业整体结构优化”的战略，全连铸得到了大力发展，并成为冶金工业“九五”规划的重要内容。

1999年12月10日，武钢初轧厂全线停工，在全国十大钢企中率先淘汰初轧厂，全面实现全连铸生产；2000年底，鞍钢彻底淘汰模铸，实现全连铸；2001年11月28日，首钢一钢实现全连铸并淘汰了初轧工序，首钢全公司实现了全连铸。据不完全统计，截至2005年，全国实现连铸生产的钢铁企业有205家，其中实现全连铸的有190家，占比达92.7%。到2017年，我国钢铁工业的连铸比已超过了99%，全连铸技术发展令人瞩目。

18. 老国企技改

1994年，冶金工业部提出大力推进淘汰落后，采用新技术对老企业进行技改；加强新产品、新技术开发；在有条件的企业积极引进国外成熟高新技术，并加强引进技术的消化、吸收和创新工作，使一批老企业“旧貌换新颜”。

自1994年起，鞍钢进入了脱胎换骨的时代——改革机制、改造装备，走出了一条“高起点、少投入、快产出、高效益”的老企业技术改造之路。鞍钢技改从“平改转”开始，利用原有的厂房装备，改一座转炉，停一座平炉，边生产边改造（含连铸工艺），相继建起了6座100吨的转炉，实现了全转炉、全连铸。1997年，鞍钢开始筹划建设1780毫米热连轧生产线，投产4年就收回了全部投资，被鞍钢人戏称为“印钞机”。2000 年 11 月份，我国第一条自主设计、具有国际先进水平的 1700 毫米热轧生产线在鞍钢诞生。2000 年 7 月 14 日，国家经贸委在鞍钢召开全国重点技术改造项目现场会，向全国有重点技改项目的企业推广鞍钢老企业技术改造的成功经验。

此外，济南钢铁等一批地方中型企业在技改中采取了“小步快跑，滚动发展”的办法，在解决资金不足难题的同时，保证了企业快节奏、高效率发展。

19. 钢产量破亿吨

1996 年，中国钢产量突破 1 亿吨（达到 10124 万吨），跃居世界第 1 位，使我国成为继美国、苏联和日本以后，第 4 个登上这一高峰的国家，是我国钢铁工业发展史上的一个重要里程碑。

《人民日报》发表了“亿吨钢铁壮国威”的评论文章，对中国钢产量突破 1 亿吨给予高度评价。此后，中国钢产量一直稳坐世界第一把交椅。进入 20 世纪后，伴随国民经济的高速发展，我国钢产量接连迈上新台阶，2003 年突破 2 亿吨，2005 年突破 3 亿吨，2006 年突破 4 亿吨，2008 年突破 5 亿吨，2010 年突破 6 亿吨，2011 年突破 7 亿吨，2013 年突破 8 亿吨后一直保持在 8 亿吨以上规模，并于 2015 年开启了化解过剩、结构调整、转型升级的发展道路。

20. 国企“三年脱困”

20 世纪 90 年代中期，国企拖经济改革后腿的问题日益明显，1.1 万家国企中有 63%的企业亏损。更为严峻的是，工人生活得不到应有的保障。为此，党的十五大提出了国企“三年脱困”目标，即在 1998~2000 年，使国有及国有控股大中型亏损企业扭亏为盈，基本脱困。

1998 年 1 月份，冶金工业部提出《冶金行业大中型亏损企业三年解困规划要点》（讨论稿）。时任冶金工业部部长刘淇强调，决不能把资产重组、结构调整简单地理解为成立集团，只有解决了产品结构、工艺结构、企业组织结构不合理的问题，我国冶金工业才能在世界市场上有竞争力。

刘淇提出了冶金工业结构调整的 4 个目的：一是适应钢材市场竞争的需

要，提高市场竞争力。二是实现专业化分工，把冶金产品做成精品，把企业做强，而不是简单地在数量上做大；实现产品的升级和精品化，以适应冶金工业技术发展和市场的需要。三是防止重复建设，优化资源配置，解决生产能力供大于求的问题。四是推动“三改一加强”，优势企业帮助和带动一些暂时困难的企业，淘汰落后工艺，实现共同发展。

水钢脱困成为钢铁工业实现“三年脱困”的突破口。1996年，贵州省原省长吴亦侠商请刘淇选派得力干部帮助水钢扭亏。时任冶金工业部副部长王万宾前往鞍钢物色人选。时任鞍钢总经理助理的朱继民临危受命，到水钢任总经理；冶金工业部又组织了一个5人调查组，加上邯钢派出的包括11位基层干部的咨询组，于1997年2月13日奔赴水钢。三四个月后，水钢大幅减亏。1997年、1998年8月，冶金工业部两次在水钢召开全国性的扭亏增盈现场会，推广水钢扭亏经验。

“三年脱困”期限到了后，即2000年，钢铁行业实现利税400亿元左右，是1998年的2倍有余。

21. 以产顶进

1998年，受亚洲金融风暴冲击，我国经济面临很大的困难，钢铁需求不足，在加工贸易发展中，出现国企、外企不平等竞争现象。加工贸易企业一直使用进口钢材，主要是采用来料、进料加工方式进口，实行免税或先征后退。而国产钢材进入加工贸易市场却要征收17%的增值税，限制了国产钢材进入加工贸易市场。

同年，为鼓励加工贸易企业使用国产钢材，解决国产钢材与进口钢材在税收政策上不平等的问题，经多次讨论研究，国务院制定了钢材“以产顶进”政策。即经过批准的钢企，以不含税价格销售给加工出口企业用于加工生产出口产品，实行全额退17%增值税（后改为免抵）。

1999年，为做好钢材“以产顶进”工作，国家经贸委、财政部、国家税务总局、海关总署、国家冶金工业局组成钢材“以产顶进”协调小组，办公室设在国家冶金工业局。1999~2001年，国家经贸委、财政部、国家税务总局、海关总署先后联合发布系列细则，将这一政策逐步加以完善。2002年5月27日，为适应我国加入世贸组织的新形势，国家经贸委、财政部、国家税务总局、海关总署、国家外汇管理局联合发文将“以产顶进”钢材名称改为“加工出口专用钢材”，并委托中国钢铁工业协会负责“加工出口专用钢材”日常管理工作。2005 年 7 月 1 日，有关部门取消了“加工出口专用钢材”税收政策。

这期间，名列“以产顶进”目录的钢企得到了很大的锻炼，不仅技术标准、品种质量达到进口钢材水平，而且经营服务作风也有了很大的转变，提高了企业综合素质，缩小了与国外钢企的差距。同时，我国生产的部分钢材品种真正做到了“以产顶进”，加工出口企业也将订单从国外转移到了国内。

22. 行业管理体制大变革

我国钢铁工业管理体制大变革，是我国经济体制改革、推动政企分开的一个缩影。

1998 年 3 月 10 日，九届全国人大一次会议批准国务院机构改革方案，决定撤销冶金工业部，改设由国家经贸委管理的国家冶金工业局，行使行业管理职能，不再直接管理企业和经济工作。1998 年 4 月 8 日，国家冶金工业局正式挂牌成立。1999 年 1 月，中国钢铁工业协会宣布成立，进一步促进了钢铁行业协调服务管理格局的形成。

2001 年 2 月 19 日，国家经贸委主任盛华仁宣布，9 个委管国家局撤销，其中包括国家冶金工业局。时任中国钢铁工业协会会长吴溪淳在《中国冶金报》表态，国家冶金工业局（不直接管理企业）的撤销，是我国经济体制改革发展到现阶段的需要；加快建立社会主义市场经济体制，首先要求实行政企分开，加强国家的综合部门，搞好政府的宏观调控，淡化政府的专业职能，而专业协会是市场经济的产物。

其实早在 1992 年，各地方冶金工业厅（局）就已开始尝试政企分开，如有地方撤销冶金工业厅，成立冶金工业总公司，有的由政府授权组建成为国有资产经营公司或控股公司等。

23. 债转股

钢铁行业的债转股可以分为两个时期，即 20 世纪 90 年代的政策性债转股和 2016 年以来的市场化债转股。

20世纪90年代中期，11000家国企中有63%的企业亏损，国家提出1998~2000年国企三年脱困的目标。然而，一些国有钢铁企业债务包袱重，面对工艺技术、产品落后，“不改造就是等死”的形势，在自有资金不足的情况下大量贷款搞改造，又步入了“搞改造找死”的另一种困境。实施债转股是国务院决定的搞活国有大中型企业、实现国企三年脱困的重大举措。

钢铁行业是债转股受益最大的行业之一。例如，2000年12月30日，我国当时最大的债转股企业鞍钢集团新钢铁有限责任公司正式挂牌，华融、信达资产管理公司以债转股的形式参股该公司，实现债转股总金额为63.66亿元。钢铁企业所开展的债转股是以资本流动的形式解决企业之间债务问题的尝试，开拓了跨地区国有资本运作的新路，并促使经营管理逐步走向了现代企业化和多元化的轨道。这一时期的债转股被称为政策性债转股。

2016年10月10日，《国务院关于积极稳妥降低企业杠杆率的意见》和《关于市场化银行债权转股权的指导意见》发布，提出多种政策方案缓解企业债务压力，具体包括鼓励企业并购、公司治理改革、推广证券化、改善债务结构、债转股、允许更多企业破产、鼓励股权融资等，这标志着新一轮市场化债转股序幕拉开。2016年12月16日，银监会等国家部委发布《关于钢铁煤炭行业化解过剩产能金融债权债务问题的若干意见》，支持金融资产管理公司对钢铁、煤炭等行业开展市场化债转股。目前，该轮市场化债转股正在稳步推进中，钢铁行业资产负债水平有所降低。

24. 平改转

平改转是指炼钢技术由平炉改为转炉。新中国成立早期，钢铁工业的炼钢装备以平炉为主，三大钢铁基地都有500吨规格的大平炉。20世纪80年代停建新平炉后，转炉炼钢的比重逐步提升。到了20世纪90年代，随着连铸和炉外精炼等现代化技术的迅速发展，平炉暴露出无法与现代炼钢技术接轨的问题，而且其炼钢成本高于转炉。因此，国内平炉被大量淘汰，转炉成为了炼钢的主要工艺技术装备。

1998年7月8日，鞍山钢铁（集团）公司淘汰全部平炉，实现了全转炉炼钢。1998年10月7日，时任国家冶金工业局局长王万宾在鞍钢淘汰平炉现场座谈会上强调，2000年内全行业要实现淘汰平炉的目标。2001年12月28

日，我国最后一座平炉在包钢光荣“退休”，宣告平炉工艺正式退出历史舞台，标志着我国冶金工业在淘汰落后生产工艺、调整产品结构上取得重大进步。

25. 钢铁保障措施

2002年11月19日，中国对外经贸部通过其官方网站发布2002年第48号公告称，决定自2002年11月20日起，对热轧普薄板、冷轧普薄板（带）、彩涂板、无取向硅电钢、冷轧不锈薄板（带）等5类进口钢铁产品（共27个税则号）实施最终保障措施。这是中国在加入世贸组织后首次主动对他国使用世贸组织保障措施。

2001年12月11日，我国正式加入世界贸易组织，在几个月后就遭遇了由美国“201”钢铁保障措施引发的全球钢铁贸易大战，我国钢铁业面临着巨大的进口压力，出口也几乎停滞。在严峻的形势下，2002年4月19日，中国钢铁工业协会和宝钢、鞍钢、武钢、首钢、邯钢联合拟定《关于对钢铁产品临时保障措施调查的申请》，钢铁企业纷纷响应。2002年5月20日，外经贸部正式宣布开始进行钢材保障措施立案调查。当2002年9月25~26日外经贸部举行听证会时，来自国内钢铁产业、涉案外商、驻华使馆、用户代表等140余家的利害关系方900多人参加，其所受到的关注度之高在国际上也是罕见的。这一举措保证了我国钢铁产业的平稳发展，也赋予中国钢铁弄潮国际市场更大的自信。

26. 铁矿石定价话语权

20世纪80年代初，国际铁矿石价格谈判一直延续的是通过长期协议来决定铁矿石年度价格的机制。铁矿石供需双方的长期协议“定量不定价”，价格一年一谈，确定“首发价”后，其他矿山公司和钢厂进行确认跟随。

2003年，我国铁矿石进口量为14813万吨，跃居世界第一位，宝钢在中国钢铁工业协会和国内主要钢企的推举下成为中国代表首次参与国际铁矿石价格谈判。2006年，宝钢集团先后与巴西淡水河谷公司、必和必拓、哈默斯利就2007财政年铁矿石基准价格达成一致，中国钢铁企业在国际铁矿石价格谈判中首次取得首发定价权。

2010年，三大矿山公司将铁矿石的定价机制全部“长协改短约”，持续了近30年的铁矿石年度定价机制就此瓦解。尽管铁矿石定价从过去的“长协价”演变成季度、月度协议，最终到指数定价，但这个过程中铁矿石生产企业始终占据上风。

在铁矿石谈判机制接连遭遇挑战的情况下，钢协开始着力改变铁矿石谈判长期受制于人的局面，并提出了规范国内铁矿石市场的一系列措施。

2011年9月20日，中国钢铁工业协会联合中国五矿化工进出口商会和中国冶金矿山企业协会宣布，正式推出中国铁矿石价格指数，并从当年10月起每周对外公开发布。2012年1月16日，中国铁矿石现货交易平台在北京启动。

2013年10月18日，大商所推出了全球首个实行实物交割的铁矿石期货。2018年5月4日上午9时，大连商品交易所铁矿石期货开始引入国际交易者，这是国内已上市期货品种首次对外开放。此举将使得铁矿石期货市场进一步向国际投资者开放，铁矿石期货对于整个铁矿石价格体系的影响进一步增强。

27. 挺进世界500强

2004年，宝钢年产钢量达到2141万吨，成为国内首家年产钢规模超过2000万吨的钢铁企业。在当年《财富》世界500强榜单中，宝钢以2003年实现营业收入1204亿元人民币（折合145.48亿美元）的业绩首次进入世界500强，成为中国竞争性行业和制造业中第一批进入世界500强的企业。这也成为中国向钢铁大国迈进的一个标志性事件。此后，又有河钢集团、沙钢集团、新兴际华集团、首钢集团、鞍钢集团公司、武汉钢铁（集团）公司、中国五矿集团、中冶集团等冶金企业陆续进入世界500强榜单。

2018年，中国共有6家钢铁企业进入世界500强榜单，分别为中国宝武钢铁集团、河钢集团、江苏沙钢集团、新兴际华集团、鞍钢集团、首钢集团。中国钢铁企业国际竞争力持续增强。

28. 首部钢铁产业政策

2005年7月20日，首部指导钢铁工业全面协调健康发展的纲领性文件——《钢铁产业发展政策》，由国家发展和改革委员会正式颁布实施。《钢铁产业发展政策》包括政策目标、产业发展规划、产业布局调整、产业技术政策、企业组织结构调整、投资管理、原材料政策、钢材节约使用及其他共九章四十条，以贯彻落实科学发展观和走新型工业化道路为主线，既起到对行业发展的指导作用，又是企业确定发展方向和重点的依据。

《钢铁产业发展政策》是新中国成立以来我国钢铁工业50多年生产实践和发展经验的科学总结，是我国钢铁工业有史以来最完整、最系统的产业发展政策，是一部指导钢铁工业全面协调健康发展的纲领性文件，为我国钢铁工业全面落实科学发展观指明了方向，提出了要求。

此后，根据中国宏观经济发展以及钢铁行业发展现状，为不断适应新时代钢铁行业的发展，相关部门对《钢铁产业发展政策》进行了一定的修订，为钢铁行业不同阶段的发展进一步指明了方向。

29. 首钢搬迁

20世纪90年代，在新中国的建设史上功勋卓著的首钢，承受着来自社会各界“要首都还是要首钢”的巨大压力。受地理、自然环境的约束，首钢的发展受到了前所未有的制约。2005年2月18日，经报请国务院领导批准，国家发展和改革委正式做出批复，原则同意首钢实施压产、搬迁、结构调整和环境治理的方案，并同意在河北省唐山曹妃甸建设一个具有国际先进水平的钢铁联合企业。至此，备受国内外关注的“首钢搬迁”问题终于以“涉钢系统全部迁出北京”为结果而尘埃落定。

2005年6月30日，首钢的功勋高炉——5号高炉停产拆迁，标志着具有80多年辉煌历史的首钢涉钢系统搬迁工作正式启动。2007年3月12日，首钢京唐钢铁联合有限责任公司钢铁厂工程开工典礼在北京和曹妃甸同时举行。时任中共中央政治局委员、国务院副总理的曾培炎下达“开工”令。2011年1月13日，首钢举行北京石景山钢铁主流程停产仪式。这标志着首钢搬迁已顺利完成，首钢产业结构调整进入关键性阶段，这也是首钢实现转型发展的新起点。

首钢搬迁是世界钢铁史上最大规模的一次钢企迁徙，涉及北京地区数万名职工、数十万职工家属、近千万吨钢，开创了世界特大型企业搬迁的先河。

30. 钢铁骄“奥”

2008年8月8日，北京奥运会开幕，新中国钢铁工业向祖国交上了一份精彩的答卷——“鸟巢”、“水立方”、网球中心、射击馆等奥运场馆实现了地地道道的“中国造”。产品合格率达到100%，国产化率达到100%。中央电视台新址、北京机场T3航站楼等奥运配套项目的核心用钢也贴上了“国产钢材”的标签。

我国钢铁企业用300万吨左右钢材撑起了整个奥运工程的“钢筋铁骨”。其中，舞钢供应“鸟巢”关键部分用110毫米厚Q460E-Z35钢板680吨，莱钢为“鸟巢”提供2万吨钢材，宝钢、武钢、鞍钢、舞钢、济钢、首钢、新钢、天管、南钢等9家企业（宝钢、武钢2016年已合并为宝武钢铁集团）为“水立方”等场馆主体钢结构建设提供了5.58万吨高性能优质钢材（不含普通材）等。

钢铁企业还为保证奥运会的“碧水蓝天”做出了突出贡献。2005年，首钢搬迁调整方案经国务院批复，开始逐步将涉钢系统全部搬迁出北京；2008年初，首钢宣布压产400万吨，并在7~9月将每月钢产量降至20万吨，最大限度地为保障“绿色”奥运做出贡献。与此同时，华北6省（直辖市、自治区）也都有钢铁企业实施了停产、限产。

31. 黑色系期货

2009年3月27日，螺纹钢和线材期货交易在上海期货交易所正式上市交易。线材和螺纹钢期货的上市，不仅有助于我国钢铁生产和流通企业有效地规避价格风险，而且有助于钢铁企业利用期货市场价格的发现功能，提前调整生产、优化资源配置，实现企业平稳运行。2011年4月15日，焦炭期货在大连商品交易所上市交易，成为世界上首个焦炭类期货。2013年3月22日，焦煤期货在大连商品交易所正式上市。2013年10月18日，全球首个实行实物交割的铁矿石期货合约在大连商品交易所挂牌交易。2014年3月21日，热轧卷板期货在上海期货交易所挂牌交易。2014年8月8日，在交割和持仓等方面进行创新设计的硅铁、锰硅期货合约在郑州商品交易所挂牌交易。这样，黑色系期货已经覆盖了钢铁整个生产链条，为钢铁企业提供了从原料到产品的一系列套期保值工具。

2018年5月4日，大连商品交易所铁矿石期货正式开始引入国际交易者，这是国内已上市期货品种首次对外开放，进一步增强了我国铁矿石期货对全球铁矿石价格体系的影响力。

32. 大整合时代开启

2008年，山东钢铁集团有限公司、广东钢铁集团有限公司、河北钢铁集团有限公司、广西钢铁（集团）有限公司相继挂牌成立。至此，中国钢铁进入大整合时代。

2009年3月20日，《钢铁产业调整和振兴规划》（以下简称《规划》）正式出台，“联合重组”成为一大重点。通过联合重组提高产业集中度，成为中国钢铁产业实现调整振兴的趋势。以《规划》为指导，2010年，兼并重组继续推进：7月28日，鞍钢与攀钢重组，钢铁行业中央企业由原来的4家变为3家；7月13日，天津钢管集团、天津钢铁集团、天津天铁冶金集团和天津冶金集团4家国有钢铁企业联合组建的国有独资公司——渤海钢铁集团有限公司正式成立（后又解散）；11月11日，河北钢铁集团与河北敬业、唐山松汀、邢台龙海、永洋钢铁、吉泰特钢5家民营钢铁企业签署联合重组协议。

2016年9月22日，经报国务院批准，宝钢集团有限公司与武汉钢铁（集团）公司联合重组为中国宝武钢铁集团有限公司。宝武重组是中国钢铁工业历史上最大规模的并购个案，在世界钢铁工业发展历史上也仅次于安赛乐和米塔尔的重组规模。

33. 学宝钢

2011年初，中国钢铁工业协会在第四届会员代表大会上提出，全行业要学习宝钢的先进经验，加快推动全行业转变发展方式和结构调整。

11月5日，在冶金企业管理年会上，中国钢铁工业协会名誉会长吴溪淳在题为“向宝钢学习，推动我国钢铁工业加快实现四个转变”的演讲中——回答了为什么学宝钢、学什么、怎么学的问题。“宝钢是践行党中央提出的推动发展向主要依靠科技进步、劳动者素质提高、管理创新转变的典范，是钢铁企业转变发展方式、实现四个转变的先行者和开路人。”吴溪淳高度评价了

“宝钢经验”，并发出了学习宝钢的动员令。

各钢铁企业积极响应号召，到宝钢考察交流，对比找差，全行业掀起了学宝钢的热潮。沙钢组织开展了“内学宝钢，外学浦项”活动，力争经过5年到10年的不懈努力，使沙钢集团进入世界500强的前300名；太钢不间断派人去宝钢对标学习，学习人员表示，宝钢还有许多东西值得他们不断去学。

在此期间，为给全行业提供有益的借鉴，《中国冶金报》还适时推出了“宝钢启示录”“宝钢之路，带给我们哪些启示”“钢铁业界评宝钢”“宝钢领导人重要讲话”等系列报道，全方位报道了宝钢经验。宝钢发展规律和原则被时任宝钢董事长徐乐江总结为16字：“严格苛求、学习创新、实事求是、与时俱进”。

34. 沿海战略布局

2012年5月28日，武钢防城港钢铁基地项目（武钢与宝钢联合重组成宝武集团后退出该基地项目，现由柳钢接管）在防城港全面开工。当年5月31日，宝钢湛江钢铁基地项目在湛江东海岛全面展开建设。

鉴于我国钢铁产业布局呈现北方多、南方少，内陆多、沿海少的特点，我国加速推进钢铁企业的沿海基地建设，积极调整产业布局。继2008年鞍钢营口鲅鱼圈钢铁项目正式竣工投产、2010年首钢京唐一期工程全面竣工投产后，柳钢防城港钢铁基地、宝钢湛江钢铁基地、山钢日照钢铁精品基地的建设使得我国钢铁沿海战略布局基本完成，延续50年的资源型布局理念被打破，中国钢铁工业走向海洋，谋求更为广阔的发展空间。

借助沿海钢铁项目，我国将发挥沿海优势，资源、能源以全球配置为主，创新管理模式，大力发展循环经济，实现节能减排，不断提高竞争力，推进钢铁产业结构调整和发展方式的转变。

35. “一带一路”走出去

2014年，河钢集团控股德高公司，初步搭建起钢铁产业链的全球化营销服务平台，并启动了河钢德高丝路能源钢铁公司项目；2016年，收购塞尔维亚斯梅代雷沃钢厂，用不到半年时间扭转其连续7年亏损的局面，帮助昔日“塞尔维亚的骄傲”实现了浴火重生，成为中国—中东欧国家产能合作和共建

"一带一路"的样板工程。这只是我国钢铁工业走出去，与世界风雨同行、携手共进的一个成功案例。

在改革发展的征程上，中国钢铁工业与世界不断融合、互动发展，实现了从引进来到走出去的转变，逐步成为"世界的中国钢铁"，为全球钢铁工业持续、稳定、健康发展做出了贡献。

我国钢企走出去，其实早在20世纪90年代就已开始。1989年12月，由中国冶金进出口总公司和澳大利亚力拓矿业集团哈默斯利铁矿有限公司合资建设的恰那铁矿全部建成并一次试车成功；1992年，首钢斥资1.2亿美元收购了秘鲁铁矿公司，成为成功并购外国公司的第一家中国国有企业，如今该公司已成为当地的纳税大户。这些都是我国钢铁工业走出去的早期探索。

尤其是2013年以来，秉承"共商、共建、共享"理念的"一带一路"倡议，将全球钢铁工业团结为一个互惠互利的利益、命运和责任共同体，见证了中国钢铁工业"朋友圈"的不断壮大。在此期间，马钢收购法国瓦顿公司，全盘接收了瓦顿高铁轮轴一系列技术专利，并形成了具有自主知识产权的核心技术，成为国内首家向海外出口高速车轮的企业。酒钢牙买加阿尔帕特氧化铝厂第一批氧化铝产品产出，沉寂8年之久的阿尔帕特氧化铝厂再次出现热火朝天的生产场面，为牙买加经济注入了活力。中国钢企抓住"一带一路"建设带来的前所未有的历史机遇，乘势而上，获得了更加广阔的发展空间，同时也向世界展现了更加开放自信的中国钢铁形象。

36. 钢铁行业"白名单"

2010年，为加强钢铁行业管理，规范现有钢铁企业生产经营秩序，工信部发布了《钢铁行业生产经营规范条件》。2012年，工信部对其进行了修订，发布了《钢铁行业规范条件（2012年修订）》（以下简称《规范条件》）。按照《规范条件》的要求，经专家评审和现场核查，工信部先后于2013年4月28日、2014年1月2日和2014年11月25日公告了3批符合《规范条件》的共计305家企业名单。

名单公示后，在行业内得到了广泛认同，也为金融机构实施有保有压的金融政策提供了基础性参考依据。同时，未被公示的钢铁企业紧迫感愈加强烈，对照《规范条件》加强整改，力争达到各项标准要求。

此后，工信部对已公告的钢铁规范企业持续开展了动态调整工作。其中，于2017年4月公告了第一批被撤销规范资格的29家企业和需整改的40家企业，2018年1月公告了第二批被撤销钢铁规范资格的19家企业和需整改的12家企业。规范管理工作在促进行业整体水平提升、推动行业转型升级等方面起到了积极作用。

37. 钢铁电商

从2013年开始，在钢铁行业进入漫长"寒冬"、钢贸商纷纷"跑路"的大背景下，以科技创新和电子商务为支撑的钢铁电商应运而生。这一年被业内认为是"钢铁电商元年"，钢铁产业链各环节企业都参与其中。例如，宝钢集团的欧冶云商、五矿电商的鑫益联、天津物产的天物大宗、广东仓储物流企业的欧浦钢网、以资讯起家并转型的钢银电商，以及互联网创投模式的找钢网等。

钢铁电商的走红让其获得了金融机构和资本市场的青睐。沙钢参股玖隆电商，不仅自建物流园区，还获得了银行针对支付融资系统的高额授信；天物大宗与10家银行合作，完整引入供应链金融，共获得授信300亿元。资本的介入直接引发了2014年钢铁电商"大爆棚"。据不完全统计，高峰时期的平台量超过300家。

如今有的平台已经淡出公众视野，有的平台以互联网、物联网和大数据为依托，着力为产业链上的相关客户提供全方位服务，有的平台则正谋划着IPO，谋求实现更进一步的自我发展。

38. 去产能

2016年2月4日，国务院发布《关于钢铁行业化解过剩产能实现脱困发展的意见》（以下简称《意见》），提出按照市场倒逼、企业主体，地方组织、中央支持，突出重点、依法依规的原则，综合运用市场机制、经济手段和法治办法，积极稳妥化解过剩产能，建立市场化调节产能的长效机制，最终达到促进钢铁行业结构优化、脱困升级、提质增效的目的，并明确提出从2016年开始用5年时间再压减粗钢产能1亿~1.5亿吨的目标。自此，中国钢铁工业去产能"战役"正式打响。

2016~2017年，钢铁行业先后退出6500万吨、5500万吨钢铁产能，2018年将再压减3000万吨。按此预计，“十三五”期间压减1.5亿吨粗钢产能的目标有望提前超额完成。一批不符合法律法规、产业政策的产能和低效、竞争力弱的产能得以去除。

在这场“战役”中，钢铁行业获得全面胜利。钢材价格全面快速上涨，钢铁企业效益也稳步回升。据统计，截至2016年底，钢材综合价格指数与年初相比大幅上涨76.7%。钢铁全行业扭亏为盈，2016年全年实现利润同比增长2.02倍，亏损企业亏损额比2015年同比下降了51%。与此同时，随着一批不合规、低效、竞争力弱的产能退出，市场环境得以净化，市场秩序得以重构。

此外，我国政府还同步开展了联合执法检查、违法违规建设项目清理、淘汰落后生产设备等一系列专项行动。国务院多次组织联合督察组对各地去产能工作进行督察，防止其死灰复燃，对在督察中发现的存在违法违规行为的钢铁企业进行严肃处理，对有关责任人进行问责。这些都表明，钢铁行业规范管理、化解过剩产能的长效机制已逐步建立起来。

39. 出清“地条钢”

2017年，取缔“地条钢”成为去产能工作的重中之重。按照化解过剩产能部际联席会议明确要求，在当年6月30日前要全部清除“地条钢”。2017年2月23日，中国钢铁工业协会联合其他4个协会发布《关于支持打击“地条钢”、界定工频和中频感应炉使用范围的意见》，明确了“地条钢”的范围。

为使清除“地条钢”工作不打折扣地完成，部际联席会议于2017年5月派出8个督查组对已上报存在“地条钢”企业的29个省（区、市）进行了专项督查，查看各地“地条钢”取缔进度。为防止“地条钢”企业死灰复燃，于当年8月又派出7个专项抽查组陆续奔赴各地核查“地条钢”的取缔情况。

针对国务院实地督查中发现个别地方仍有企业顶风违规生产“地条钢”的问题，中共中央政治局常委、国务院总理李克强做出重要批示：督查工作就是要盯住重点问题持续不懈抓；取缔“地条钢”、化解过剩产能要坚定不移推进，防止死灰复燃；对顶风作案的要坚决依法严惩，对监管不力的要严肃问责，务必做到令行禁止。

2017年6月30日，取缔“地条钢”任务顺利按期完成，1.4亿吨“地条钢”产能出清!

40. 蓝天保卫战

2018年7月3日，国务院正式印发《打赢蓝天保卫战三年行动计划》。5月7日，生态环境部发布《钢铁企业超低排放改造工作方案（征求意见稿）》并明确，到2020年10月底前，京津冀及周边、长三角、汾渭平原等区域具备改造条件的钢铁企业要基本完成超低排放改造。

党的十八大以来，绿色发展被赋予了生态文明的内涵。党的十九大更是明确提出，要坚持全民共治、源头防治，持续实施大气污染防治行动，打赢蓝天保卫战。

为打赢蓝天保卫战，我国钢铁行业一直在积极行动。按照“史上最严”的新环保法、新排放标准的要求，钢铁企业大力推广应用节能减排技术，实施环保改造，涌现出了以太钢、唐钢等为代表的生态园林式工厂，更加深入地融入城市发展；德龙钢铁、敬业集团等一批钢铁园区成为国家4A级旅游景区；宝钢湛江钢铁与中科炼化能源互供项目预计于2019年6月份投产，届时湛江钢铁与中科炼化将进行氧气、氮气和热能的交换，湛江钢铁还将提供余热为城市供暖，提供冶金渣用于铺路等……

如今，钢铁行业仍然在不遗余力地提升节能环保水平，发展绿色制造，积极构建绿色产业链，为打赢蓝天保卫战、建设美丽中国贡献自己的力量。

（原刊于《中国冶金报》2018年12月18日19版、22版、23版、25版，记者 罗忠河 郭小燕 张 鹰 张 垚 米 飒 孙正平 实习记者 樊三彩 编写）

第五章　改革开放以来钢铁年鉴（1978～2019）

一、1978～2017年改革开放40年·钢铁年鉴

1978年12月18～22日，党的十一届三中全会在京召开，正式拉开了中国改革开放的大幕。40年来，我国钢铁工业取得了举世瞩目的辉煌成就，有力地支撑了国民经济的快速发展，基本满足了国家基本建设和下游用户的钢材需求。自1996年粗钢产量突破1亿吨以来，我国已连续22年成为世界第一大产钢国，尤其是在2014年突破8亿吨大关之后，我国粗钢产量一直保持在8亿吨以上的规模，占据了世界粗钢年产量的半壁江山。与此同时，我国钢铁工业工艺技术装备水平已跻身世界一流，花园式绿色环保钢厂彻底颠覆了钢铁“傻、大、黑、粗”的形象，大多数钢材品种的自给率都超过了100%，一批钢企进入世界500强行列。

改革开放40年来，中国钢铁人撰写出了一部波澜壮阔的伟大钢铁史诗，每年的变化都在述说着中国钢铁前进的逻辑。《中国冶金报》推出《改革开放40年·钢铁年鉴》专栏，每年遴选出十大钢铁事件和重点钢铁指标以飨读者。让我们一起来重温中国钢铁工业改革开放40年的不凡历程，以百倍的信心走好新时代的新征程，接力奋斗，将改革开放进行到底！

改革开放40年·钢铁年鉴
1978年

十大钢铁事件（以时间为序）

• 2月15日，冶金工业部决定成立白云鄂博铁矿资源综合利用领导小组，并建立试验专题负责人制度。3月27日，冶金工业部成立富铁矿领导小组。

• 2月26日~3月5日，五届全国人大一次会议在京召开，当年的政府

工作报告提出，在1985年以前要建设120个大项目，包括十大钢铁基地、九大有色金属基地、十大油气田等高指标。

● 3月26日，冶金工业部在武钢召开全国冶金工作会议，确定了1979年产钢3600万吨、1980年产钢4000万吨的发展计划，以及“五五”后3年抢建的项目。9月5日，国务院召开全国计划会议，确定1979年、1980年计划安排的钢产量平均每年增加300万吨。

● 4月12日，冶金工业部发布《冶金科学技术长远发展规划纲要》。6月6日，冶金工业部发出《认真贯彻全国科技大会精神，高速度发展冶金科学技术的通知》（即三十二条）。

● 6月30日，冶金工业部在陕西西安召开冶金教育工作会议，讨论《1978~1985年冶金教育事业规划纲要（草案）》

● 10月，中共四川省委选择了包括重庆钢铁公司、成都无缝钢管厂在内的不同行业有代表性的6家企业率先在全国进行扩大企业自主权试点，这两家钢厂因此成为我国钢铁行业进行扩大企业自主权试点的先锋。

● 11月27日，我国第一个自己设计、制造设备、安装施工的大型钢铁联合企业——攀枝花钢铁公司第一期工程建成投产，该公司形成从采矿到轧钢的综合生产能力。

● 12月6日，从国外引进的重点建设项目——武钢一米七轧机工程基本建成。此前的10月，武钢从联邦德国引进的3台单流弧形板坯连铸机建成投产，武钢因此成为中国第一家拥有大型现代化连铸机的钢铁企业。

● 12月10日，庆祝全国钢产量突破3000万吨大会在北京举行。

● 12月23日，上海宝山钢铁总厂举行动工典礼。这是我国成套引进技术设备建设的第一个现代化大型钢铁基地。当年3月11日，国务院同意国家计委、国家建委、国家经委、上海市、冶金工业部《关于上海新建钢铁厂的厂址选择、建设规模和有关问题的请示报告》。

重点钢铁指标

指标	数据	增长率	备注 1977 年数据
铁	3479 万吨	38.8%	2505 万吨
钢	3178 万吨	33.9%	2374 万吨
钢材（扣除重复材）	2208 万吨	35.2%	1633 万吨

续表

指标	数据	增长率	备注 1977 年数据
钢材进口量	864 万吨	64.3%	526 万吨
钢材出口量	33 万吨	50.0%	22 万吨
钢材表观消费量（扣除重复材）	3039 万吨	42.2%	2137 万吨
板管带比	32.2%	8.4%	29.8%
我国钢材自给率	72.7%	-4.8%	76.4%
铁矿石产量	11779 万吨	25.5%	9384 万吨
铁矿石进口量	802 万吨	—	—
吨钢综合能耗	2.52 吨标准煤	—	—
连铸比	3.5%	-10.3%	3.9%
高炉利用系数	1.43 吨/(立方米·日)	30%	1.1 吨/(立方米·日)

（原刊于《中国冶金报》2018 年 10 月 19 日 1 版，记者　罗忠河　编写）

改革开放 40 年·钢铁年鉴

1979 年

十件钢铁大事（以时间为序）

• 3 月 14 日，时任中共中央副主席的陈云、时任国务院副总理的李先念就经济工作问题在给中共中央的一封信中提出，钢的指标必须可靠，要着重调整我国所需的各种钢材之间的比例关系。5 月 14 日，国务院下达调整后的 1979 年国民经济计划，钢产量指标由原来的 3400 万吨调为 3200 万吨。

• 4 月 10 日，中共冶金工业部党组向中共中央报送《关于冶金工业环境保护工作的报告》。此前的 2 月，冶金工业部成立了综合利用环境保护办公室。

• 5 月，冶金工业部召开钒钛磁铁矿高炉冶炼技术鉴定会。我国首创的这项新工艺超过世界先进水平，获得国家发明奖一等奖。

• 5 月 22 日，冶金工业部公布《地方中小钢铁企业三年调整方案的初步安排》。经过调整，要求地方中小钢企 1981 年产钢 550 万吨、铁 1000 万吨、铁矿石 3400 万吨、钢材 700 万吨、焦炭 1000 万吨，中型厂全部扭亏为盈，小钢企减少亏损。

• 5月25日，首都钢铁公司等企业被国家经委等6部委确定为第一批国家经济体制改革试点单位，实行利润留成。

• 6月16日，冶金工业部发出《关于认真清理基本建设在建项目的通知》，并成立了清理基本建设项目领导小组。8月10日，冶金工业部做出关于进一步做好清理在建项目和停、缓建项目善后处理工作的补充规定。11月2日，冶金工业部发出《关于收缩钢铁基建摊子的紧急通知》。

• 7月21日，时任中共中央副主席的邓小平在上海接见上海市委常委时说，宝钢工程，第一要干，第二要保证干好。此前的5月30日，陈云到上海就宝钢建设问题做调查研究，明确宝钢建设要搞到底。6月16~29日，国务院财政经济委员会连续召开4次全体会议讨论上海宝山钢铁厂建设问题，认为宝钢建设要一干到底。9月7日，中共中央批准“三委、三部、一行”提交的《关于宝钢建设工作安排的报告》。

• 9月，上海市冶金工业局提出增加效益、自筹资金、改造整个上海冶金行业、试行利润增长留成的体制改革方案，又称为陆铁夫方案。

• 11月起，安钢在河南省工业企业中率先进行扩大企业自主权的试点，实行利润包干，一定5年不变。

• 12月15日，首钢2号高炉移地大修改造工程竣工投产，该高炉成为我国第一座现代化高炉。

重点钢铁指标

指标	数据	同比增长率	备注1978年数据
生铁	3673万吨	5.6%	3479万吨
粗钢	3448万吨	8.5%	3178万吨
钢材（扣除重复材）	2497万吨	13.1%	2208万吨
钢材出口量	847万吨	-1.97%	864万吨
钢材出口量	37万吨	12.1%	33万吨
钢材表观消费量（扣除重复材）	3307万吨	8.8%	3039万吨
板管带比	29.7%	-8.05%	32.3%
我国钢材自给率	73.5%	1.1%	72.7%
铁矿石产量	11876万吨	0.85%	11779万吨
铁矿石进口量	716万吨	-10.7%	802万吨

续表

指标	数据	同比增长率	备注 1978 年数据
吨钢综合能耗	2.28 吨标准煤	−9.5%	2.52 吨标准煤
连铸比	4.4%	25.7%	3. 5%
高炉利用系数	1.48 吨/(立方米・日)	3.5%	1.43 吨/(立方米・日)

（原刊于《中国冶金报》2018 年 10 月 23 日 1 版，记者　罗忠河　编写）

改革开放 40 年・钢铁年鉴
1980 年

十件钢铁大事（以时间为序）

• 1 月 7 日，经国务院、国家进出口管理委员会批准，冶金工业部组建中国冶金进出口总公司。9 月 20 日，冶金工业部决定成立设备供应公司。10 月 3 日，冶金工业部钢材加工公司成立。

• 1 月 11 日，国家计委、财政部批准《上海市冶金工业试行利润增长留成办法》。

• 3 月 6 日，国产第一套特厚板轧机在河南舞阳钢铁公司投产。3 月 26 日，本钢一米七热连轧机联动试车，成为我国第一套自行设计、制造和安装的大型轧机。

• 4 月，鞍钢经国家经委和财政部批准试行扩大企业自主权，决定按照不同类型的单位，试行不同权限范围的自主权。5 月 31 日，武钢经国家经委和财政部批准为扩大企业自主权试点单位。

• 5 月 18 日，我国第一枚洲际导弹发射成功。冶金工业部战线 189 个为洲际导弹发射成功做出贡献的单位受到国防科委表扬。

• 7 月 1 日，冶金工业部机关报《冶金报》复刊。此前的 6 月 10 日，冶金工业部决定从 1980 年 7 月 1 日起恢复出版《冶金报》，暂定每周一期。

• 7 月 16 日，时任中共中央副主席、国务院副总理邓小平视察武钢；7 月 18 日，时任中共中央总书记胡耀邦、国务院副总理姚依林等视察武钢，参观了一米七轧机。

• 8 月 30 日，五届全国人大三次会议通过的 1981 年国民经济计划，钢产量指标为3500万吨。11月15日，国务院召开了全国省长、市长、自治区主席会议和全国计划会议，将1981年的钢产量指标调整为3300万吨。

• 9月4日，五届全国人大三次会议北京代表团就宝钢工程的有关问题向冶金工业部提出质询。9月6日，上海代表团也向冶金工业部提出质询。冶金工业部部长唐克，副部长叶志强、周传典到会分别做了说明和答复。12月23日，中央财经领导小组召开全体会议，再次讨论宝钢工程调整问题。

• 11月19日，冶金工业部在鞍钢召开重点钢铁企业提高成材率工作会议，总结出10条提高钢锭成锭率、钢材成材率的经验。

重点钢铁指标

指标	数据	增长率	备注1979年数据
生铁	3902万吨	3.5%	3673万吨
粗钢	3712万吨	7.7%	3448万吨
钢材（扣除重复材）	2716万吨	8.8%	2497万吨
钢材进口量	501万吨	-40.85%	847万吨
钢材出口量	40万吨	8.1%	37万吨
钢材表观消费量（扣除重复材）	3167万吨	4.2%	3307万吨
板管带比	29.7%	持平	29.7%
我国钢材自给率	85.5%	16.3%	73.5%
铁矿石产量	11258%	-5.2%	11876万吨
铁矿石进口量	752万吨	5.0%	716万吨
吨钢综合能耗	2.04吨标准煤	-10.5%	2.28吨标准煤
连铸比	6.2%	40.9%	4.4%
高炉利用系数	1.56吨/(立方米·日)	5.4%	1.48吨/(立方米·日)

（原刊于《中国冶金报》2018年10月24日1版，记者　罗忠河　编写）

改革开放40年·钢铁年鉴
1981年

十件钢铁大事（以时间为序）

• 1月7日，国家计委、国家建委、中国社会科学院组织有关人员对宝钢一期工程进行论证。2 月 10 日，国务院召开宝钢问题会议。8 月 7 日，国家计委、国家建委向冶金工业部发出通知，宝钢一期工程即日被列为续建项目，并提出按 1985 年左右建成的要求编制“六五”基建规划。

• 5 月 12 日，国务院批准成立国家有色金属工业管理总局，直属国务院，由冶金工业部代管。11 月 20 日，中国有色金属加工工业协会正式成立。

• 5 月 25 日，首都钢铁公司开始实行责、权、利结合，指标层层包保到人的经济责任制。6 月 12 日，内蒙古自治区决定，从 1981 年起对包钢实行利润包干办法。

•《冶金报》7 月 14 日报道，攀钢建成了我国第一条重轨超声波探伤自动化作业线，能以每秒 1. 3~1. 5 米的高速对重轨进行全长超声波探伤，从而保证出厂重轨的质量。

• 9 月 5 日，国家进出口管理委员会批准武汉钢铁公司作为扩大进出口自主权试点单位。

•《冶金报》10 月 20 日报道，冶金工业部决定从 1982 年起对轻工十大产品（自行车、缝纫机、木钟、手表、电视机、收音机和录音机、照相机、家用洗衣机、电风扇、电度表）所需的钢材，实行定点供应。

• 11 月 3 日，冶金工业部有 24 个单位被国务院批准为首批博士学位授予单位，并有 34 名同志成为博士研究生指导教师。

• 12 月 12 日，武汉钢铁公司一米七轧机工程通过国家验收，正式交付生产。

• 12 月 18 日，国务院清理基本建设在建项目办公室批复，同意舞阳钢铁公司恢复建设。

• 1981 年，首钢高炉配煤技术以专利的形式转让给英国戴维麦基公司和卢森堡阿尔贝德公司。这是我国钢铁工业首次向国外输出冶金新技术。

重点钢铁指标

指标	数据	增长率	备注 1980 年数据
生铁	3417 万吨	−10. 1%	3802 万吨
粗钢	3560 万吨	−4. 1%	3712 万吨
钢材（扣除重复材）	2670 万吨	−1. 7%	2716 万吨
钢材进口量	332 万吨	−33. 7%	501 万吨

续表

指标	数据	增长率	备注 1980 年数据
钢材出口量	62 万吨	55%	40 万吨
钢材表观消费量（扣除重复材）	2906 万吨	-8. 2%	3167 万吨
板管带比	34. 5%	16. 2%	29. 7%
我国钢材自给率	91. 9%	7. 5%	85. 5%
铁矿石产量	10459 万吨	-7. 1%	11258 万吨
铁矿石进口量	334 万吨	-55. 6%	752 万吨
吨钢综合能耗	1. 93 吨标准煤	-5. 4%	2. 04 吨标准煤
连铸比	7. 1%	14. 5%	6. 2%
高炉利用系数	1. 47 吨/(立方米 · 日)	-5. 8%	1. 56 吨/(立方米 · 日)

（原刊于《中国冶金报》2018 年 10 月 25 日 1 版，记者　罗忠河　编写）

改革开放 40 年 · 钢铁年鉴
1982 年

十件钢铁大事（以时间为序）

• 1 月 7 日，国务院对“六五”期间武钢一米七轧机配套问题做出批复。2 月 9 日，国家计委批复舞钢配套建设方案。2 月 11 日，国家计委、国家经委、财政部同意“六五”期间对酒钢进行配套建设。

• 2 月 5 日，冶金工业部制定《冶金企业整顿工作初步规划》。之后，冶金系统企业整顿工作逐步开展，全年列为第一批整顿的冶金企业（不包括黄金、地质）共有 130 个。

• 2 月 12 日，国务院批复同意鞍山钢铁公司、鞍山冶金矿业公司 1981~1985 年调整和技术改造规划。

• 2 月 15 日，国务院对《首钢 1982 年进一步完善经济责任制的设想》做出批示。之后，冶金工业部在全行业推广首钢经验。4 月 23 日，国务院同意首钢试行上缴利润递增包干方法。此外，4 月 1 日，包钢开始实行以“包、定、保”为主要核心内容的经济责任制。

• 4 月 7 日，国家建委发出《关于上海宝钢一期工程初步设计审查报告的批复》，原则同意宝钢一期工程一期项目 30 个、二期项目 234 个。9 月 17 日，宝钢一号高炉顺利封顶。

- 6 月 26 日，上海梅山炼铁基地一期工程竣工，经国家验收正式投产。
- 9 月，我国第一台新型小方坯连铸机在邯郸钢铁总厂建成投产。
- 9 月，为了适应对外经济工作发展的需要，广泛开展国际经济合作，经国务院批准，中国冶金建设公司正式组建成立。
- 10 月 29 日，国务院批准冶金工业部机构改革方案：设 20 个司局单位，行政编制 886 人，首次设立安全环保司。
- 12 月 27 日，中国第一座 10 万吨级的宁波北仑港矿石中转码头全部建成并正式通过验收。

重点钢铁指标

指标	数据	增长率	备注 1981 年数据
生铁	3550 万吨	3.9%	3417 万吨
粗钢	3716 万吨	4.4%	3560 万吨
钢材（扣除重复材）	2902 万吨	8.7%	2670 万吨
钢材进口量	394 万吨	18.7%	332 万吨
钢材出口量	110 万吨	77.4%	62 万吨
钢材表观消费量（扣除重复材）	3186 万吨	9.6%	2906 万吨
板管带比	35.8%	3.8%	34.5%
我国钢材自给率	91.1%	-0.9%	91.9%
铁矿石产量	10732 万吨	2.6%	10459 万吨
铁矿石进口量	345 万吨	3.3%	334 万吨
吨钢综合能耗	1.91 吨标准煤	-1.04%	1.93 吨标准煤
连铸比	7.4%	4.2%	7.1%
高炉利用系数	1.55 吨/(立方米·日)	5.4%	1.47 吨/(立方米·日)

（原刊于《中国冶金报》2018 年 10 月 26 日 1 版，记者　徐可可　罗忠河编写）

改革开放40年·钢铁年鉴
1983年

十件钢铁大事（以时间为序）

• 1月1日，北京市人民政府决定，撤销北京市冶金工业局，将北京市冶金局所属21个钢铁企业、事业单位成建制地并入首都钢铁公司，由首钢统一领导。4月1日，首钢开始全面实施修订的专业经济责任制。

• 1月10日，冶金工业部召开全国冶金工作会议，提出到20世纪末钢铁工业要在不大量增加能耗的前提下，做到产量翻一番，利润增两倍，把冶金企业的工作转到提高经济效益的轨道上去。

• 3月，全国冶金劳动工资会议召开，决定在冶金企业积极推行浮动工资制。

• 3月，鞍钢制订了《1983~1990年技术改造总体规划纲要（草案）》，为冶金企业如何进行技术改造提供了一个样板。

• 3月26日，国务院批准上海宝山钢铁总厂第二期工程继续建设。

• 4月4日，国务院发文，正式成立中国有色金属工业总公司，有色金属系统从冶金工业部独立出去。

• 6月1日，冶金工业部向国务院领导提出利用国内外“两种资源”“两个市场”，提交《关于进口部分铁矿石发展钢铁工业的报告》。9月，冶金工业部制订《钢铁工业以发展连铸为中心，提高成材率的措施方案》。11月8日，冶金部向国务院呈报《关于以低合金钢为重点，大力发展高效钢材的报告》。

• 10月26日，中国潜艇水下发射运载火箭成功，潜艇及其运载火箭有5个关键部位应用了钢铁研究总院的科研成果。

• 11月17日，国务院重大技术装备领导小组冶金装备合作小组成立。

• 1983年，全国钢、铁、材产量提前两年完成“六五”计划，其中钢产量突破4000万吨，达到4002万吨。

重点钢铁指标

指标	数据	增长率	备注 1982 年数据
生铁	3738 万吨	5.3%	3550 万吨
粗钢	4002 万吨	7.7%	3716 万吨
钢材（扣除重复材）	3072 万吨	5.9%	2902 万吨
钢材进口量	978 万吨	148%	394 万吨
钢材出口量	49 万吨	-55.5%	110 万吨
钢材表观消费量（扣除重复材）	3982 万吨	25.0%	3186 万吨
板管带比	36.0%	0.6%	35.8%
我国钢材自给率	77.1%	-15.4%	91.1%
铁矿石产量	11339 万吨	5.7%	10732 万吨
铁矿石进口量	439 万吨	27.2%	345 万吨
吨钢综合能耗	1.85 吨标准煤	-3.1%	1.91 吨标准煤
连铸比	9%	21.6%	7.4%
高炉利用系数	1.59 吨/(立方米·日)	2.6%	1.55 吨/(立方米·日)

（原刊于《中国冶金报》2018 年 10 月 30 日 1 版，记者　徐可可　罗忠河编写）

改革开放 40 年·钢铁年鉴
1984 年

十件钢铁大事（以时间为序）

• 1 月 6 日，在全国冶金工作会议上，时任冶金工业部部长李东冶提出“六五”计划后两年和“七五”计划期间发展冶金工业的指导思想：立足现有企业，加速企业整顿，走挖潜、改造、配套、扩建的路子。

• 2 月 15 日，邓小平同志视察了正在建设中的上海宝山钢铁总厂，并题词：掌握新技术，要善于学习，更要善于创新。

• 5 月 7 日，冶金工业部决定，对所属 11 家冶金建设安装企业全面实行百元产值工资含量包干办法。

• 5 月，经国务院批准，允许国有钢铁企业在计划内拿出 2%的产品自销和完成指令性计划后的超产钢材自销，但自销只能加价 20%。

• 6 月 18 日，时任国务院副总理李鹏在冶金工业部《关于进口二手钢铁设备，加快老厂技术改造的请示》上做出批示。

• 6 月 25 日，冶金工业部发出贯彻《国务院关于环境保护工作的决定》的通知，成立环境保护委员会。

• 7 月 7 日，武钢召开“四同步”技术改造动员大会，武钢 4 号高炉、3 号平炉、5 号焦炉、三烧结二系列“四同步”技术改造工程全面展开。

• 9 月 20 日，党中央、国务院同意从 1984 年起到 1990 年，钢铁行业对国家实行投入产出的包干责任制，以实现 1990 年产钢 5400 万吨的目标。

• 9 月，冶金工业部重奖为改造小轧机做出重要贡献的北京钢铁学院钟廷珍副教授。

• 11 月 2 日，上海宝山钢铁总厂 1 号高炉本体及配套系统的 324 项单项试车结束。该高炉是中国第一座容积 4063 立方米的现代化大型高炉。

重点钢铁指标

指标	数据	增长率	备注 1983 年数据
生铁	4001 万吨	7.0%	3738 万吨
粗钢	4348 万吨	8.6%	4002 万吨
钢材（扣除重复材）	3372 万吨	9.8%	3072 万吨
钢材进口量	1331 万吨	36.1%	978 万吨
钢材出口量	20 万吨	−59.2%	49 万吨
钢材表观消费量（扣除重复材）	4683 万吨	17.6%	3982 万吨
板管带比	36.4%	1.1%	36.0%
我国钢材自给率	72.0%	−6.6%	77.1%
铁矿石产量	12894 万吨	13.7%	11339 万吨
铁矿石进口量	597 万吨	36.0%	439 万吨

（原刊于《中国冶金报》2018 年 10 月 31 日 1 版，记者　徐可可　罗忠河编写）

改革开放40年·钢铁年鉴
1985年

十件钢铁大事（以时间为序）

• 1月3日，国务院在冶金工业部《关于加速低合金钢、合金钢推广应用问题的报告》上做出批示，要求利用我国资源优势，发展低合金钢、合金钢。11月4日，国际高强度低合金钢会议在京举行。

• 1月，国务院决定，取消对企业自销产品只能加价20%的限制，钢铁产品开始全面实行价格“双轨制”。

• 2月2日，全国冶金工作会议确定了1985年钢产量按4500万吨组织生产，力争达到4600万吨，实现利润120亿元的目标，要求冶金企业加速推行厂长负责制。

• 3月，武汉钢铁公司第二炼钢厂实现全连铸，进入世界先进行列。

• 4月4日，天津、邯郸、济南和安阳4个地方钢铁企业联合组成的经济技术联合体——北钢联在安钢正式成立。

• 5月5日，我国自行设计的第一套轧制速度为65米/秒的45度高速无扭线材轧机，在太钢试轧成功。

• 5月8日，时任中共中央总书记胡耀邦在冶金工业部《关于冶金地方小矿山发展情况的报告》上做出批示，对中小型矿山要继续放开，积极扶持地方、群众建小选厂。

• 5月，国家正式批准恢复攀钢二期工程建设，以开发攀西地区钒钛磁铁矿资源。

• 11月26日，宝钢一期工程举行投产仪式。中央领导前往祝贺，为投产剪彩并讲话。中共中央、国务院同时致电祝贺。此前的9月15日，上海宝山钢铁总厂举行了高炉点火仪式，炼铁厂1号高炉（容积4063立方米）正式投产。

• 12月28日，马钢水平连铸一号机组通过冶金工业部鉴定。这证明，我国已经能够自行设计制造水平连铸机。它标志着我国水平连铸技术取得突破性进展。

重点钢铁指标

指标	数据	增长率	备注 1984 年数据
生铁	4384 万吨	9.6%	4001 万吨
粗钢	4679 万吨	7.6%	4348 万吨
钢材（扣除重复材）	3692 万吨	9.5%	3372 万吨
钢材进口量	1963 万吨	47.5%	1331 万吨
钢材出口量	18 万吨	-10%	20 万吨
钢材表观消费量（扣除重复材）	5637 万吨	20.4%	4683 万吨
板管带比	34.3%	-5.8%	36.4%
我国钢材自给率	65.5%	-9.0%	72.0%
铁矿石产量	13735 万吨	6.5%	12894 万吨
铁矿石进口量	1011 万吨	69.3%	597 万吨
吨钢综合能耗	1.75 吨标准煤	-1.7%	1.78 吨标准煤
连铸比	10.8%	1.9%	10.6%
高炉利用系数	1.70 吨/(立方米·日)	3.0%	1.65 吨/(立方米·日)

（原刊于《中国冶金报》2018 年 11 月 1 日 1 版，记者　徐可可　罗忠河编写）

改革开放 40 年·钢铁年鉴
1986 年

十件钢铁大事（以时间为序）

• 1 月 14 日，攀钢二期工程开工建设，攀钢将投资 30 亿元、用 7 年时间包干建成。

• 1 月 15 日，冶金工业部在京召开全国冶金工作会议，提出了“七五”期间冶金工业的奋斗目标：到 1990 年，钢产量达到 5500 万吨，力争达到 6000 万吨。

• 2 月 20 日，我国第一台双流管坯水平连铸机通过冶金部的技术鉴定，表明我国双流管坯水平连铸机在工艺、设备、自动化系统等方面已接近国际同类型机组的先进水平。4 月 22 日，鞍钢引进日本神户制钢所大型板坯连铸机协议在京签字。该项目将使鞍钢从平炉—铸锭—轧钢的传统工艺，转变为转炉—连铸—轧材的先进工艺。

• 2月28日，本钢一铁厂高炉2月利用系数平均为2.63吨/立方米·日，达到世界先进水平。同日，首钢炼钢厂3座30工程吨位的氧气顶吹转炉，1月和2月共产钢34.38万吨，转炉利用系数达到64.913吨/日·公称吨，跨入世界先进行列。

• 3月23日，宝钢4063立方米高炉出铁量的考核工作结束，最后5名日方高炉生产指导专家同时撤离。至此，宝钢一期工程试生产的设备考核任务（除钢管厂外）已基本完成，宝钢进入了独立组织生产的新阶段。

• 4月16日，国务院提出利用1000亿美元外资加快钢铁工业发展的战略措施。6月19日，国务院成立利用外资加快发展钢铁工业领导小组。12月，经国务院批准成立中国国际钢铁投资公司，负责筹措外资。

• 5月14日，年产50万吨无缝钢管的天津无缝钢管厂工程协议签字仪式在天津举行。投产后，该厂主要生产我国短缺的石油套管及锅炉管，可为国家节省大量外汇。

• 5月份，国务院批准马钢“七五”技术改造规划。7月，国务院批准昆明钢铁公司改扩建工程设计任务书。

• 10月24日，国家计委、国家经委发出《关于改革废钢计划管理体制的通知》。12月20日，国家计委、国家经委、冶金工业部、物资总局、商业部共同召开全国废钢铁质量管理工作会议。

• 1986年，我国产钢量突破5000万吨，达到5221万吨。

重点钢铁指标

指标	数据	增长率	备注1985年数据
生铁	5064万吨	15.5%	4384万吨
粗钢	5221万吨	11.6%	4679万吨
钢材（扣除重复材）	4058万吨	9.9%	3692万吨
钢材进口量	1742万吨	-11.3%	1963万吨
钢材出口量	20万吨	11.1%	18万吨
钢材表观消费量（扣除重复材）	5780万吨	2.5%	5637万吨

续表

指标	数据	增长率	备注 1985 年数据
板管带比	33.6%	-2.0%	34.3%
我国钢材自给率	70.2%	7.2%	65.5%
铁矿石产量	14945 万吨	8.8%	13735 万吨
铁矿石进口量	1200 万吨	18.7%	1011 万吨
吨钢综合能耗	1.67 吨标准煤	-4.6%	1.75 吨标准煤
连铸比	11.9%	10.2%	10.8%
高炉利用系数	1.74 吨/(立方米·日)	2.4%	1.70 吨/(立方米·日)

（原刊于《中国冶金报》2018 年 11 月 2 日 1 版，记者　徐可可　罗忠河编写）

改革开放 40 年·钢铁年鉴
1987 年

十件钢铁大事（以时间为序）

• 1 月 3 日，由中国援建的哈法兹钢管厂正式移交巴基斯坦。《冶金报》9 月 19 日报道，我国球团竖炉专有技术向美国转让输出，可为国家创汇 30 万美元。

• 1 月 11 日，时任国务院副总理李鹏在出席全国冶金工作会议闭幕式时，提出了“七五”期间达到年产 6000 万吨钢目标、1995 年或稍长一段时间达到年产钢 8000 万吨目标的希望。

• 3 月 10 日、28 日，沈阳、上海钢材市场分别正式营业。

• 4 月 22 日，邯郸钢铁总厂新建的高速线材轧机开始试轧。6 月 8 日，鞍山钢铁公司年产 50 万吨线材工程正式投产。当年还有首钢新炼钢厂、马钢高速线材、本钢 16 平方米球团竖炉等一大批大型建设和改造项目竣工投产。

• 5 月 28 日，由 12 个国家和地区的 24 家银行组成的银团，为攀枝花钢铁公司二期工程贷款 2.1 亿美元的签字仪式在北京举行，这是中国钢铁企业首次采用银团贷款的方式利用外资。当年，国家计委先后正式批准鞍钢、武钢、本钢、梅山冶金公司和莱芜钢铁厂 5 个企业利用外资建设项目建议书及天津无缝钢管总厂利用外资可行性研究报告。

• 6月23日，国务院批准太原钢铁公司“七五”期间技术改造规划。10月15日，冶金工业部“七五”计划重点技术改造项目——马鞍山钢铁公司2500立方米高炉主体工程破土动工。

• 6月30日，中国冶金进出口公司同澳大利亚哈默斯铁矿有限公司在北京草签中澳合资经营恰那铁矿项目协议书。

• 7月，北京钢铁学院等单位研制的GY型短应力线轧机及中小轧机改造技术获国家科技进步奖一等奖。

• 9月25日，上海宝钢向全国发行重点钢铁企业建设债券3.5亿元，以加速宝钢建设。当年重点钢铁企业债券共发行9亿元，除宝钢3.5亿元以外，还有攀钢1亿元、武钢0.6亿元、唐钢1.6亿元、本钢0.9亿元、首钢水厂铁矿1亿元、包钢0.4亿元。

• 12月7日，国务院原则批准鞍钢实行承包经营责任制的期限和形式。至此，全年有48个大中型钢铁企业实行承包，实行承包的大中型钢企已占总数的2/3。

重点钢铁指标

指标	数据	增长率	备注1986年数据
生铁	5503万吨	8.7%	5064万吨
粗钢	5628万吨	7.8%	5221万吨
钢材（扣除重复材）	4386万吨	8.1%	4058万吨
钢材进口量	1175万吨	-32.5%	1742万吨
钢材出口量	27万吨	35%	20万吨
钢材表观消费量（扣除重复材）	5534万吨	-4.3%	5780万吨
板管带比	39.2%	16.7%	33.6%
我国钢材自给率	79.3%	13.0%	70.2%
铁矿石产量	16143万吨	8.0%	14945万吨
铁矿石进口量	1230万吨	2.5%	1200万吨
吨钢综合能耗	1.63吨标准煤	-2.4%	1.67吨标准煤
连铸比	12.9%	8.4%	11.9%
高炉利用系数	1.79吨/(立方米·日)	2.9%	1.74吨/(立方米·日)

（原刊于《中国冶金报》2018年11月6日1版，记者　罗忠河　编写）

改革开放40年·钢铁年鉴

1988年

十件钢铁大事（以时间为序）

• 1月1日，太钢开始实行“两保一挂”承包经营责任制。2月15日，马钢获准实行“三包两保双挂钩”承包经营责任制。2月29日，国务院批准鞍钢对国家实行“三包一挂”的承包方案，为期9年。6月8日，上海宝山钢铁总厂与冶金工业部签订“三包一挂”承包合同。到1988年底，我国大型钢铁企业全部实行了承包制。当年4月25日，冶金工业部同部直属的12个科研院（所）长签订任期目标责任制承包合同。

• 1月11日，天津与联邦德国、意大利、美国3个公司签订合同，引进有关技术设备建设天津无缝钢管厂。

• 1月30日，首都钢铁公司由原来的工厂委员会领导下的总经理负责制，改为工厂委员会领导下的各分管经理负责制。

• 6月1日，武汉钢铁公司新3号高炉开工建设，拉开了武钢“双七百万吨”扩建改造工程的序幕。

• 6月5日，太原钢铁公司冶渣模范李双良被联合国环境规划署评为“全球500佳”之一，成为中国第一位荣获这一称号的职工。

• 7月30日，冶金工业部的“三定方案”（定岗、定责、定员），经国家机构编制委员会第四次会议原则同意。8月3日，冶金部机关进行机构调整，行政编制定员630人，机构设置15个，保留和充实9个公司和5个事业单位。当年2月24日，国家经委批准冶金工业部成立中国钢铁炉料总公司。4月5日，中国冶金设备供应公司改名为中国冶金设备公司。

• 8月8日，上海宝山钢铁联合（集团）公司在上海成立。同年7月30日，兰州钢铁集团成立。11月30日，河北省冶金企业集团成立。

• 8月16日，长城钢厂改名为长城特殊钢公司，由冶金工业部直属改为四川省和冶金工业部双重领导，以四川省为主。

• 10月10日，鞍山钢铁公司发行1亿元股票进行冷轧厂的技术改造工程。2月9日，鞍钢钢铁研究院研制的900毫米异步单机连轧机通过鉴定，用一台单机可代替通常的三机架连轧机，当时尚属国际首创。

• 11 月 11 日，国务院发布《关于加强钢材管理的决定》，决定进一步加强对钢材的计划管理和市场管理。

重点钢铁指标

指标	数据	增长率	备注 1987 年数据
生铁	5704 万吨	3.7%	5503 万吨
粗钢	5943 万吨	5.6%	5628 万吨
钢材（扣除重复材）	4689 万吨	6.9%	4386 万吨
钢材进口量	851 万吨	−27.6%	1175 万吨
钢材出口量	66 万吨	144.4%	27 万吨
钢材表观消费量（扣除重复材）	5474 万吨	−1.1%	5534 万吨
板管带比	36.6%	−6.6%	39.2%
我国钢材自给率	85.7%	8.1%	79.3%
铁矿石产量	16770 万吨	3.9%	16143 万吨
铁矿石进口量	1240 万吨	0.8%	1230 万吨
吨钢综合能耗	1.59 吨标准煤	−2.5%	1.63 吨标准煤
连铸比	14.7%	14.0%	12.9%
高炉利用系数	1.79 吨/(立方米・日)	持平	1.79 吨/(立方米・日)

（原刊于《中国冶金报》2018 年 11 月 7 日 1 版，记者　罗忠河　编写）

改革开放 40 年・钢铁年鉴
1989 年

十件钢铁大事（以时间为序）

• 3 月 11 日，由冶金工业部建筑研究总院等研发的“宝钢一期工程施工新技术”获国家科技进步奖特等奖。3 月 28 日，由冶金工业部北京钢铁研究总院研究的钕铁硼磁能达到 49 兆里奥，达到国际先进水平，仅次于日本，位居世界第二。

• 3 月 18 日，舞钢炼钢扩建项目 1900 毫米板坯连铸机工程总承包合同签订仪式在北京举行。这是中国第一台立足国内制造、具有国际先进水平的大型连铸机。该项目属国家重大技术装备项目之一。8月7日，该项目被列为“国家重大技术装备国产化试点工程”，称为“国产化后续试点项目”，享受国家重大技术装备优惠政策待遇。

• 3月27日，中国国际贸易促进委员会冶金行业分会经中国国际贸易促进委员会批准成立，受冶金工业部领导。

• 4月10日，国家物价局、物资部、冶金工业部、中国有色金属工业总公司联合发出通知，重新颁布计划外黑色、有色金属产品全国统一限价，并从即日起执行。

• 4月12日，鞍山钢铁公司“一体两翼”（即以综合承包为主体，科技承包和管理效益承包为两翼）承包制获国家改革创新奖。

• 7月23日，时任中共中央总书记江泽民视察武汉钢铁公司，这是他任总书记后视察的第一个冶金企业。

• 8月19日，冶金工业部安全生产委员会召开第四次会议，讨论通过了冶金工业部安全生产委员会的责任制。3月11日，太原钢铁公司实行安全生产抵押承包。

• 10月25日，上海宝山钢铁总厂二期工程中的2050毫米热连轧机热负荷试车。12月19日，上海宝山钢铁总厂第二台板坯连铸机继第一台连铸机在7月3日投料试车后，成功地拉出优质钢连铸坯。至此，宝钢二期连铸工程全部建成。

• 12月，由中国冶金进出口总公司和澳大利亚哈默斯利铁矿有限公司合资建设的恰那铁矿全部建成并一次试车成功。该项目总投资2.8亿澳元，其中中国冶金进出口总公司占40%，澳方占60%。

• 1989年，我国钢产量突破6000万吨，达到6159万吨。

重点钢铁指标

指标	数据	增长率	备注1988年数据
生铁	5820万吨	2.0%	5704万吨
粗钢	6159万吨	3.6%	5943万吨
钢材（扣除重复材）	4859万吨	3.6%	4689万吨
钢材进口量	820万吨	-3.6%	851万吨
钢材出口量	78万吨	18.2%	66万吨

续表

指标	数据	增长率	备注 1988 年数据
钢材表观消费量（扣除重复材）	5601 万吨	2.3%	5474 万吨
板管带比	37.0%	1.1%	36.6%
我国钢材自给率	86.7%	1.2%	85.7%
铁矿石产量	17185 万吨	2.5%	16770 万吨
铁矿石进口量	1259 万吨	1.5%	1240 万吨
吨钢综合能耗	1.58 吨标准煤	-0.6%	1.59 吨标准煤
连铸比	16.3%	10.9%	14.7%
高炉利用系数	1.71 吨/(立方米·日)	-4.5%	1.79 吨/(立方米·日)

（原刊于《中国冶金报》2018 年 11 月 8 日 1 版，记者　罗忠河　编写）

改革开放 40 年·钢铁年鉴
1990 年

十件钢铁大事（以时间为序）

• 1 月 13~17 日，冶金工业部召开全国冶金工作会议，要求各单位学习武钢“坚持企业社会主义方向，走质量效益型发展道路”的经验。

• 1 月 22 日，时任中共中央总书记江泽民视察太原钢铁公司，并题词：学习李双良同志一心为公、艰苦创业的工人阶级主人翁精神，把太钢办成一流的社会主义企业。9 月 25 日，江泽民视察包头钢铁稀土公司，10 月还先后到大连钢厂、鞍钢、本钢、抚顺钢厂视察。

•《冶金报》1 月 25 日报道，宝钢转炉实现全年（1989 年）负能炼钢，转炉工序能耗指标进入世界先进行列。

•《冶金报》1 月 29 日报道，鞍钢、首钢、上钢五厂、吉林铁合金厂、上钢三厂成为首批国家一级企业，武钢等 8 家企业通过国家一级企业预考核。

• 2 月 24~25 日，国务院委托国家黄金局召开的小秦岭地区治理整顿黄金生产秩序现场办公会传出消息，小秦岭地区已成为我国第二大黄金生产基地。

● 4 月 17 日，宝钢冷轧、连铸投产和热轧负荷试车仪式举行。时任国务院总理李鹏出席庆祝大会并讲话。

● 4 月 17 日，冶金工业部、中国机械冶金工会做出《关于进一步开展向李双良同志学习的决定》。

● 4 月 24 日，舞阳钢铁公司从奥地利引进的国内第一台具有 20 世纪 80 年代水平的 90 吨超高功率电炉和国内第一台具有世界水平的 1.9 米大型板坯连铸机工程举行开工奠基仪式。

● 7 月 6 日，西安冶金建筑学院建筑系 9 名学生在第十四届建筑学大学生国际竞赛中夺得最高奖——联合国教科文组织奖，这是截至当时我国大学生在该赛事上获得的最高荣誉。7 月 11 日，冶金工业部电贺西安冶建学院。

●《冶金报》11 月 22 日报道，宝钢副总工程师曾乐以其在焊接方面的卓越成就，被英国剑桥国际传记中心和美国传记研究所分别载入“国际智能名人录”和“国际殊勋名人录”。

重点钢铁指标

指标	数据	增长率	备注 1989 年数据
生铁	6237 万吨	7.2%	5820 万吨
粗钢	6535 万吨	6.1%	6159 万吨
钢材（扣除重复材）	5153 万吨	6.1%	4859 万吨
钢材进口量	368 万吨	-55.1%	820 万吨
钢材出口量	209 万吨	168.0%	78 万吨
钢材表观消费量（扣除重复材）	5312 万吨	-5.2%	5601 万吨
板管带比	37.0%	持平	37.0%
我国钢材自给率	97.0%	11.9%	86.7%
铁矿石产量	17934 万吨	4.4%	17185 万吨
铁矿石进口量	1419 万吨	12.7%	1259 万吨
吨钢综合能耗	1.56 吨标准煤	-1.3%	1.58 吨标准煤
连铸比	22.3%	36.8%	16.3%
高炉利用系数	1.74 吨/(立方米·日)	1.8%	1.71 吨/(立方米·日)

（原刊于《中国冶金报》2018 年 11 月 9 日 1 版，记者　罗忠河　编写）

改革开放40年·钢铁年鉴
1991年

十件钢铁大事（以时间为序）

• 1月23日，冶金工业部发出《关于向曾乐同志学习的决定》。1月26日，《冶金报》刊发长篇通讯“中国知识分子的光辉典范——曾乐”。

• 1月24日，《冶金报》刊登消息“邯钢建立新的经营机制”，报道了邯钢“模拟独立核算”，实施“成本质量双否决”的新举措。

• 2月2日，在全国冶金工作会议上，时任冶金工业部部长戚元靖重点阐述了“八五”及今后10年钢铁工业发展的基本思路，提出了1995年钢产量达到7200万吨左右、2000年达到8000万吨以上的发展目标。

• 2月4日，马钢第二轧钢厂新建成国内第一条H型钢生产线，填补了国内空白。该生产线由国内企业自行设计、制造、安装。

• 2月19日，国务院办公厅发出通知，学习武钢走“质量效益型”发展道路。

• 7月9日，时任中共中央总书记江泽民、国务院副总理田纪云视察遭受特大洪水破坏的苏州冶金机械厂，号召全体职工团结抗灾。1991年，江泽民多次视察冶金企业：1月10日视察通钢，2月5日视察安钢，2月14日到首钢总公司给工作者拜年，4月18日视察攀钢，8月19日视察西宁钢厂，9月20日视察邢台冶金机械轧辊厂，10月28日视察本钢，11月20日视察马钢。

• 10月25日，武汉钢铁设计研究院设计的1500毫米、1600毫米、1900毫米大型板坯连铸机获国家重大技术装备成果特等奖。3月2日，上海钢铁研究所成功研制的国内第一台薄带坯连铸机，通过部级鉴定；3月20日，国家“七五”科技攻关项目——薄板成型性能研究通过国家鉴定。4月1日，重庆特殊钢厂完成国家“七五”重点科技攻关项目——特殊钢方坯连铸机项目项目，并通过国家计委和冶金工业部组织的鉴定。

• 12月14日，攀钢、鞍钢、武钢、宝钢4家企业集团，被列入国家计委、国家体改委、国务院生产办公室选定的首批55家大型企业集团试点单位名单。

- 12 月 21 日，国家重大技术装备项目、冶金工业部“八五”重点工程——舞阳钢铁公司 90 吨超高功率电炉建成，炼出第一炉合格钢水。
- 1991 年，全国钢产量突破 7000 万吨，达到 7100 万吨。

重点钢铁指标

指标	数据	增长率	备注 1990 年数据
生铁	6765 万吨	8.5%	6237 万吨
粗钢	7100 万吨	8.6%	6535 万吨
钢材（扣除重复材）	5786 万吨	12.3%	5153 万吨
钢材进口量	333 万吨	-9.5%	368 万吨
钢材出口量	329 万吨	57.4%	209 万吨
钢材表观消费量（扣除重复材）	5789 万吨	9.0%	5312 万吨
板管带比	37.2%	0.5%	37.0%
我国钢材自给率	99.9%	3.0%	97.0%
铁矿石产量	19056 万吨	6.3%	17934 万吨
铁矿石进口量	1904 万吨	34.2%	1419 万吨
吨钢综合能耗	1.55 吨标准煤	-0.6%	1.56 吨标准煤
连铸比	26.5%	18.8%	22.3%
高炉利用系数	1.75 吨/(立方米・日)	0.6%	1.74 吨/(立方米・日)

（原刊于《中国冶金报》2018 年 11 月 13 日 1 版，记者　罗忠河　编写）

改革开放 40 年・钢铁年鉴
1992 年

十件钢铁大事（以时间为序）

- 1 月 15 日，全国冶金工作会议重点探讨搞好大中型钢铁企业问题。4 月 6 日，冶金“三资”企业座谈会在宝钢举行，探讨借鉴“三资”企业经营机制，转变大中型钢铁企业经营机制的可行性。
- 1 月 17 日，时任中共中央总书记江泽民视察上海宝山钢铁总厂，赞扬宝钢建设者是无名英雄，希望宝钢为国家做出更大的贡献；8 月 10 日，江泽民视察酒泉钢铁公司。

• 4月2日，冶金工业部在邯钢召开现场经验交流会，交流和推广邯钢在推行模拟市场独立核算，实行成本否决，提高经济效益方面的经验。

• 4月17日，宝山钢铁总厂举行二期工程建成投产仪式。4月16日，国务院发去贺电。

• 5月22日，邓小平同志视察首钢总公司，肯定了首钢的经验。7月23日，国务院发出《批转国务院经贸办、国家体改委关于进一步扩大首钢自主权改革试点报告的通知》，赋予首钢扩大投资立项权，扩大外贸、外经和外事权，扩大资金融通权。

• 6月27日，天津钢管公司炼钢、连铸系统一次试车成功。冶金工业部、国务院先后发去贺电。7月1日，党和国家领导人江泽民、李鹏、李瑞环分别打电话表示祝贺。

• 7月10日，经国务院批准，国家物价局发出通知，决定从即日起对特钢企业产品价格实行改革。7月15日，国家物价局决定：取消钢材全国统一出厂一类价格，全部转为二类价格；增定鱼尾板、车轮、轮箍、起重机钢轨、异型材、垫板等品种钢材的二类价格；对国家定价的焦炭、生铁价格做适当调整，并实行国家指导价格。

• 7月30日，武汉钢铁公司引进日本技术进行硅钢扩建改造工程的项目签约仪式在北京人民大会堂举行。当年5月17日，国务院批准武汉钢铁公司1992~1995年实行利税分流承包方案。

• 11月17日，国家计委、国家体改委、国务院经贸办联合发文，同意以攀枝花钢铁公司为核心组建攀钢集团，更名为攀枝花钢铁（集团）公司。11月18日，国务院批准同意以武汉钢铁公司为核心企业成立武钢集团，并同意武钢更名为武汉钢铁（集团）公司。11月24日，国家计委、国家体改委、国务院经贸办联合发文，同意以鞍山钢铁公司为核心组建鞍钢集团，更名为鞍山钢铁（集团）公司；12月26日，鞍钢集团成立大会举行。

• 1992年，我国钢材突破8000万吨，达到8093万吨，我国实现年增钢近1000万吨。

重点钢铁指标

指标	数据	增长率	备注 1991 年数据
生铁	7589 万吨	12.2%	6765 万吨
粗钢	8093 万吨	14.0%	7100 万吨
钢材（扣除重复材）	6825 万吨	18.0%	5786 万吨
钢材进口量	618 万吨	85.6%	333 万吨
钢材出口量	327 万吨	-0.6%	329 万吨
钢材表观消费量（扣除重复材）	7208 万吨	24.5%	5789 万吨
板管带比	37.4%	0.5%	37.2%
我国钢材自给率	94.7%	-5.2%	99.9%
铁矿石产量	20976 万吨	10.1%	19056 万吨
铁矿石进口量	2517 万吨	32.2%	1904 万吨
吨钢综合能耗	1.51 吨标准煤	-2.6%	1.55 吨标准煤
连铸比	30.0%	13.2%	26.5%
高炉利用系数	1.81 吨/(立方米·日)	3.4%	1.75 吨/(立方米·日)

（原刊于《中国冶金报》2018 年 11 月 14 日 1 版，记者　罗忠河　编写）

改革开放 40 年·钢铁年鉴
1993 年

十件钢铁大事（以时间为序）

• 1 月 1 日，经国务院批准，除指令性计划内的国防、军工、农业和农田水利（含救灾）、铁道专用钢材之外，从当日起放开钢铁产品的价格，从而终结了钢价“双轨制”。5 月 1 日，经国家物价局同意，从当日起放开铁矿石、锰矿石的产品价格，由生产企业自主定价。

• 1 月 6 日，在全国冶金工作会议上，时任冶金工业部部长戚元靖提出，钢铁工业要上“四个新台阶”（品种、质量水平新台阶，现代化水平新台阶，集约经营和规模经济新台阶，综合经济效益水平新台阶）。

• 1 月 12 日，由马鞍山矿山研究院、本钢歪头山铁矿、本钢矿山处共同研究的铁矿大块石干式磁选工艺通过部级鉴定，达到国际先进水平。

• 1月21日，国务院经贸办正式批准本钢二钢厂板坯连铸机技术改造项目。11月4日，兰州钢铁集团公司薄板坯连铸工程建成并一次试车成功，标志着我国薄板坯连铸技术由工业试验阶段进入工业生产阶段。

• 4月6日，全国钢铁企业股份制试点座谈会在武钢召开。当时全行业有股份制企业14家。8月27日，国务院体改委正式批准马鞍山钢铁公司改制重组为马鞍山钢铁股份有限公司和马鞍山钢铁总公司的企业分立方案；9月7日，马鞍山钢铁股份有限公司正式成立。截至当年10月31日，全国钢铁行业已组建31家股份制试点企业。

• 4月19日，国务院决定将国家黄金管理局并入冶金工业部，成立内设职能局，不再保留原机构名称。

• 5月11日，国家经贸委在邯钢召开“加强管理，降低成本”现场会。邯钢经验开始在全国范围内推广。

• 8月12日，上海外经国际冶金工程技术有限公司为泰国建造1座年产24万吨低合金钢、普碳钢的电炉炼钢厂的合同在沪签订。该厂是当时国内冶金企业在国外承建的最大一座钢厂。

• 8月份，国务院批准宝钢三期建设工程。同年，国务院分别于3月4日和8月14日正式批准建设山东齐鲁钢铁公司和广东珠江钢厂。

• 10月19日，中国钢铁工贸集团正式成立。它由中国冶金进出口总公司、中国钢铁炉料总公司、中国国际钢铁投资公司、中国冶金钢材加工公司合并组建，实行董事会领导下的总经理负责制。当年2月26日，国务院批复冶金工业部，同意成立中国钢铁工贸集团公司和中国钢铁工贸集团。

重点钢铁指标

指标	数据	增长率	备注 1992 年数据
生铁	8738 万吨	15.1%	7589 万吨
粗钢	8954 万吨	10.6%	8093 万吨
钢材（扣除重复材）	8047 万吨	17.9%	6825 万吨
钢材进口量	3026 万吨	389.6%	618 万吨
钢材出口量	112 万吨	-65.7%	327 万吨
钢材表观消费量（扣除重复材）	10847 万吨	50.5%	7208 万吨

续表

指标	数据	增长率	备注 1992 年数据
板管带比	36.7%	-1.9%	37.4%
我国钢材自给率	74.2%	-21.6%	94.7%
铁矿石产量	22635 万吨	7.9%	20976 万吨
铁矿石进口量	3302 万吨	31.2%	2517 万吨
吨钢综合能耗	1.48 吨标准煤	-2.0%	1.51 吨标准煤
连铸比	33.9%	13.0%	30.0%
高炉利用系数	1.83 吨/(立方米·日)	1.1%	1.81 吨/(立方米·日)

（原刊于《中国冶金报》2018 年 11 月 15 日 1 版，记者 张 鹰 罗忠河 编写）

改革开放 40 年·钢铁年鉴
1994 年

十件钢铁大事（以时间为序）

• 1 月 6 日，在全国冶金工作会议上，时任冶金工业部部长刘淇提出，以提高连铸比为重点优化工艺技术结构，到 2000 年，全行业连铸比要达到 70%以上。

• 1 月 22 日、23 日，天津钢管公司生产的 177.8 毫米 J55、N80、P710 等系列石油套管分别在胜利油田和中原油田下井试用成功，标志着石油套管国产化的起步。

• 2 月 28 日，包头钢铁稀土公司和长沙矿冶研究院共同研究的综合回收铁、稀土、铌的“弱磁—强磁—浮选”流程，被列为全国十大科技成果之一。

• 5 月，国家计委发出《关于加强钢铁产品价格管理的通知》：对铁路专用钢材继续实行国家定价；对关系国计民生的少数重要的基建、生产用钢材，以及军用、农用钢材，实行国家指导价；对重要的钢铁产品实行企业调价备案制度；其他钢铁产品继续由企业根据市场供求自主定价。

• 6 月，煤矿专用钢材集团成立。它是由煤炭部中国煤炭物资总公司牵头，会同冶金工业部、内贸部联合组织的跨地区、跨行业的新型经济共同体，成员包括鞍钢、重钢、武钢、攀钢等13家大中型钢铁企业和煤炭部所有重点矿务局。

- 7月，冶金工业部成立以部长刘淇为组长，以副部长徐大铨、殷瑞钰、吴溪淳为副组长的“转机制、抓管理、练内功、增效益”活动领导小组，并制定了冶金行业开展此项活动的实施方案。8月1日，鞍钢、宝钢等14家大型钢铁企业向全国冶金企业发出倡议书，倡议各冶金企业认真做好“转机制、抓管理、练内功、增效益”工作。

- 10月中旬，时任中共中央总书记江泽民视察成都无缝钢管厂，12月11日视察天津钢管公司。11月30日，由江泽民题写片名的《宝钢现代化管理》电视系列片，在北京人民大会堂举行了首映式。

- 12月20日，中国冶金建设集团成立大会暨中国冶金建设集团公司首届董事会第一次会议在北京召开。

- 12月，国家统计局公布大中型工业企业竞争力百强企业名单，居前10名的企业中有5家钢铁企业。它们是：宝山钢铁（集团）公司（第1名）、首钢总公司（第3名）、武汉钢铁（集团）公司（第4名）、鞍山钢铁（集团）公司（第9名）、江苏沙钢集团（第10名）。

- 1994年，我国钢产量突破9000万吨，达到9261万吨。

重点钢铁指标

指标	数据	增长率	备注1993年数据
生铁	9741万吨	11.5%	8738万吨
粗钢	9261万吨	3.4%	8954万吨
钢材（扣除重复材）	8206万吨	2.0%	8047万吨
钢材进口量	2283万吨	-24.6%	3026万吨
钢材出口量	174万吨	55.4%	112万吨
钢材表观消费量（扣除重复材）	10071万吨	-7.2%	10847万吨
板管带比	36.6%	-0.3%	36.7%
我国钢材自给率	81.5%	9.8%	74.2%
铁矿石产量	25070万吨	10.8%	22635万吨
铁矿石进口量	3734万吨	13.1%	3302万吨
吨钢综合能耗	1.44吨标准煤	-2.7%	1.48吨标准煤

续表

指标	数据	增长率	备注 1993 年数据
连铸比	39.5%	16.5%	33.9%
高炉利用系数	1.81 吨/(立方米·日)	-1.1%	1.83 吨/(立方米·日)

（原刊于《中国冶金报》2018 年 11 月 16 日 1 版，记者　张　鹰　罗忠河编写）

改革开放 40 年·钢铁年鉴
1995 年

十件钢铁大事（以时间为序）

• 1 月，国务院正式批准本钢建设大型板坯连铸机工程。

• 3 月 27 日，武钢二炼钢实现转炉零能耗炼钢。4 月 18 日，宝山钢铁（集团）公司 1 号 300 吨转炉创 4018 炉次新纪录，进入大型转炉炉龄世界先进行列。

• 4 月 18 日，冶金工业部发出通知，号召全行业深入推行邯钢“模拟市场，成本否决”制度。9 月 18 日，冶金企业“学邯钢、降成本、增效益”工作会议在邯钢举行。

• 5 月 24 日，国内首家智能型钢材市场——上海卢湾区香山钢材交易市场正式开业。

• 5 月，国家计委、国家科委、国家经贸委分别批准冶金工业部组建 15 个国家工程技术研究中心。

• 8 月 9 日，冶金工业部在北京召开“九五”国家科技攻关项目可行性论证会，确定“薄板坯连铸连轧技术开发应用”“高效选矿综合技术的研究”“合金钢长型材短流程生产工艺技术开发”“轿车用钢研究开发”“高效连铸技术研究”等为“九五”重点攻关项目。1995 年，冶金系统有 22 项科技成果获得国家科技进步奖，其中“宝钢生产系统优化技术”获唯一的国家科技进步奖特等奖。

• 8 月 10 日，经上海市委、市政府批准，撤销上海市冶金工业局局建制，改建为由上海市国资委授权成立的上海冶金控股（集团）公司。10 月 12

日，经国家经贸委和浙江省政府批准，由浙江省冶金工业总公司与杭州钢铁集团公司合并改组成的浙江冶金集团正式成立。12 月 28 日，经天津市委、市政府批准，天津市冶金工业局正式改组为天津市冶金工业总公司。

• 9 月 1 日，中国冶金建设集团公司向越南太原钢铁公司改扩建工程提供技术及成套设备总协议在北京签署。

• 9 月 28 日，宝山钢铁（集团）公司年产 300 万吨钢的二炼钢厂破土动工。至此，宝钢三期建设中的三大工程（另外两大工程为 1580 热轧工程、1420 冷轧工程）全部开工建设。

• 12 月 20 日，天津无缝钢管工程通过竣工验收。天管因此成为我国继宝钢之后兴建的又一个具有世界先进水平的特大型冶金企业。

重点钢铁指标

指标	数据	增长率	备注 1994 年数据
生铁	10529 万吨	8.1%	9741 万吨
粗钢	9536 万吨	3.0%	9261 万吨
钢材（扣除重复材）	7968 万吨	−2.9%	8206 万吨
钢材进口量	1397 万吨	−38.8%	2283 万吨
钢材出口量	593 万吨	240.8%	174 万吨
钢材表观消费量（扣除重复材）	8772 万吨	−12.9%	10071 万吨
板管带比	39.2%	7.1%	36.6%
我国钢材自给率	90.8%	11.4%	81.5%
铁矿石产量	26192 万吨	4.5%	25070 万吨
铁矿石进口量	4115 万吨	10.2%	3734 万吨
吨钢综合能耗	1.44 吨标准煤	持平	1.44 吨标准煤
连铸比	46.4%	17.5%	39.5%
高炉利用系数	1.79 吨/(立方米·日)	−1.1%	1.81 吨/(立方米·日)

（原刊于《中国冶金报》2018 年 11 月 20 日 1 版，记者 罗忠河 张鹰编写）

改革开放40年·钢铁年鉴
1996年

十件钢铁大事（以时间为序）

- 1月1日，唐钢集团、邯钢集团正式挂牌运营。4月18日，太钢集团成为山西首批被正式授权经营国有资产的企业集团公司。5月28日，以上钢三厂为母公司的上海浦东钢铁集团公司成立。7月16日，南京钢铁集团正式成立。8月19日，经国家经贸委和辽宁省政府批准，由本钢改组为国有独资公司的本钢集团正式挂牌运营。8月28日，广州冶金集团正式成立。11月8日，首钢集团成立，原工厂委员会改称为董事会。12月28日，以原大连钢厂为核心企业的大连钢铁集团成立。
- 1月2日，国务院发出《学习、推广邯钢经验的通知》。2月29日，全国学习推广邯钢经验暨企业管理工作会议在邯钢召开。3月21日，冶金工业部发出通知，大力推广邯钢经验，加速实现冶金工业经济增长方式转变。
- 3月22日，江苏沙钢集团公司与韩国浦项钢铁公司签订共同兴建冷轧不锈钢和热轧镀锌板工程项目的合同。
- 3月，本钢、宝钢、冶金工业部钢铁研究总院等单位共同研究开发的水电大型发电机组用高强度、高精度磁轭和磁极钢板通过鉴定，其主要技术指标达到工业发达国家同类产品水平，研究成果达到国际先进水平。
- 4月28日，国家批准的“九五”技术改造重点项目——鞍山钢铁（集团）公司2号板坯连铸工程破土动工。
- 5月31日，由首钢签约建造的9艘大型散装货船中的第一艘新船——“钢城”轮，成功完成满载秘鲁铁矿石抵达宁波港的首航；建造的“华夏”轮也于当日在日本佐世保船厂顺利下水。
- 6月，建设部公布国家一级工程施工总承包资质企业名单，冶金行业的中国冶金建设集团公司、一冶、二冶、三冶、五冶、十三冶、十七冶、十八冶、十九冶、二十冶、二十二冶、上海宝钢建设公司、中国华北冶金建设公司等榜上有名。
- 7月23日，冶金工业部机关报《冶金报》即日起更名为《中国冶金报》。

• 8月1日，首钢第二炼钢厂实现全连铸生产，成为全国最大的全连铸生产厂。

• 12月31日，时任冶金工业部部长刘淇宣布，1996年我国钢产量突破1亿吨（达到10124万吨），跃居世界第一位。

重点钢铁指标

指标	数据	增长率	备注1995年数据
生铁	10721万吨	1.8%	10529万吨
粗钢	10124万吨	6.2%	9536万吨
钢材（扣除重复材）	8716万吨	9.4%	7968万吨
钢材进口量	1598万吨	14.4%	1397万吨
钢材出口量	422万吨	-28.8%	593万吨
钢材表观消费量（扣除重复材）	9891万吨	12.8%	8772万吨
板管带比	39.5%	0.8%	39.2%
我国钢材自给率	88.1%	-3.0%	90.8%
铁矿石产量	25228万吨	-3.7%	26192万吨
铁矿石进口量	4378万吨	6.4%	4115万吨
吨钢综合能耗	1.39吨标准煤	-3.5%	1.44吨标准煤
连铸比	53.3%	14.9%	46.4%
高炉利用系数	1.75吨/(立方米·日)	-2.2%	1.79吨/(立方米·日)

（原刊于《中国冶金报》2018年11月21日1版，记者　罗忠河　张鹰编写）

改革开放40年·钢铁年鉴
1997年

十件钢铁大事（以时间为序）

• 3月14日，大冶特钢A股股票在深交所上网发行。3月27日，唐钢股份A股股票上网发行。6月25日，本钢板材股份有限公司成立。8月8日，莱钢股份A股股票在上交所上网发行。8月27日，包钢稀土A股股票面向社会公开发行。9月23日，西宁特钢A股股票在上交所正式上网发行。10月17

日，重庆钢铁H股在香港上市。11月17日，鞍钢新轧A股股票在深交所上网发行。12月19日，邯郸钢铁A股股票在上交所上网发行。

• 3月18日，作为国家重点建设项目的广州珠江钢铁有限责任公司开始全面建设。该公司成为国内首家引进薄板坯连铸连轧生产线的企业。

• 3月18~20日，全国高炉喷煤暨炼铁工作会议在山东莱钢召开，提出"九五"期间高炉喷煤技术要有较大发展，重点企业喷煤比要平均达到145千克/吨铁，地方骨干企业要平均达到110千克/吨铁。到2000年，全国喷煤总量要达到1000万吨。

• 4月3日，冶金行业学邯钢经验交流会在唐钢召开。时任冶金工业部部长刘淇在会上强调，深入学习邯钢经验，必须落实在增加效益上。

• 5月25日，宝山钢铁（集团）公司1号高炉大修工程竣工点火生产。该高炉创造出高炉本体砌筑质量、计算机软件编制、消灭事故、高炉点火后生产水平迅速上升等5项先进纪录，是中国冶金发展史上第一次特大高炉的大修。7月30日，宝山钢铁（集团）公司全燃高炉煤气热电装置投入试生产。此项热电工程为世界性科研节能项目，正式投用后可使高炉煤气放散率为零。

• 9月8日，邯钢集团正式兼并舞阳钢铁公司，并承担舞钢的全部债权、债务。当年5月，邯钢集团兼并了衡水钢管厂，将其改组为衡水薄板有限责任公司。

• 10月28日，天津钢管公司直接还原铁工程完成热试中的性能考核，成为国内第一个引进采用煤基工艺生产直接还原铁的大型项目，具备20世纪90年代初世界先进水平。

• 11月24日，武汉钢铁（集团）公司、冶钢集团公司、鄂城钢铁厂签署"三强联合协议"。

• 12月17日，上海浦东钢铁有限公司与德国克虏伯·蒂森不锈钢集团在北京人民大会堂签订双方合资在上海建设上海克虏伯不锈钢有限公司的协议。

• 1997年，冶金工业部党组把孟泰精神、马万水精神、攀枝花精神、铁山精神、李双良精神、曾乐精神6种行业精神，确认为半个世纪以来冶金行业职工队伍发扬艰苦创业优良传统的杰出代表。

重点钢铁指标

指标	数据	增长率	备注 1996 年数据
生铁	11511 万吨	7.4%	10721 万吨
粗钢	10891 万吨	7.6%	10124 万吨
钢材（扣除重复材）	9365 万吨	7.4%	8716 万吨
钢材进口量	1322 万吨	-17.3%	1598 万吨
钢材出口量	462 万吨	9.5%	422 万吨
钢材表观消费量（扣除重复材）	10226 万吨	3.4%	9891 万吨
板管带比	41.0%	3.8%	39.5%
我国钢材自给率	91.6%	4.0%	88.1%
铁矿石产量	26861 万吨	6.5%	25228 万吨
铁矿石进口量	5511 万吨	25.9%	4378 万吨
吨钢综合能耗	1.35 吨标准煤	-2.9%	1.39 吨标准煤
连铸比	60.7%	13.9%	53.3%
高炉利用系数	1.83 吨/(立方米·日)	4.6%	1.75 吨/(立方米·日)

（原刊于《中国冶金报》2018 年 11 月 22 日 1 版，记者　罗忠河　张鹰编写）

改革开放 40 年·钢铁年鉴
1998 年

十件钢铁大事（以时间为序）

• 1 月 15~17 日，全国冶金工作会议制订了今后 3 年的发展规划，并对《冶金行业大中型亏损企业三年解困规划要点》等进行了认真研究和讨论，与会代表基本表示赞同。

• 1 月 19 日，中国远望（集团）总公司兼并长城特殊钢（集团）有限责任公司签字生效。2 月 28 日，鞍山钢铁（集团）公司兼并大连轧钢厂，将其改制为鞍钢的全资子公司。11 月 1 日，太原钢铁（集团）有限责任公司兼并山西临汾钢铁公司。12 月 18 日，酒泉钢铁（集团）公司正式兼并西安钢铁厂。

• 4 月 8 日，国家冶金工业局正式挂牌成立。当年 3 月 10 日，九届全国人大一次会议批准国务院机构改革方案，决定撤销冶金工业部，改设由国家经贸委管理的国家冶金工业局，行使行业管理职能，不再直接管理企业和经济工作。

• 6月6日，包头钢铁（集团）有限责任公司正式揭牌。改制后，以包头钢铁（集团）有限责任公司为母公司，以内蒙古包钢稀土高科技股份有限公司、中国第二冶金建设公司、包头稀土铁合金厂、呼和浩特钢铁厂、包钢综合企业（集团）公司为子公司，联合组建包头钢铁集团。

• 6月8日，由湘钢、涟钢、衡管强强联合、战略重组建立起的湖南华菱钢铁集团有限责任公司正式揭牌，并由该集团独家发起、募集设立湖南华菱管线股份有限公司。

• 7月8日，鞍山钢铁（集团）公司全部淘汰平炉，实现了全转炉炼钢。10月7日，时任国家冶金工业局局长王万宾在鞍钢淘汰平炉现场座谈会上强调，2000年前全行业要实现淘汰平炉的目标。12月8日，武汉钢铁（集团）公司举行“平改转”工程竣工投产典礼。

• 7月20日，国家冶金工业局所属25所高校的管理体制改革全面启动。北京科技大学和东北大学实施中央与地方共建，重大事项以中央为主，日常管理以地方为主；其他本科学校实施中央与地方共建，以地方为主；成人中专和技校划转地方管理。

• 9月11日，国家冶金工业局和贵州省联合召开水钢学邯钢现场经验交流会，充分肯定水钢学邯钢、扭亏工作所取得的成绩。

• 9月26日，原冶金工业部直属的24家施工、设计、勘察单位通过资产划拨整合联结而成的中冶集团正式启动，规范运作。

• 11月7日，上海宝钢集团公司成立。该集团以宝山钢铁（集团）公司为主体，吸收上海冶金控股（集团）公司、上海梅山（集团）有限公司进行联合重组而成。

重点钢铁指标

指标	数据	增长率	备注1997年数据
生铁	11852万吨	3.0%	11511万吨
粗钢	11459万吨	5.2%	10891万吨
钢材（扣除重复材）	10360万吨	10.6%	9365万吨

续表

指标	数据	增长率	备注 1997 年数据
钢材进口量	1242 万吨	−6.1%	1322 万吨
钢材出口量	357 万吨	−22.7%	462 万吨
钢材表观消费量（扣除重复材）	11245 万吨	10.0%	10226 万吨
板管带比	38.6%	−5.9%	41.0%
我国钢材自给率	92.1%	−0.5%	91.6%
铁矿石产量	24689 万吨	−8.1%	26861 万吨
铁矿石进口量	5177 万吨	−6.1%	5511 万吨
吨钢综合能耗	1.29 吨标准煤	−4.4%	1.35 吨标准煤
连铸比	68.8%	13.3%	60.7%
高炉利用系数	2.02 吨/(立方米·日)	10.4%	1.83 吨/(立方米·日)

（原刊于《中国冶金报》2018 年 11 月 23 日 1 版，记者　张　垚　罗忠河编写）

改革开放 40 年·钢铁年鉴
1999 年

十件钢铁大事（以时间为序）

• 1 月 18 日，全国冶金工作会议提出，实施总量控制是冶金行业重要任务，总量控制一直持续到 2001 年。6 月 10 日，国家经贸委召开全国钢铁限产电话会议，提出全年钢产量不得超过 10400 万吨。12 月 22 日，全国冶金工作会议部署了 2000 年控制产量、调整结构、提高效益等工作。

• 1 月 21 日，中国钢铁工业协会第一次会员代表大会在北京召开。中钢协是由已成立运行 10 年的中国冶金企业管理协会更名建立的。

• 3 月 3 日，国家冶金工业局在济钢召开了全国冶金行业济钢节能降耗挖潜增效经验交流会，总结推广济钢近年来结合企业实际创造性学邯钢抓管理，以节能降耗为主线，推动工艺技术进步，实现“四全一喷”和“四闭路一循环”的经验。

• 3 月 27 日《中国冶金报》消息，中国对外贸易经济合作部决定于 1999

年3月12日对来自俄罗斯的冷轧硅钢片反倾销调查正式立案。这是我国冶金工业首例反倾销正式立案。2000年9月11日，外经贸部会同国家经贸委做出最终裁定，裁定倾销幅度为新利佩茨克钢铁公司6%、联邦维茨钢铁公司0%、其他俄罗斯公司62%，实施期限自1999年12月30日起为5年。武钢诉俄罗斯冷轧硅钢片倾销案最终获胜。

• 6月，国家冶金工业局19个科研机构按照科技部和国家经贸委联合下发的科研机构转制方案，3家转为中介机构，11家进入大型企业集团，3家转为中央直属大型科技企业。

• 8月26日，广州珠江钢铁有限责任公司举行薄板坯连铸连轧生产线建成投产典礼，这是我国引进的第一条薄板坯连铸连轧生产线。12月10日，邯钢薄板坯连铸连轧生产线投产。另外，本钢新建的175吨大板坯连铸机工程于当年6月1日竣工投产。

• 10月16日，《攀钢兼并成都无缝钢管公司协议书》正式签署。11月28日，经内蒙古自治区党委、政府批准组建的内蒙古稀土集团有限责任公司在包头市成立。

• 11月11日，马钢首次出口美国工商五金公司5000吨H型钢合同签字生效，这是国产热轧H型钢首份出口合同。

• 11月16日，鞍钢与华融资产管理公司等4家资产管理公司签署68.54亿元债转股框架协议。此外，当年11月10日，冶钢集团公司与中国信达资产管理公司签订6亿多元债转股协议书。11月11日，上钢一厂、上海浦东钢铁（集团）公司、上海五钢（集团）公司分别与有关资产管理公司签署7.77亿元、20.33亿元、4.91亿元的债转股协议。12月30日，太钢与中国信达资产管理公司签署尖山铁矿26.3亿元债转股框架协议。

• 12月10日，武钢初轧厂全线停工，在全国十大钢企中率先淘汰初轧厂，全面实现全连铸生产。

重点钢铁指标

指标	数据	增长率	备注 1998 年数据
生铁	12533 万吨	5.7%	11852 万吨
粗钢	12395 万吨	8.2%	11459 万吨
钢材（扣除重复材）	11405 万吨	10.1%	10360 万吨

续表

指标	数据	增长率	备注 1998 年数据
钢材进口量	1486 万吨	19.6%	1242 万吨
钢材出口量	368 万吨	3.1%	357 万吨
钢材表观消费量（扣除重复材）	12590 万吨	12.0%	11245 万吨
板管带比	39.4%	2.1%	38.6%
我国钢材自给率	90.6%	-1.6%	92.1%
铁矿石产量	23723 万吨	-3.9%	24689 万吨
铁矿石进口量	5527 万吨	6.8%	5177 万吨
吨钢综合能耗	1.24 吨标准煤	-3.9%	1.29 吨标准煤
连铸比	77.4%	12.5%	68.8%
高炉利用系数	2.14 吨/（立方米·日）	5.9%	2.02 吨/（立方米·日）

（原刊于《中国冶金报》2018 年 11 月 27 日 1 版，记者　张　垚　罗忠河编写）

改革开放 40 年·钢铁年鉴
2000 年

十件钢铁大事（以时间为序）

• 1 月 12 日开始，国家冶金工业局控制总量检查监督组先后到华北、华东、东北、中南、西南、西北六大区主要钢铁企业检查指导限产工作。3 月 22 日，国家冶金工业局召开部分企业总量控制座谈会；6 月 20 日，发出紧急通知要求继续做好钢铁生产总量控制工作。

• 2 月 3 日，国务院办公厅转发国家经贸委《关于清理整顿小钢铁厂意见》的通知，要求一律不再批准新建小炼铁（高炉）、小炼钢（转炉、电炉）项目；2000 年不得批准扩大现有炼铁、炼钢生产规模的技术改造项目。此前的 1 月 15 日《中国冶金报》报道，国家冶金工业局已推出《2000 年清理整顿小钢铁厂工作实施要点》。

• 3 月 22 日《中国冶金报》消息，我国首批时速为 200 千米的高速铁路用轨在攀钢新钢钒公司实现批量生产，并已发往铁道部试用。这批 60 千克/

米高碳微钒合金高速轨具有高纯度、高精度、高平直度、高强度特点，填补了国内空白。

• 3月31日，华融、信达、东方资产管理公司与首钢总公司债权转股权正式协议签字仪式在北京举行，债转股总金额达到35.58亿元。12月30日，我国当时最大的债转股企业鞍钢集团新钢铁有限责任公司正式挂牌，华融、信达资产管理公司以债转股的形式参股该公司，实现债转股总金额63.66亿元。

• 7月10日，国家经贸委确定的特钢样板生产线——国内第一条“四位一体”（超高功率电炉冶炼—炉外精炼—合金钢连铸—连续式棒材轧机）短流程生产线在北台钢铁集团公司开建。

• 10月24日《中国冶金报》消息，总投资近21.2亿元的太钢50万吨不锈钢改造工程全面展开。工程完成后，太钢不锈钢产能将翻倍，不锈钢市场占有率由1999年的10.34%上升到25.5%，不锈钢实物质量达到国际先进水平。

• 12月8日《中国冶金报》消息，国家冶金工业局“八七”扶贫攻坚计划胜利完成，并对扶贫支教做出较大贡献的25个先进集体和43名先进个人进行了表彰。3年多来，全国冶金系统累计投入资金（含物资折款）2600多万元，实施了以解决温饱为中心的教育、科技、通水、通电、种养业、地质找矿等项目245项。

• 12月12日，宝钢股份正式上市，向社会公开发行普通股（A股）18.77亿股，发行后总股本达到125.12亿股，成为当时中国境内规模最大的上市公司。此前的11月30日，酒钢宏兴A股股票在上海证券交易所上网发行，首次共发行2亿社会公众股。

• 12月18日起，我国对日韩不锈钢冷轧板征收4%~58%的反倾销税。1998年，一些国外企业的不锈钢以低于国际市场正常水平1/3多的报价向中国出口，太钢率先向当时的国家冶金工业局提出对日韩不锈钢冷轧板进行反倾销，得到上海浦钢、陕西精密合金厂2家企业的响应。太钢因此成为我国钢铁企业自1995年取得自主经营出口业务权利以来，最早利用世界贸易组织（WTO）规则维护自身利益的企业。

• 12月25日，鞍钢新轧钢股份有限公司第一炼钢厂模铸停产。至此，鞍钢三大钢厂全部淘汰了模铸浇钢生产工艺，从此进入全转炉、全连铸炼钢新时代。

重点钢铁指标

指标	数据	增长率	备注 1999 年数据
生铁	13101 万吨	4.5%	12533 万吨
粗钢	12850 万吨	3.7%	12395 万吨
钢材（扣除重复材）	11862 万吨	4.0%	11405 万吨
钢材进口量	1596 万吨	7.4%	1486 万吨
钢材出口量	621 万吨	68.8%	368 万吨
钢材表观消费量（扣除重复材）	12838 万吨	2.0%	12590 万吨
板管带比	41.7%	5.8%	39.4%
我国钢材自给率	92.4%	2.0%	90.6%
铁矿石产量	22256 万吨	-6.2%	23723 万吨
铁矿石进口量	6997 万吨	26.6%	5527 万吨
吨钢综合能耗	0.885 吨标准煤	—	1.24 吨标准煤
连铸比	85.3%	10.2%	77.4%
高炉利用系数	2.22 吨/(立方米·日)	3.7%	2.14 吨/(立方米·日)

注：吨钢综合能耗指标 1999 年之前为全国钢铁工业数据，从 2000 年开始采用中钢协统计的会员钢企数据，因此不做对比。

（原刊于《中国冶金报》2018 年 11 月 28 日 1 版，记者　张垚　罗忠河编写）

改革开放 40 年·钢铁年鉴
2001 年

十大钢铁事件（以时间为序）

• 2 月 19 日，时任国家经贸委主任盛华仁宣布，撤销包括国家冶金工业局在内的 9 个国家局，有关行政职能并入国家经贸委。

• 4 月 10 日《中国冶金报》消息，马钢股份成功试制 45 件直径 1050 毫米内燃机车整体碾钢车轮，结束了我国不能生产整体车轮产品的历史。7 月

24 日《中国冶金报》消息，我国首根磁悬浮列车用 π 型钢在宝钢集团浦钢公司诞生。8 月 19 日，中国石油天然气集团公司在陕西宝鸡主持召开了西气东输工程用 X70 大口径输气管线用钢板卷及螺旋焊钢管国产化鉴定会，由宝钢、武钢生产的 X70 级管线钢板卷通过鉴定，这标志着西气东输工程用钢实现国产化通过了重要的一关。

• 5 月 25 日《中国冶金报》消息，鞍钢在新钢铁公司、新轧钢公司率先实行了岗薪工资制和年薪工资制，主要内容是：对管理和操作人员实行“一岗一薪”的岗薪工资制，对经营者实行岗薪工资加风险年薪，对科技人员实行岗薪工资加科研项目效果提成奖。7 月 24 日《中国冶金报》消息，莱钢特殊钢厂在全厂 99 名中层干部中，大胆推行以经营目标风险抵押金为主导的“准年薪制”。

• 6 月 12 日，攀钢三期工程启动暨冷轧酸轧连机开工典礼在攀钢冷轧厂举行。7 月 19 日，我国第一条以热轧薄板为原板的酸洗镀锌生产线在邯钢奠基开工。7 月 27 日《中国冶金报》消息，《马钢薄板技术改造项目可行性研究报告》已获得国务院第 41 次办公会批准。

• 6 月 13 日上午，时任中共中央总书记江泽民到上海宝钢集团公司进行工作考察，希望宝钢坚持朝着“办世界一流企业，创世界一流水平”的方向努力，集中精力抓好主要方面，搞好钢铁精品基地的建设。此前的 5 月 16 日，宝钢三期工程正式通过竣工验收。

• 6 月 25 日，国家经贸委召开新闻发布会，公布了冶金等 13 个行业的“十五”规划。此次公布的《冶金工业“十五”规划》提出了国产钢材的国内市场占有率提高到 95%、大中型钢铁企业吨钢综合能耗下降到 0. 8 吨标煤/吨钢以下、钢铁主业劳动生产率达到 250 吨钢/人·年等发展目标。

• 7 月 13 日，当北京申奥成功的喜讯传到首钢时，首钢职工载歌载舞，尽情地表达着心中的喜悦。首钢方面表示，要为支持北京举办 2008 年的绿色奥运、科技奥运、人文奥运做出贡献，用高新技术改造传统产业，把首钢建成科技首钢、绿色首钢，以崭新姿态迎接 2008 年奥运会。

• 11 月 2 日下午，以时任德国总理施罗德和时任上海市市长徐匡迪共同启动上海克虏伯不锈钢生产线为标志，上海克虏伯不锈钢有限公司正式投产。这是中国钢铁工业最大的合资项目，也是当时德国在中国钢铁业最大的投资项目。

• 12月11日，中国正式加入世界贸易组织，成为其第143个成员。此前的11月1日，2002年度全国钢铁生产经营预期目标座谈会在安徽马鞍山钢铁公司召开，就我国加入世贸组织后，2002年钢铁生产经营如何健康、稳定运行共谋应对策略。

• 12月28日上午10时30分，随着包钢1号平炉流淌出最后一炉钢水，我国最后一座大型平炉宣告正式关停，标志着我国冶金工业在淘汰落后生产工艺、调整产品结构上取得重大进步。当年的2月28日，马钢永久性关掉第一炼钢厂最后2座平炉，正式进入全转炉炼钢生产新时代。

重点钢铁指标

指标	数据	增长率	备注2000年数据
生铁	15554万吨	18.7%	13101万吨
粗钢	15163万吨	18.0%	12850万吨
钢材（扣除重复材）	14653万吨	23.5%	11862万吨
钢材进口量	1722万吨	7.9%	1596万吨
钢材出口量	474万吨	-23.7%	621万吨
钢材表观消费量（扣除重复材）	15900万吨	23.9%	12838万吨
板管带比	39.7%	-4.8%	41.7%
我国钢材自给率	92.2%	-0.2%	92.4%
铁矿石产量	21701万吨	-2.5%	22256万吨
铁矿石进口量	9239万吨	32.0%	6997万吨
吨钢综合能耗	0.876吨标准煤	-1.0%	0.885吨标准煤
连铸比	88.2%	3.4%	85.3%
高炉利用系数	2.34吨/(立方米·日)	5.4%	2.22吨/(立方米·日)

（原刊于《中国冶金报》2018年11月29日1版，记者　罗忠河　编写）

改革开放40年·钢铁年鉴
2002年

十件钢铁大事（以时间为序）

• 1月10日，在全国首届“中华环境奖”颁奖典礼大会上，太钢冶渣顾问、全国著名劳动模范李双良获首届“中华环境奖”提名奖，全国冶金行业唯有他一人获此殊荣。

● 截至1月31日24时，本钢炼钢厂1号连铸机共浇钢11106炉，生产合格连铸坯178万吨，实现了连续生产13个月不漏钢，迈入世界先进行列。11月11日，我国炼钢工艺的重大技术进步项目——宝钢2号300吨转炉脱磷、少渣冶炼技术首次进行了超低磷冶炼试验，并一次成功冶炼出第一炉成分合格的超低磷钢。12月13日，太钢不锈钢系统改造工程中，二钢项目1号转炉K—OBM—S改造进行了不锈钢的热负荷试车，成功地试炼了4202Cr13、4101Cr13、3040Cr18Ni9三个品种的不锈钢，这是中国冶金史上又一次零的突破。这些表明我国钢铁冶炼技术正迅速缩小与世界先进水平的差距。

● 4月8日，宝钢集团公司与巴西淡水河谷公司合资组建的宝瑞华矿业公司在巴西里约热内卢开业。9月1日，宝钢集团公司与澳大利亚哈默斯利公司合资组建的矿山正式运营，年生产规模为1000万吨铁矿石成品矿，合资年限为20年。

● 5月15日《中国冶金报》消息，鞍钢近年来已妥善安置2.6万名职工转岗就业，从事钢铁生产的职工由1995年的9.8万人下降到2001年末的3.95万人。1992年，武钢率先在国有大中型企业中提出以“精干主体、剥离辅助、减员增效”为主要内容的体制改革，叫响“7万人不吃钢铁饭”的口号。到2002年底，钢铁行业“精干主体，分离辅助”工作取得了重要进展，再就业工作成效显著。其中，首钢的服务产业已逐步走向产业化、国际化，其钢铁主业已减至2.5万人，下岗再就业率达到98%；莱钢没有把一名职工推向社会，企业效益大幅攀升。

● 5月15日，鞍钢新轧—蒂森克虏伯镀锌钢板有限公司在辽宁大连开业，总投资为1.8亿美元，鞍钢新轧钢股份有限公司与蒂森克虏伯公司各持股50%。这是当时国内最大规模（年产汽车用镀锌板32万吨、家电用镀锌板8万吨）和最高水平的热镀锌生产线。

● 6月6日《中国冶金报》消息，由首席科学家翁宇庆领导的新一代钢铁材料的重大基础研究又有了重大突破。通过宝钢、武钢、攀钢、东风汽车等单位的工业化实验，在性能价格比和强韧性配合的前提下，新一代钢铁材料实现了强度翻番、寿命翻番的预期目标。

• 8月27日《中国冶金报》消息，我国当时唯一一条自行设计、自行施工并拥有自主知识产权的鞍山钢铁集团公司1700毫米中薄板坯连铸连轧（ASP）生产线已通过国家经贸委的验收，其生产工艺及技术装备水平达到世界先进水平。12月10日《中国冶金报》消息，我国薄板坯连铸连轧生产技术近年来得到迅速发展，年生产能力有望超过1000万吨。

• 11月19日，对外贸易经济合作部发出公告称，决定自2002年11月20日起，对热轧普薄板、冷轧普薄板（带）、彩涂板、无取向硅电钢、冷轧不锈薄板（带）等5类进口钢铁产品实施最终保障措施。这是我国加入WTO首次运用世贸组织规则对部分钢铁产品实施保障措施。

• 12月25日《中国冶金报》消息，中冶集团提前4年实现了进入国际同行100强的目标。在美国《工程新闻记录》（ENR）最大225家国际承包商的海外工程业绩排名中，中冶集团由1998年的第160位上升到2001年的第90位，4年上升70位；在225家国际承包商的全球工程业绩排名中，由1998年的第81位上升到2001年的第54位，4年上升27位。

• 2002年，我国铁矿石产量经过连续4年大幅度减产后，首次出现恢复性增长，达到26861万吨，同比增长23.8%；国有大中型冶金矿山企业扭转了近10年连续亏损的局面，整体实现了扭亏为盈。

重点钢铁指标

指标	数据	增长率	备注2001年数据
生铁	17079万吨	9.8%	15554万吨
粗钢	18237万吨	20.3%	15163万吨
钢材（扣除重复材）	17361万吨	18.5%	14653万吨
钢材进口量	2449万吨	42.2%	1722万吨
钢材出口量	546万吨	15.2%	474万吨
钢材表观消费量（扣除重复材）	19264万吨	21.2%	15900万吨
板管带比	40.9%	3.0%	39.7%
我国钢材自给率	90.1%	-2.3%	92.2%
铁矿石产量	26861万吨	23.8%	21701万吨
铁矿石进口量	11142万吨	20.6%	9239万吨
吨钢综合能耗	0.803吨标准煤	-8.3%	0.876吨标准煤

续表

指标	数据	增长率	备注2001年数据
连铸比	91.2%	3.4%	88.2%
高炉利用系数	2.46吨/(立方米·日)	5.1%	2.34吨/(立方米·日)

（原刊于《中国冶金报》2018年11月30日1版，记者　罗忠河　编写）

改革开放40年·钢铁年鉴
2003年

十件钢铁大事（以时间为序）

• 2月20日零时，首钢总公司第一炼钢厂熄灭了燃烧40年的炉火，宣告全面停产。此举是首钢压缩200万吨钢铁生产规模过程中一项具有标志性意义的事件。

• 8月8日，南钢集团暨南京钢铁联合有限公司正式挂牌，引入了民营企业复星集团的管理理念和管理模式，实现了经营机制的重大转变。10月26日，“辽宁特钢先托管北满特钢，后组建东北特殊钢集团有限公司”的签字仪式举行。至此，辽宁特殊钢集团对北满特钢集团实行全面管理，辽宁、黑龙江特钢跨省重组打响了振兴东北老工业基地重点行业战略性重组第一炮。

• 10月15日，我国自行研制的神舟五号载人飞船在酒泉卫星发射中心由“长征”二号F型火箭发射成功，中国首位航天员被顺利送上太空。国产钢材助力首次载人航天飞行，特别是一些航天用特殊钢材的质量、性能完全符合实施载人航天飞行工程的各项需要，达到了世界同类产品一流水平，受到航天专家的一致好评。

• 10月29日，2003年冶金能源环保生产技术会传出信息，国家拟对钢铁等有关行业制定环保准入制度。清洁生产和节能环保工作已成为钢铁工业生存和发展的“许可证”。

• 11月11日，针对中国、欧盟、日本等向世贸组织提起的对布什政府2002年3月份决定大幅度提高进口钢材关税一案的诉讼，世贸组织裁定美国败诉。

• 12月26日，国家发展和改革委员会公布《产业结构调整方向暂行规定（征求意见稿）》和《产业结构调整指导目录（征求意见稿）》，明确提出全面提升和优化第二产业，支持重点骨干企业的联合重组，鼓励外资和民营资本参与老工业基地改造等。这表明促进产业结构优化升级，防止盲目投资和低水平重复建设，已成为推进我国钢铁产业结构战略性调整的重点。

• 12月26日，商务部发布2003年第76号公告，商定从当日起中止对热轧普薄板、冷轧普薄板（带）、彩涂板、无取向硅电钢、冷轧不锈钢薄板（带）等5类进口钢铁产品的保障措施，不再对该措施项下的进口钢铁产品加征关税。

• 12月26日，宝钢与新日铁、阿塞洛（后来改译作安赛乐）合资兴建1800毫米冷轧工程举行合同签字仪式。这是宝钢在与国内三大汽车巨头（一汽、上汽、东风）结盟后的又一重大举措。

• 2003年底，宝钢在中国钢铁工业协会和国内主要钢铁企业的推举下成为中国钢铁企业的谈判代表，首次正式参与国际铁矿石价格谈判。

• 2003年，我国钢和钢材生产继续保持快速增长，累计钢产量达到22234万吨，从而使我国成为世界上第一个年产钢超过2亿吨的国家。当年，我国铁矿石进口量为14813万吨，跃居世界第一位。

重点钢铁指标

指标	数据	增长率	备注2002年数据
生铁	21367万吨	25.1%	17079万吨
粗钢	22234万吨	21.9%	18237万吨
钢材（扣除重复材）	21261万吨	22.5%	17361万吨
钢材进口量	3717万吨	51.8%	2449万吨
钢材出口量	696万吨	27.5%	546万吨
钢材表观消费量（扣除重复材）	24282万吨	26.0%	19264万吨
板管带比	41.9%	2.4%	40.9%
我国钢材自给率	94.9%	5.3%	90.1%
铁矿石产量	26272万吨	-2.2%	26861万吨
铁矿石进口量	14813万吨	32.9%	11142万吨
吨钢综合能耗	0.792吨标准煤	-1.4%	0.803吨标准煤
连铸比	93.5%	2.5%	91.2%
高炉利用系数	2.48吨/(立方米·日)	0.8%	2.46吨/(立方米·日)

（原刊于《中国冶金报》2018年12月4日3版，记者　米　飒　罗忠河编写）

改革开放 40 年 · 钢铁年鉴
2004 年

十件钢铁大事（以时间为序）

• 2004 年初，中国政府将 2004 年的焦炭出口许可证限制在 900 万吨，同比削减 30%。此举使中国焦炭出口成为世界关注焦点，引起世界一些产钢国的忧虑和担心，并导致全球焦炭价格大幅度上涨，最高价位达 400 美元/吨以上。为平抑全球焦炭供应紧张的局面，中国政府在 8 月宣布增加 400 万吨的出口许可证。

• 3 月 1 日，澳大利亚必和必拓公司与中国武钢、马钢、唐钢、首钢达成意向，成立威拉拉合营企业。3 月 31 日，邯钢和澳大利亚哈默斯利铁矿公司正式签署了未来 10 年哈默斯利向邯钢供应 1650 万吨铁矿资源量的长期购矿合作协议。

• 4 月，国务院派出专项检查组，核实查处江苏铁本钢铁有限公司违规建设钢铁项目，并认定这是一起典型的地方政府和有关部门严重失职违规、企业涉嫌违法犯罪的重大案件。铁本成为宏观调控的“第一案”，项目全面下马。

• 5 月 25 日，证监会批准武钢股份公司 A 股增发方案。此次增发采用公募增发与定向增发相结合的方式，募集资金不超过 90 亿元，用于收购武钢集团未上市的钢铁主业及资产。这种创新的融资方案可实现多方共赢。

• 9 月 23 日，由辽宁、黑龙江两省的大连、抚顺、齐齐哈尔三地的 3 家大型特殊钢企业重组而成的东北特殊钢集团有限责任公司在大连正式宣告成立，这是东北首例大型国企跨省际的联合重组。此前的 6 月 30 日，四川省委、省政府在成都召开攀钢集团四川长城特殊钢有限责任公司成立大会，攀钢正式重组长钢；7 月份，攀钢以 29.8%的持股比例成为渝钛白第一大股东，形成从原料到高级产品的钛白粉产业链，以最大的产量和最完整的技术成为中国钛领域的“航母”。

• 10 月 3 日，在国际钢铁协会（IISI，现更名为世界钢铁协会，英文简称 WSA）第 38 届会员大会上，中国钢铁工业协会与宝钢、鞍钢、武钢、首钢、邯钢被接纳为国际钢铁协会会员。

• 11月6日，鞍钢集团成套“交钥匙”工程——济钢1700毫米中薄板坯连铸连轧（ASP）工程在山东济南开工，这是国内冶金系统首次大规模的整套技术输出。

• 11月30日，由中国环境规划院、包头市环科院、包钢（集团）公司、包头市环境监测站共同编制的《包钢生态工业园区建设规划》，在北京通过了由原国家环保总局组织的专家鉴定。这是国内第一个钢铁行业的生态工业园区建设规划。

• 12月29日，攀钢轨梁厂万能生产线进行了热负荷试车，成功轧制出中国首支100米长定尺钢轨。此前，国内生产的最长钢轨长度为50米。

• 2004年，宝钢年产钢达2141万吨，成为国内首家年产钢规模超2000万吨的钢铁企业。在当年世界500强榜单中，宝钢以2003年实现营业收入1204亿元，折合145.48亿美元的业绩，首次进入世界500强，成为中国竞争性行业和制造业中第一批进入世界500强的企业。

重点钢铁指标

指标	数据	增长率	备注2003年数据
生铁	25185万吨	17.9%	21367万吨
粗钢	28280万吨	27.2%	22234万吨
钢材（扣除重复材）	26388万吨	24.1%	24261万吨
钢材进口量	2930万吨	-21.2%	3717万吨
钢材出口量	1423万吨	104.5%	696万吨
钢材表观消费量（扣除重复材）	27895万吨	14.9%	24282万吨
板管带比	44.1%	5.3%	41.9%
我国钢材自给率	94.6%	-0.3%	94.9%
铁矿石产量	31131万吨	18.5%	26272万吨
铁矿石进口量	20809万吨	40.5%	14813万吨
吨钢综合能耗	0.761吨标准煤	-3.9%	0.792吨标准煤
连铸比	93.5%	持平	93.5%
高炉利用系数	2.46吨/(立方米·日)	-0.8%	2.48吨/(立方米·日)

（原刊于《中国冶金报》2018年12月5日8版，记者 米飒 罗忠河编写）

改革开放40年·钢铁年鉴
2005年

十大钢铁事件（以时间为序）

• 1月14日，国家发展和改革委员会做出批复，同意湖南华菱钢铁集团把当时拥有的华菱管线74.35%的法人股转让37.17%给米塔尔钢铁公司，华菱管线成为国内首家以股权结构调整为手段进入国际钢铁集团的钢铁公司。3月30日，中国冶金建设集团公司投资控股的巴布亚新几内亚镍钴矿项目协议正式签署，该项目是当时中国公司在海外除石油以外最大的资源投资项目。

• 1月19日，武钢与鄂钢联合重组协议签订，武钢集团鄂城钢铁有限责任公司于4月30日揭牌。8月16日，由鞍钢和本钢联合重组的鞍本钢铁集团举行了揭牌仪式。11月19日，河北省政府公布了关于同意组建新唐钢集团的批复，河北省国资委持有的宣钢、承钢的全部国有产权拟整体划入唐钢进行整合。12月19日，武钢与广西壮族自治区国资委签署协议，重组设立武钢柳钢（集团）联合有限责任公司。钢铁企业跨省、跨地区联合重组进入大规模实施阶段。

• 2月18日，国家发展和改革委员会经报请国务院领导批准，正式做出批复，原则同意首钢实施压产、搬迁、结构调整和环境治理的方案。10月22日，首钢京唐钢铁联合有限责任公司在曹妃甸港正式揭牌成立。

• 2月19日，中国钢铁工业协会在循环经济关键技术座谈会上宣布，以焦炉干熄焦技术、高炉干法除尘技术、转炉干法除尘技术为主的一批关键共性技术已经成熟，拟向全国推广应用。4月15日，“干熄焦引进技术消化吸收‘一条龙’开发和应用”项目研究成果通过了由中国钢铁工业协会组织的成果鉴定。该项目的成功开发使我国在干熄焦领域完全具有了自主知识产权，摆脱了对国外的依赖。

• 3月1日，宝钢“十五”重大项目——5米宽厚板轧机一期工程进行热负荷试车获得成功，轧出了第一块宽厚板。这项被称为“中国轧机之王”的我国最大宽厚板工程的建成投产，改变了我国5米级造船用板和大口径、长距离、高钢级、抗硫化氢管线用板长期依赖进口的状况，对提升我国综合国力和国际竞争能力具有重要的战略意义。

• 3月31日，针对必和必拓公司在国际铁矿石价格上涨71.5%的基础上，提出加收海运费价差的不合理要求，我国16大钢企坚决拒绝；4月13日，宝钢与必和必拓公司关于2005年铁矿石价格的谈判达成一致：同2004年相比，铁矿石FOB价格（离岸价）上涨71.5%。

• 7月14日《中国冶金报》消息，石家庄钢铁有限责任公司80%的国有股权转让将在河北省产权交易中心公开进行。7月15日，长治钢铁（集团）有限公司产权转让委托签约仪式在北京举行。11月，本溪北台钢铁集团公司与民营企业抚顺罕王集团公司正式签订增资扩股合资合作合同，引进民有资金10亿元。钢铁企业产权制度改革取得新进展。

• 7月20日，首部指导钢铁工业全面协调健康发展的纲领性文件——《钢铁产业发展政策》，由国家发展和改革委员会正式颁布实施。

• 8月22日，宝钢权证成为阔别内地证券市场9年之后重新上市的第一只权证。这一年，鞍钢新轧钢股份有限公司、北京首钢股份有限公司、武汉钢铁股份有限公司等企业股权分置改革方案相继启动。12月5日，湖南华菱管线股份有限公司正式公告启动股改。

• 2005年，我国粗钢产量突破3亿吨，达到35579万吨，成为全球第一个粗钢产量突破3亿吨的国家。

重点钢铁指标

指标	数据	增长率	备注2004年数据
生铁	34473万吨	36.9%	25185万吨
粗钢	35579万吨	25.8%	28280万吨
钢材（扣除重复材）	32701万吨	23.9%	26388万吨
钢材进口量	2582万吨	-11.9%	2930万吨
钢材出口量	2052万吨	42.2%	1423万吨
钢材表观消费量（扣除重复材）	33230万吨	19.1%	27895万吨
板管带比	46.0%	4.3%	44.1%
我国钢材自给率	98.4%	4.0%	94.6%

续表

指标	数据	增长率	备注 2004 年数据
铁矿石产量	42049 万吨	35.1%	31131 万吨
铁矿石进口量	27526 万吨	32.3%	20809 万吨
吨钢综合能耗	0.715 吨标准煤	−6.0%	0.761 吨标准煤
连铸比	97.0%	3.7%	93.5%
高炉利用系数	2.64 吨/(立方米·日)	7.3%	2.46 吨/(立方米·日)

（原刊于《中国冶金报》2018 年 12 月 6 日 8 版，记者　米　飒　罗忠河编写）

改革开放 40 年·钢铁年鉴
2006 年

十件钢铁大事（以时间为序）

• 2 月 28 日，由宣钢、承钢的国有资产整体划入唐钢重组而成的唐山钢铁集团有限责任公司创立暨揭牌仪式在河北石家庄隆重举行。重组后的唐钢集团公司 2005 年粗钢产量当时位居全国第二。12 月 18 日上午，江苏沙钢集团淮钢特钢有限公司揭牌仪式在江苏淮安举行。此前的 6 月，沙钢收购了淮钢 64.4%的社会法人股，淮钢成为沙钢集团的控股子公司。

• 4 月 17 日，国际钢铁协会（IISI，现更名为世界钢铁协会，英文简称 WSA）第二个代表处在北京正式成立。10 月 1~3 日，在国际钢铁协会第 40 届年会上，时任中国钢铁工业协会会长、宝钢集团有限公司董事长谢企华当选为常务理事，成为国际钢铁协会 13 位常务理事中的一员。这表明全球钢铁工业的重心正在从欧洲、北美转向亚洲。

• 5 月 17 日，鞍山钢铁集团西部板材精品基地全线竣工投产。这是我国首座拥有完全自主知识产权的现代化钢铁厂，是具有当时世界先进水平的资源节约型、环境友好型和生态保护型企业。

• 6 月 22 日，由邯钢集团舞钢公司自主研发生产的 680 吨 110 毫米 Q460 厚钢板，全部运达北京奥运“鸟巢”工地，并用于该工程钢结构的核心部分，填补了我国在这一品种生产上的空白。“鸟巢”用钢成功实现全部“中国造”。9月份，攀钢独家为我国首条全部铺设100米长钢轨的铁路——海南西环线提供23316吨100米钢轨的合同执行完毕。至此，当时国内铁路提速改造线路所用100米钢轨全部实现国产化。12月16日《中国冶金报》消息，当时世界上最高强度等级的X120管线钢在宝钢集团试制成功。宝钢成为全球第4家、国内首家实现X120管线钢试生产的企业。

• 7月20~26日，世界银行和意大利碳基金的能源环保专家来到南京钢铁股份公司，签署了中国政府在《京都议定书》清洁发展机制（CDM）下批准的首个提高能效项目，也是世界银行实行“碳融资”的首个钢铁行业项目。

• 7月23日，《中国冶金报》迎来50华诞。当日下午，中国钢铁新闻网正式开通。这标志着中国冶金报社的新闻传播跨入了电子网络新时代。

• 8月11日来自鞍钢的消息称，年综合钢铁生产能力500万吨的鞍钢营口鲅鱼圈钢铁项目已经获得国家正式批准。该项目建设的“轧机之王”、世界上最大规格的5500毫米宽厚板轧机，可满足国民经济的特殊需要，有利于提高我国钢铁工业的国际竞争力。

• 9月29日上午，太钢新不锈钢工程项目竣工投产，不锈钢产能从100万吨提高到300万吨，成为当时全球产能最大的不锈钢企业。该项目的竣工，标志着太钢不锈钢生产和研发进入了一个新的阶段，对推进我国不锈钢产业的结构调整、提高不锈钢产业集中度和国际竞争力都产生了重大而深远的影响。

• 12月21日，上海宝钢集团率先与巴西淡水河谷公司就2007财政年度国际铁矿石基准价格上涨9.5%达成了一致。12月22日，宝钢又相继与必和必拓、哈默斯利达成上涨9.5%的铁矿石基准价格。中国钢铁企业在国际铁矿石价格谈判中首次取得首发定价权。

• 2006年，我国累计净出口钢材2450万吨（2005年净进口钢材530万吨），中国首次成为了钢材净出口国。同年，我国钢产量也突破4亿吨，达到42102万吨。

重点钢铁指标

指标	数据	增长率	备注 2005 年数据
生铁	41364 万吨	20.0%	34473 万吨
粗钢	42102 万吨	18.3%	35579 万吨
钢材（扣除重复材）	39070 万吨	19.5%	32701 万吨
钢材进口量	1851 万吨	-28.3%	2582 万吨
钢材出口量	4301 万吨	109.6%	2052 万吨
钢材表观消费量（扣除重复材）	36621 万吨	10.2%	33230 万吨
板管带比	49.4%	7.4%	46.0%
我国钢材自给率	106.7%	8.4%	98.4%
铁矿石产量	59712 万吨	42.0%	42049 万吨
铁矿石进口量	32630 万吨	18.5%	27526 万吨
吨钢综合能耗	0.645 吨标准煤	-9.8%	0.715 吨标准煤
连铸比	96.9%	-0.1%	97.0%
高炉利用系数	2.71 吨/(立方米·日)	2.7%	2.64 吨/(立方米·日)

（原刊于《中国冶金报》2018 年 12 月 7 日 7 版，记者　米 飒　罗忠河 编写）

改革开放 40 年·钢铁年鉴
2007 年

十件钢铁大事（以时间为序）

• 1 月 16 日，宝钢以 69.61%的股权控股八钢。5 月 10 日，邯钢与宝钢签订合作协议，双方各出资 50%成立邯钢集团邯宝钢铁公司，合作建设邯钢新区。8 月 18 日，武钢集团昆明钢铁股份有限公司正式揭牌。11 月 26~27 日，由中国冶金报社主办的钢铁行业兼并重组与企业发展研讨会在京召开，成为我国有关钢铁行业重组问题的首次也是规模最大的研讨会。

• 1 月 24 日上午 10 时 38 分，世界首座 COREX-C3000 炼铁炉在宝钢集团浦钢出铁成功，开创了我国非高炉炼铁技术的先河。中国钢铁拉开从世界钢铁前沿科技的“追随者”向“领跑者”转变的序幕。

• 2月28日，江西省“十一五”规划重大建设项目之一——总投资达126亿元的江西新余钢铁公司300万吨薄板工程项目正式开工。6月6日，世界上产能最大的宽幅冷轧带钢退火酸洗生产线在太钢不锈冷轧厂建成投产，填补了我国不锈钢宽幅冷轧板的空白。中国钢铁产业升级步伐加快。

• 3月1日，印度对铁矿石大幅加征出口税。中国钢铁工业协会、五矿商会分别就此召开紧急会议，中国企业对此联合采取抵制态度。5月10日，钢协召开会议，决定在我国五大区域设立进口铁矿石海运业务协调小组。宝钢、唐钢、武钢、沙钢等企业与国内外船东签订铁矿石运输COA合同（包运租船所签订的合同）。钢铁企业以联合的力量，多手段应对铁矿石供应的复杂形势。

• 3月12日，首钢京唐钢铁联合有限责任公司钢铁厂工程开工典礼在北京和曹妃甸同时举行。国务院副总理曾培炎下达了开工令。按设计要求，京唐钢铁厂的各项指标均可达到国际先进水平。

• 4月15日，钢材出口退税税率下调，平均幅度超过8%；5月20日，国家实施钢材出口许可证管理；6月1日，对包括普碳钢线材、板材、型材在内的83项钢材产品加征5%～10%的出口关税；7月1日，部分商品出口退税税率继续调低。国家对“两高一资”关税调整频频发力，出口调控政策出台之密集、力度之大，为多年罕见。

• 4月18日开始的铁路第六次提速使得中国火车的当时最高运行时速达到250千米，其钢轨全部国产化，中国钢轨生产已经进入时速350公里的时代。截至6月30日，太钢为时速200千米“和谐号”动车组提供车体用不锈钢893吨，使该类不锈钢成功实现国产化。10月24日18时05分，“嫦娥一号”卫星顺利升空，其卫星系统、运载火箭系统使用了宝钢、太钢、包钢、东北特钢集团、舞钢等钢铁企业生产的钢材。这一年中国钢铁创造出为数众多的“填补空白”。

• 5月23日，武钢、宝钢、鞍钢、首钢四大钢铁公司共同出资组建北京钢企联矿产资源投资有限责任公司，联合开发柬埔寨的铁矿资源。9月6日，鞍钢集团与金达必公司签署协议，计划合资开发卡拉拉铁矿。此前，鞍钢集团香港公司已收购金达必金属公司12.94%的股份，使鞍钢成为国内钢铁行业第一家参股国外上市矿业公司的企业。

• 7月19日消息，莱钢成为我国第一家成功应用粒煤喷吹技术进行经济生产的企业。当年，宝钢开发成功耐材永续循环技术，助力我国实现耐材“零废弃”。济钢依靠自主国产化干熄焦技术实现了炼焦全干熄焦。我国已成为全球焦炉配套干熄焦装置最多的国家。当年，重钢环保搬迁正式启动。东北特钢集团大连基地环保搬迁、产业升级改造工程奠基。济钢、首钢、邯钢CDM（清洁发展机制）项目相继在联合国正式注册成功，一批钢铁企业CDM项目启动。

- 12月27日，国家发展改革委与18省（直辖市、自治区）及宝钢签订关停和淘汰落后钢铁产能（第二批）责任书，要求到2010年累计关停和淘汰炼铁能力4931万吨、炼钢能力3610万吨，涉及企业573家。此前的4月27日，国家发展改革委与10个省（直辖市、自治区）地方政府签订了关停和淘汰落后钢铁生产能力（第一批）责任书。截至2007年11月末，第一批签订责任书的省份累计关停和淘汰落后炼铁能力2940万吨、炼钢能力1521万吨，浙江、江西、河南、山东4个省已全部完成责任书规定的目标任务。

重点钢铁指标

指标	数据	增长率	备注2006年数据
生铁	47660万吨	15.2%	41364万吨
粗钢	48971万吨	16.3%	42102万吨
钢材（扣除重复材）	45586万吨	16.7%	39070万吨
钢材进口量	1687万吨	-8.9%	1851万吨
钢材出口量	6265万吨	45.7%	4301万吨
钢材表观消费量（扣除重复材）	41008万吨	12.0%	36621万吨
板管带比	50.6%	2.4%	49.4%
我国钢材自给率	111.1%	4.1%	106.7%
铁矿石产量	70739万吨	18.5%	59712万吨
铁矿石进口量	38362万吨	17.6%	32630万吨
吨钢综合能耗	0.628吨标准煤	-2.6%	0.645吨标准煤
连铸比	97.7%	0.8%	96.9%
高炉利用系数	2.74吨/(立方米·日)	1.1%	2.71吨/(立方米·日)

（原刊于《中国冶金报》2018年12月11日3版，记者　米飒　罗忠河编写）

改革开放40年·钢铁年鉴
2008年

十件钢铁大事（以时间为序）

• 1月5日上午，连续生产35年零2个月的北京首钢4号高炉熄灭炉火，标志着首钢压产400万吨钢工作正式启动，以兑现奥运承诺。

• 3月17日，由济钢集团和莱钢集团联合组建而成的山东钢铁集团有限公司挂牌成立；6月28日，由宝钢集团公司和广东省国资委、广州市国资委共同出资组建的广东钢铁集团有限公司正式揭牌，标志着宝钢与韶钢、广钢的资产重组取得阶段性成果；6月30日，由原唐钢集团和邯钢集团联合组建而成的河北钢铁集团成立；9月3日，武汉钢铁（集团）公司与柳州钢铁集团联合成立的广西钢铁集团有限公司揭牌成立……中国钢铁行业进入大整合时代。

• 3月26日，马钢白象山铁矿建设工程举行开工仪式；6月22日，《太钢袁家村铁矿采选工程水土保持方案报告书》通过水利部专家评审；12月，攀钢白马铁矿二期工程开工……国内铁矿资源开发提速。

• 5月14日，中国钢铁工业协会向全体会员发出倡议书，救助“5·12”汶川地震灾区。特大地震面前，钢铁人众志成城，书写大爱。至2008年底，全行业紧急供应救灾钢材共77918吨，捐款76391万元。

• 7月30日，中钢协公布首批“中国钢铁工业清洁生产环境友好企业”及“中国钢铁工业产品开发市场开拓奖”表彰企业、产品的名单。9月16日《中国冶金报》消息，由人力资源和社会保障部、中国钢铁工业协会共同开展的全国钢铁工业先进集体、劳动模范和先进工作者活动启动，这是继1978年和1994年全国冶金系统劳模评选以来，第三次在全国冶金系统范围内评选劳模。

• 8月后，受世界金融危机爆发影响，我国粗钢、钢材日均产量大幅下降，10月国内重点钢铁企业出现亏损。为此，中国钢铁工业协会于10月17日召开生产经营座谈会，号召企业全面应对挑战，坚持“三不原则”（钢铁产品定价低于制造成本坚决不生产；没有合同不生产，控制企业合理库存；不给钱不发货，讲诚信，不形成新的“三角债”），维护市场稳定。

• 8月8日，2008年北京奥运会惊艳登场，北京奥运会场馆钢结构建设所用钢材全部实现“中国造”。奥运会召开前，总共有来自10多个钢铁企业的多名职工或领导者成为奥运火炬手，参与奥运火炬传递。

• 宝钢先后与淡水河谷（2月22日）、力拓（6月23日）、必和必拓（7月4日）就2008年度国际铁矿石基准价格达成一致。9月上旬，淡水河谷公司违反已签订的长期合同，向中国钢铁生产企业提出大幅度提高价格的要求。遭到中国钢铁企业的坚决反对后，淡水河谷正式表示取消涨价要求。铁矿石谈判机制遭遇挑战。

• 9月10日，鞍钢集团宣布旗下营口鲅鱼圈钢铁项目正式竣工投产，这是首个由我国自主设计、技术总负责，具有当代世界先进水平的新型沿海钢铁联合企业。3月17日，国家发展改革委正式同意广西与武钢开展广西防城港钢铁基地、广东与宝钢开展广东湛江钢铁基地项目前期工作。中国钢铁沿海战略布局雏形显现。

• 2008年，我国钢产量突破5亿吨，达到51234万吨；全国累计出口钢材5918.5万吨，同比下降5.5%，是自2002年以来连续6年增长后的首次下降。

重点钢铁指标

指标	数据	增长率	备注2007年数据
生铁	48322万吨	1.4%	47660万吨
粗钢	51234万吨	4.6%	48971万吨
钢材（扣除重复材）	48215万吨	5.8%	45586万吨
钢材进口量	1538万吨	-8.8%	1687万吨
钢材出口量	5918万吨	-5.5%	6265万吨
钢材表观消费量（扣除重复材）	43835万吨	6.9%	41008万吨
板管带比	53.2%	5.1%	50.6%
我国钢材自给率	110.0%	-1.0%	111.1%
铁矿石产量	78014万吨	10.3%	70739万吨
铁矿石进口量	44403万吨	15.7%	38362万吨
吨钢综合能耗	0.627吨标准煤	-0.2%	0.628吨标准煤

续表

指标	数据	增长率	备注 2007 年数据
连铸比	98.2%	0.5%	97.7%
高炉利用系数	2.63 吨/(立方米·日)	-4.0%	2.74 吨/(立方米·日)

（原刊于《中国冶金报》2018 年 12 月 12 日 4 版，记者 樊三彩 罗忠河 编写）

改革开放 40 年·钢铁年鉴
2009 年

十件钢铁大事（以时间为序）

• 1 月 14 日，国务院办公会议原则通过《钢铁产业调整和振兴规划》，并于 3 月 20 日正式出台。这一年，包括钢铁、汽车、装备制造、船舶、电子信息等十大产业调整振兴规划相继出台，如何抓住机遇实现钢铁及上下游产业的联动升级，成为钢铁行业的重要课题。

• 2 月 8 日，时任中共中央政治局委员、国务院副总理张德江到首钢京唐公司现场考察；3 月 20 日，时任中共中央政治局常委、国务院总理温家宝到鞍钢调研。在金融危机的严峻考验下，党和国家领导人为钢铁行业如何走出困境指明了方向。

• 当地时间 2 月 26 日上午，武钢与巴西 EBX 集团 MMX 公司在里约热内卢完成股权交割，武钢成为该公司第二大股东，并获得约 6 亿吨资源权益。4 月 29 日，华菱集团收购澳大利亚 FMG 公司的 17.34%股权完成交割，成为该公司第二大股东。6 月 23 日，鞍钢集团增持金达必公司的计划获得批准，鞍钢成为该公司第一大股东……中国钢铁企业不断加大境外铁矿石投资，增加进口权益矿量。

• 3 月 1 日，宝钢入主宁波钢铁公司，其中宝钢持有 56.15%的股权，杭钢持有 43.85%的股权。9 月 6 日，山东钢铁集团与日照钢铁签署《资产重组与合作协议》，山钢集团在山钢日照公司中占 67%的股权，日钢集团占 33%的股权。12 月 18 日，首钢成功重组长治钢铁有限公司。这一年，山东钢铁集团一体化运营迈出实质性步伐，五矿集团相继重组长沙矿冶研究院和鲁中矿业集团，鞍钢与攀钢的重组也在积极推进。

• 3月27日，线材和螺纹钢期货合约在上海期货交易所上市交易。阔别中国市场15年之久的钢材期货，再一次重返舞台。

• 4月，宝钢在没有任何经验可以借鉴的条件下，经过3年攻关，成功利用COREX废渣研制出一种新型混凝土掺合料，即COREX冶炼废渣粉。7月，高炉煤气干法除尘技术首次成功运用在5000立方米以上的首钢京唐1号高炉上，标志着“新一代可循环钢铁流程工艺技术”项目取得突破性进展。11月26日，中国政府公布我国2020年二氧化碳减排目标。建设资源节约型和环境友好型企业，实施绿色化战略已成为钢铁业可持续发展的必然选择。

• 6月1日，商务部发布公告，对原产于美国、俄罗斯的进口取向电工钢进行反倾销调查，并对原产于美国的进口取向电工钢进行反补贴调查。这是中国首次对来自一个国家的进口产品同时进行反倾销和反补贴调查。

• 6月4日，力拓单方面宣布撤销中铝第二次注资的协议，这就宣告可以原本成为当时中国最大规模的海外投资交易彻底失败（截至2008年2月1日，中铝通过新加坡全资子公司，联合美国铝业公司，获得了力拓的英国上市公司12%的现有股份，交易总对价约140.5亿美元）。

• 7月9日，上海市国安局对外证实，澳大利亚力拓集团上海办事处的4名员工因涉嫌窃取中国国家机密在上海被拘捕，其中包括该办事处总经理、力拓铁矿石部门中国业务负责人胡士泰。

• 8月17日，以宝钢为代表的中国钢铁企业与澳大利亚FMG公司达成协议，标志着中国钢铁行业在建立进口铁矿石谈判的“中国模式”上迈出了重要的一步。

重点钢铁指标

指标	数据	增长率	备注2008年数据
生铁	56863万吨	17.7%	48322万吨
粗钢	57707万吨	12.6%	51234万吨
钢材（扣除重复材）	55293万吨	14.7%	48215万吨
钢材进口量	1763万吨	14.6%	1538万吨
钢材出口量	2460万吨	-58.4%	5918万吨

续表

指标	数据	增长率	备注 2008 年数据
钢材表观消费量（扣除重复材）	54596 万吨	24.5%	43835 万吨
板管带比	50.5%	-5.1%	53.2%
我国钢材自给率	101.3%	-7.9%	110.0%
铁矿石产量	88457 万吨	13.4%	78014 万吨
铁矿石进口量	62818 万吨	41.5%	44403 万吨
吨钢综合能耗	0.615 吨标准煤	-1.9%	0.627 吨标准煤
连铸比	98.5%	0.3%	98.2%
高炉利用系数	2.63 吨/(立方米·日)	持平	2.63 吨/(立方米·日)

（原刊于《中国冶金报》2018 年 12 月 13 日 3 版，记者　樊三彩　罗忠河编写）

改革开放 40 年·钢铁年鉴
2010 年

十件钢铁大事（以时间为序）

• 3 月 14 日，时任中共中央政治局常委、国务院总理温家宝在十一届全国人大三次会议闭幕后的记者招待会结束后，回答《中国冶金报》记者“您对于钢铁行业的发展有什么评价”的提问时说“结构调整，产能过剩”，从而传递出重要的政策信号。

• 4 月 6 日，国务院发布《关于进一步加强淘汰落后产能工作的通知》。6 月 22 日，财政部、国家税务总局下发通知，自 2010 年 7 月 15 日起取消 48 种钢铁产品原有 9%的出口退税。8 月 8 日，工信部公布了 18 个工业行业的淘汰落后产能企业名单，其中涉及落后炼铁能力 3524.6 万吨、落后炼钢能力 876.4 万吨，要求必须在当年 9 月底前关闭。9 月 6 日，《国务院关于促进企业兼并重组的意见》公布，着重提出要以汽车、钢铁等六大行业为重点，推动强强联合、跨地区兼并重组、境外并购和投资合作。国家宏观政策对钢铁行业的调控不断趋紧。

● 7月28日，鞍钢与攀钢重组大会在北京举行，钢铁行业中央企业将由原来的4家变为3家。7月13日，整合天津钢管集团、天津钢铁集团、天津天铁冶金集团和天津冶金集团4家国有钢铁企业联合组建的国有独资公司——渤海钢铁集团有限公司正式成立。7月16日，首钢出资25亿元现金受让吉林省国资委持有的通钢集团部分股份和向通钢集团增资，重组完成后，首钢总公司及首钢控股公司将合计持有通钢集团77.59%的股份。11月11日，河北钢铁集团与河北敬业、唐山松汀、邢台龙海、永洋钢铁、吉泰特钢5家民营钢铁企业签署联合重组协议。

● 8月，时任中共中央总书记、国家主席、中央军委主席胡锦涛指出，郭明义同志是助人为乐的道德模范，是新时期学习实践雷锋精神的优秀代表。10月11日上午，郭明义同志先进事迹报告会在北京人民大会堂隆重举行。

● 11月8日，包钢稀土与江西信丰新利、全南晶环、赣州晨光成功合作暨包钢稀土国贸公司赣州分公司开业庆典仪式在江西省赣州市举行。备受中国稀土行业瞩目的“南北融合”由此拉开序幕。

● 11月15日，举世瞩目的京沪高铁全线铺通，所用的30多万吨百米长定尺高速钢轨全部实现国产化，供货合同由攀钢、包钢、鞍钢包揽。这是钢铁企业为国家重点工程建设做出的又一重大贡献。

● 12月18日，工信部原材料司的官员称，“十一五”钢铁行业超额完成淘汰落后产能任务，我国累计淘汰的落后炼铁能力、炼钢能力，分别完成“十一五”预期目标任务的117%、126%。

● 12月20日，首钢股份召开2010年度第二次临时股东大会，审议并通过了《公司钢铁主流程停产的议案》。此前的6月26日，首钢京唐钢铁公司2号高炉点火烘炉，标志着首钢京唐钢铁项目一期工程已全线投入试生产。首钢在搬迁调整的过程中，新建了首钢京唐钢铁公司、顺义冷轧薄板厂、首钢迁钢公司、秦皇岛金属材料有限公司等钢厂，并先后重组了水城钢铁公司、贵阳特殊钢公司、山西长治钢铁公司、新疆伊犁钢厂和吉林通化钢铁集团，一业多地的发展格局已经基本形成。

● 至2010底，唐钢“绿色转型”在业界引起强烈反响，去唐钢参观、考察和学习的人已有1000多批、1万多人次。在2008年世界金融危机爆发后，河钢唐钢积极实施“绿色转型”，提前关停拆除落后装备和生产线，建设花园式工厂，并重点实施26项节能减排项目，使企业面貌焕然一新，生产经营生机勃勃。中国钢铁工业协会党委书记兼副会长刘振江指出，唐钢用自身的尝试为中国钢铁企业转方式、调结构探索出了一条道路，而且更进一步说明，中国有能力打造世界上最清洁的钢厂。

• 2010年，我国粗钢产量突破6亿吨，达到63874万吨。

重点钢铁指标

指标	数据	增长率	备注2009年数据
生铁	59560万吨	4.7%	56863万吨
粗钢	63874万吨	10.7%	57707万吨
钢材（扣除重复材）	60478万吨	9.4%	55293万吨
钢材进口量	1643万吨	−6.8%	1763万吨
钢材出口量	4256万吨	73.0%	2460万吨
钢材表观消费量（扣除重复材）	57865万吨	6.0%	54596万吨
板管带比	52.5%	4%	50.5%
我国钢材自给率	104.5%	3.2%	101.3%
铁矿石产量	104357万吨	18.0%	88457万吨
铁矿石进口量	61892万吨	−1.5%	62818万吨
吨钢综合能耗	0.601吨标准煤	−2.3%	0.615吨标准煤
连铸比	98.1%	−0.4%	98.5%
高炉利用系数	2.64吨/(立方米·日)	0.4%	2.63吨/(立方米·日)

（原刊于《中国冶金报》2018年12月14日5版，记者 樊三彩 罗忠河编写）

改革开放40年·钢铁年鉴
2011年

十件钢铁大事（以时间为序）

• 1月13日，首钢举行北京石景山厂区钢铁主流程停产仪式，向社会宣布：根据国务院2005年2月批复的搬迁调整方案，首钢北京石景山厂区钢铁主流程已于2010年底实现了“安全、经济、稳定”的全面停产。这标志着首钢搬迁已顺利完成。

● 2月17日，鞍钢集团公司与英国斯坦科集团在比利时布鲁塞尔签署协议，成立鞍钢英国控股公司，联合收购英国USS加工中心。研发方面，4月9日，宝钢与昆士兰大学、新南威尔士大学、蒙纳士大学、卧龙岗大学在澳大利亚签署协议，共同建立宝钢—澳大利亚联合研发中心。钢铁和相关企业联手走出去迈出新步伐，9月10日《中国冶金报》消息，中信集团联合宝钢、鞍钢、首钢、太钢4家钢企组成的中国铌业投资控股有限公司，以19.5亿美元的价格成功收购世界最大铌公司——巴西矿冶（CBMM）15%的股权。10月11日，在国际钢铁协会第45届年会会员大会上，时任鞍钢集团公司总经理张晓刚正式当选国际钢铁协会会长，任期一年，这是该协会历史上首次由中国人担任会长。钢铁企业走出去呈现出领域不断拓展、方式更加多样、合作日益增多的特点。

● 2月21~22日，中国钢铁工业协会第四次会员大会在京召开。会议提出，“十二五”期间，中国钢铁工业应该加快“四个转变”，推动我国钢铁工业由大变强。2011年，钢铁工业进入了一个必须依靠转变发展方式才能求得可持续健康发展的关键历史阶段。（注：“四个转变”——在生产经营上，要由追求产量扩张，靠增加资源投入的粗放经营，向注重品种质量效益提高，靠技术进步、科学管理、人才成长的集约化经营转变；在企业发展上，要由只注重钢铁主业发展，向既做强钢铁主业又向钢铁上下游产业链延伸的一业为主、适度发展相关多元产业转变；在新增产能和产业布局调整上，要由过多在内陆发展，向沿海和靠近原料、靠近用户的地区发展转变；在科技创新上，要由消化引进技术集成创新，逐步向更多的原始发明创新，能引领行业发展转变。）

● 2月，沙钢集团总投资300亿元的玖隆钢铁物流园项目正式破土动工。8月9日《中国冶金报》消息，投资10.8亿元的太原太钢大明金属制品有限公司加工中心项目落户太原不锈钢产业园区，太钢还拟投资30多亿元分别建设不锈钢加工配送中心、钢材物流中心、高档不锈钢制品生产线。12月19日，总投资13.7亿元的重钢靖江物流基地三峰港务码头一期项目投产。钢铁行业主动布局发展多元产业，规避生产经营风险，延伸钢铁产业链。

● 3月31日，攀钢集团钢铁钒钛股份有限公司临时股东大会通过了攀钢钒钛重大资产置换暨关联交易议案；4月8日，江苏沙钢股份有限公司在深圳证券交易所成功恢复上市，中国最大的民营钢铁企业沙钢集团涉足资本市场；5月18日，山钢集团钢铁主业重大资产重组方案获得济南钢铁和莱钢股份两家上市公司临时股东大会高票通过；11月12日，首钢股份有限公司第四届董事会第八次会议通过重大资产置换及发行股份购买资产暨关联交易预案。这一年，钢铁上市公司整合取得了一系列新突破。

● 4月28日，我国工业领域最高奖项——中国工业大奖表彰大会在京举行，宝钢集团被授予“中国工业大奖”。11月5日，在2011冶金企业管理年会上，中钢协提出向宝钢学习，推动我国钢铁工业加快实现“四个转变”；中国钢铁工业协会名誉会长吴溪淳在题为“向宝钢学习，推动我国钢铁工业加快实现‘四个转变’”的演讲中一一回答了为什么学宝钢、学什么、怎么学的问题。各钢铁企业积极响应号召，到宝钢考察交流，对比找差，全行业掀起了学习宝钢的热潮。《中国冶金报》也全方位报道了宝钢经验，为全行业学习宝钢提供了有益的借鉴。

● 6月1日，国家发改委新修订的《产业结构调整指导目录（2011年本）》正式施行，确定用于“地条钢”、普碳钢、不锈钢冶炼的中（工）频炉属于淘汰设备。早在2002年，当时的国家经济贸易委员会在《关于“地条钢”有关问题的复函》中，即界定了“地条钢”“不能有效地进行成分和质量控制”的属性。

● 9月20日，中国钢铁工业协会联合中国五矿化工进出口商会和中国冶金矿山企业协会宣布正式推出中国铁矿石价格指数，英文简称为“CIOPI”，由国产铁矿石价格指数和进口铁矿石价格指数两个分项指数组成；10月10日正式向社会公开发布了2011年10月第一周中国铁矿石价格指数。

● 11月3日，“十二五”期间我国钢铁工业发展的指导性文件——《钢铁工业“十二五”发展规划》正式对外发布。

● 2011年，我国粗钢产量突破7亿吨，达到70197万吨。

重点钢铁指标

指标	数据	增长率	备注2010年数据
生铁	64543万吨	8.4%	59560万吨
粗钢	70197万吨	9.9%	63874万吨
钢材（扣除重复材）	65872万吨	8.9%	60478万吨

续表

指标	数据	增长率	备注 2010 年数据
钢材进口量	1558 万吨	-5.2%	1643 万吨
钢材出口量	4886 万吨	14.8%	4256 万吨
钢材表观消费量（扣除重复材）	62544 万吨	8.1%	57865 万吨
板管带比	51.3%	-2.3%	52.5%
我国钢材自给率	105.3%	0.8%	104.5%
铁矿石产量	114359 万吨	9.6%	104357 万吨
铁矿石进口量	68606 万吨	10.8%	61892 万吨
吨钢综合能耗	0.600 吨标准煤	-0.2%	0.601 吨标准煤
连铸比	98.4%	0.3%	98.1%
高炉利用系数	2.63 吨/(立方米·日)	-0.4%	2.64 吨/(立方米·日)

（原刊于《中国冶金报》2018 年 12 月 18 日 35 版，记者　樊三彩　罗忠河编写）

改革开放 40 年·钢铁年鉴
2012 年

十件钢铁大事（以时间为序）

• 1 月 16 日，由中国钢铁工业协会、中国五矿化工进出口商会、北京国际矿业权交易所发起并设立的中国铁矿石现货交易平台正式启动，5 月 8 日正式上线运行。该平台的建立，对于打破国际矿业巨头的垄断、形成具有公信力的铁矿石价格机制具有重要作用。

• 1 月 16 日，住房和城乡建设部、工业和信息化部发布《关于加快应用高强钢筋的指导意见》，要求加速淘汰 335 兆帕级钢筋，优先使用 400 兆帕级钢筋，积极推广 500 兆帕级钢筋。2 月 27 日，高强钢筋生产技术指导组和高强钢筋应用技术指导组成立。4 月 12 日，工信部和住建部组织召开全国推广应用高强钢筋工作会议，确定云南、重庆、江苏、河北、新疆等 5 个省、直辖市、自治区作为高强钢筋推广试点地区，高强钢筋推广加速。

• 2012 年初以来，随着钢铁需求增速的明显下降，我国生铁产量增速明显放缓，再加上国产矿和进口矿资源量显著上升，铁矿石市场进入供大于求的时代，铁矿石价格不断下降。到当年9月中下旬，中国铁矿石价格指数已从当年初的460.36点下降到358.33点，为全年最低点，下降幅度达到22.16%。

• 2月14日，国家科学技术奖励大会颁发了2011年度国家科学技术进步奖，钢铁行业共有7项成果获得二等奖。7月29日，在2012年冶金科学技术奖奖励委员会会议上，宝钢的低温高磁感取向硅钢制造技术的开发与产业化项目被评为特等奖。

• 2月，山东省政府出台《关于贯彻落实山东省钢铁产业结构调整试点方案的实施意见》，提出把山东初步建设成全国钢铁产业结构调整先行区、发展循环经济示范区、碳排放考核示范基地，成为全国重要的现代化绿色钢铁制造基地。7月，上海市政府与宝钢集团有限公司就推进上海宝山地区钢铁产业结构调整签署合作协议，标志着上海宝山地区钢铁产业结构调整正式启动。9月，河北省编制发布了《河北省钢铁产业结构调整规划》，提出到2020年，把河北省建设成为布局优化、技术领先、产品优良、品牌知名、节能环保、效益显著和可持续发展的钢铁强省。各省和各地区钢铁工业的结构调整已经拉开序幕。

• 4月8日，中国稀土行业协会在北京成立。干勇出任中国稀土行业协会第一任会长，同时兼任此届中国稀土学会理事长。6月20日，《中国的稀土状况与政策》白皮书发布。8月10日，国家发改委印发了《钒钛资源综合利用和产业发展“十二五”规划》。该规划是我国钒钛资源高效配置、产业布局调整、技术升级改造的重要指南，也是钒钛产业基地建设的重要依据。

• 5月28日，武钢防城港钢铁基地项目在广西防城港全面开工；5月31日，宝钢湛江钢铁基地项目在湛江东海岛全面展开建设。中国钢铁工业结构调整的两大载体项目进入实施阶段。

• 6月5日，河北钢铁集团唐钢与瑞士德高公司签署钢铁产品出口结构性资金协议，开了国内钢企利用海外资金开展国际贸易的先河。9月28日，武钢收购德国蒂森克虏伯公司旗下激光拼焊集团，该集团的激光拼焊产品占有全球40%左右的市场份额。12月，由河北钢铁集团、天津物产集团、俊安公司、中非发展基金共同组建的中方联合体，以及南非工业发展公司，与力拓集团签署最终协议，确定收购力拓集团和英美资源公司所持有的南非PMC

公司74.5%的股权……钢铁企业国际化经营取得新进展。

- 7月9日，2012年《财富》世界500强排行榜发布，宝钢、河北钢铁集团、首钢、武钢、沙钢、鞍钢、新兴际华集团等7家钢企入榜，其中鞍钢和新兴际华集团是首次入榜。

- 9月底，以首钢京唐曹妃甸钢铁工程为主要依托的“十一五”国家科技支撑计划“新一代可循环钢铁流程工艺技术”项目通过了科技部的验收。该项目在低成本高效化洁净钢生产、钢铁流程资源高效利用及清洁生产、钢铁生产流程能源转换以及先进钢铁材料生产等方面攻克了一批共性关键技术，并通过系统集成技术创新构建了新一代可循环钢铁流程，对我国钢铁工业具有重要技术引领和示范作用。

重点钢铁指标

指标	数据	增长率	备注2011年数据
生铁	66354万吨	2.8%	64543万吨
粗钢	72388万吨	3.1%	70197万吨
钢材（扣除重复材）	68982万吨	4.7%	65872万吨
钢材进口量	1366万吨	−12.3%	1558万吨
钢材出口量	5573万吨	14.1%	4886万吨
钢材表观消费量（扣除重复材）	64775万吨	3.6%	62544万吨
板管带比	50.3%	−1.9%	51.3%
我国钢材自给率	106.5%	1.1%	105.3%
铁矿石产量	130964万吨	14.5%	114359万吨
铁矿石进口量	74355万吨	8.4%	68606万吨
吨钢综合能耗	0.601吨标准煤	0.2%	0.600吨标准煤
连铸比	98.5%	0.1%	98.4%
高炉利用系数	2.57吨/(立方米·日)	−2.3%	2.63吨/(立方米·日)

（原刊于《中国冶金报》2018年12月19日6版，记者 樊三彩 罗忠河编写）

改革开放40年·钢铁年鉴
2013年

十件钢铁大事（以时间为序）

• 3月2日，以民营钢铁企业为主要会员的全国工商联中小冶金企业商会（现更名为全联冶金商会）正式揭牌。作为中国钢铁工业的一个组成部分，21世纪以来，民营钢铁企业不断发展壮大，并为经济社会的发展提供了有力支撑，沙钢、中天钢铁、建龙、德龙、津西、敬业、中阳等一批民营钢企巨头迅速崛起。2012年，中国民营钢铁企业钢产量达到3.62亿吨，占全行业的比例达到50%。

• 4月2日，工业和信息化部公示了第一批符合《钢铁行业规范条件》的45家企业，其中包括宝钢、鞍钢、武钢、太钢、包钢、本钢、马钢、安钢等国有企业，以及沙钢、中天钢铁等民营企业。12月6日，工业和信息化部公示了第二批符合《钢铁行业规范条件》的115家企业名单。工信部表示，对于符合规范条件的企业，工信部拟会同有关部门支持规范企业开展兼并重组、淘汰落后、技术改造、节能减排等结构调整工作；对于不符合规范条件的企业，拟综合运用差别电价、财政奖励、考核问责等经济手段、法律手段和必要的行政手段，逐步压缩其生存空间，迫其退出市场。

• 4月9日（澳大利亚当地时间），鞍钢集团卡拉拉铁矿项目正式竣工投产。卡拉拉铁矿已探明的磁铁矿资源储量达到24亿吨。该项目建成后，矿山年可生产磁铁矿石2100万吨，选矿厂年可生产高品位铁精矿800万吨。7月30日（利比里亚当地时间），武钢利比里亚邦矿项目一期100万吨工程竣工投产。邦矿已查明矿产资源总量13.1亿吨，平均品位35.48%，资源总量达40.95亿吨。9月7日《中国冶金报》消息，武钢利比里亚邦矿正式出矿。钢铁企业“走出去”掌控海外资源效果初显。

• 8月25日，中国钢铁工业协会多种经营委员会透露，10年来，全行业非钢投入达700多亿元。钢铁企业创新发展多元产业，积极培育新的经济增长点。1月19日《中国冶金报》消息，马钢创新设置六大非钢板块，明确各板块的发展重点，加快实现由钢铁主业依赖型向多元产业协同型转变。2月

22日，广州南沙钢铁综合物流园有限公司增资扩股签约仪式在广州举行，鞍钢正式入股成为该公司第一大股东。5月2日，河北钢铁集团曹妃甸通用码头一期工程港口岸线正式获批。9月12日，首钢宣布，首钢石景山工业文化景区正式成为3A级旅游景区。11月1日，山东钢铁集团国际贸易有限公司揭牌成立，标志着山钢集团大宗原燃料采购和产品出口业务实质性整合。

• 9月12日，国务院发布《大气污染防治行动计划》，对淘汰落后产能、发展环保产业提出了总体要求。钢铁企业积极落实该行动计划，钢铁行业掀起“环保风暴”。3月23日《中国冶金报》消息，太钢在行业内率先启动了PM2.5减量工作，更好地承担起社会责任。6月20日《中国冶金报》消息，被国家发展改革委列为首批低碳技术创新和产业化示范工程的国内首个烧结废气余热循环利用项目在宝钢集团宁波钢铁有限公司建成投运。

• 9月20日，在俄罗斯圣彼得堡举行的第36届国际标准化组织（ISO）大会上，鞍钢集团公司总经理张晓刚当选为ISO新一任主席。这是世界历史上中国人首次执掌该职位，对于提升中国及钢铁行业在制定国际标准、协调世界范围内的标准化工作、与其他国际性组织合作研究有关标准化问题的影响力具有重要意义。

• 10月15日，国务院出台了《关于化解产能严重过剩矛盾的指导意见》（以下简称《指导意见》），对化解产能严重过剩矛盾提出了总体部署和要求，将工作重点放在了钢铁、水泥、电解铝、平板玻璃、船舶等五大产能严重过剩行业。其中，计划在未来5年压缩8000万吨的钢铁总产能。11月17日，中国钢铁工业协会在京召开钢铁行业贯彻落实国务院《关于化解产能严重过剩矛盾的指导意见》会议，提出钢协将开展12项工作落实《指导意见》。之后，河北、山东、江苏、辽宁等各地方政府和钢铁企业加快推进化解工作。

• 10月18日，全球首个实行实物交割的铁矿石期货合约在大连商品交易所挂牌交易，标志着“中国版”铁矿石期货正式启航。大商所上市铁矿石期货合约，是我国期货市场发展的重要成果，对探索建立更加公正、客观、透明铁矿石定价机制，以及帮助钢铁企业管理价格波动风险具有重要意义。

• 11月12日《中国冶金报》消息，由宝钢与塔里木油田联合开发、全球首发的超级13Cr超高抗扭气密封油钻杆在塔里木油田迪北104井下井成功应用，解决了密砂岩气田开采“一管到底”的行业难题。

• 2013年被称为钢铁电商“元年”。银行起诉钢贸商案件频发，钢市长期低迷，不少钢企纷纷加大直供力度。在国内电子商务和第三方支付业务突飞猛进的大背景下，钢铁电商在短时间内蓬勃发展，众多钢铁版“亚马逊”快速崛起。

重点钢铁指标

指标	数据	增长率	备注2012年数据
生铁	71150万吨	7.2%	66354万吨
粗钢	81314万吨	12.3%	72388万吨
钢材（扣除重复材）	75000万吨	8.7%	68982万吨
钢材进口量	1408万吨	3.1%	1366万吨
钢材出口量	6234万吨	11.9%	5573万吨
钢材表观消费量（扣除重复材）	70174万吨	8.3%	64775万吨
板管带比	49.8%	-1.0%	50.3%
我国钢材自给率	106.9%	0.4%	106.5%
铁矿石产量	145101万吨	10.8%	130964万吨
铁矿石进口量	81941万吨	10.2%	74355万吨
吨钢综合能耗	0.593吨标准煤	-1.3%	0.601吨标准煤
连铸比	98.3%	-0.2%	98.5%
高炉利用系数	2.57吨/(立方米·日)	持平	2.57吨/(立方米·日)

（原刊于《中国冶金报》2018年12月20日1版，记者　孙正平　罗忠河编写）

改革开放40年·钢铁年鉴
2014年

十件钢铁大事（以时间为序）

• 1月1日，中国铁矿石价格指数实现按日发布。7月23日，日照钢铁集团与永安资本、中信寰球商贸（上海）有限公司在山东省日照市签订了国内首单铁矿石基差贸易合同。截至当年10月19日，大商所铁矿石期货上市一周年，参与铁矿石期货交易的客户总数为12.23万户，法人客户为2570家；

法人日均成交量占比 29.35%，日均持仓量占比 30.72%。公开、透明的铁矿石市场秩序正在形成。

• 1 月 10 日，《中国冶金报》消息，宝钢集团确定了今后几年全面深化改革的主要任务，其中管理层持股、员工持股，干部能上能下、员工能进能出等改革措施被列为重点；5 月 20 日，宝钢股份召开 2014 年第一次临时股东大会，宝钢股份员工股权激励计划进入实施阶段。2014 年，鞍钢集团出台的深化改革指导意见明确了完善集团管控体系，实现三项制度改革新突破，以改革创新的思维推进企业办社会和厂办大集体等历史遗留问题的解决等 8 个方面任务、40 项改革措施。河北钢铁集团加大三项制度改革力度，从用人和分配的结构上进行调整，把最优秀的人才吸引到产线上；对销售、采购、国贸三大经营公司实施市场化改革……钢铁企业拉开了全面深化改革的大幕。

• 3 月，习近平总书记在给郭明义爱心团队的回信中指出："希望你们努力践行社会主义核心价值观，积极向上向善，从'赠人玫瑰、手有余香'中感受善的力量，以实际行动书写新时代的雷锋故事，为实现中国梦有一分热发一分光。"习近平总书记给郭明义爱心团队的回信，使鞍钢乃至钢铁行业广大职工备受鼓舞，钢铁人积极践行社会主义核心价值观。

• 4 月 24 日，《中国冶金报》消息，《环境保护法》（修订草案）经十二届全国人大常委会第八次会议表决通过，自 2015 年 1 月 1 日起施行。《钢铁行业清洁生产评价指标体系》《关于加强环境监管执法的通知》等一系列更加严格、责权明确的规章制度也相继出台并实施。环保"生死线"面前，钢铁企业积极行动。6 月 26 日《中国冶金报》消息，我国首套兆瓦级采用有机工质朗肯循环（ORC）透平技术的中低温余热综合利用项目，在包钢投入使用。11 月 26 日《中国冶金报》消息，太钢推行了污染源头治理的基础层削减、环保设施提效运行的控制层削减和强化环保管理评价的管理层削减的递进式管控模式，各项环保指标持续保持行业先进水平。

• 5 月 8 日，《中国冶金报》消息，山西海鑫钢铁集团有限公司因资金链断裂已停产整整 50 天。11 月 16 日，山西运城市中级人民法院宣布，正式裁定受理海鑫钢铁集团 4 家债权人对海鑫集团的重整申请，标志着海鑫集团破产重整进入法律程序。这一年，钢铁企业资金问题不断恶化，银行对钢铁等过剩行业的贷款明显减少，融资成本不断提高。

• 5月，首钢京唐公司投产5年来首次实现扭亏为盈。当年，首钢京唐实现盈利1.23亿元，取得历史性突破。8月22日，由中国钢铁工业协会指导，中国冶金报社和首钢总公司共同主办的2014转型发展·钢铁强国之路高峰论坛暨京津冀协同发展首钢实践研讨会在北京召开。与会专家充分肯定了首钢搬迁调整，建设世界一流水平钢铁企业对我国钢铁工业优化布局调整的战略意义。

• 9月17日，中国首艘货油舱耐蚀钢示范油轮——“大庆435”号举行了完工仪式。这标志着中国满足国际海事组织（IMO）最新标准要求，建立大型油轮用耐蚀钢体系取得重大进展，打破了国外的技术垄断。同时，我国首次形成了钢材产品“产学研检用”一体化的协作创新模式。当年6月14日，海洋工程用钢产业技术创新战略联盟成立。

• 11月18日，《中国冶金报》消息，河北钢铁集团增持德高国际贸易控股公司股权至51%，这是迄今为止我国钢铁企业第一次收购国际成熟商业网络。当年6月1日，法国商事法院通过裁定，马钢股份以资产收购的方式收购法国瓦顿公司的全部资产，收购价格为1300万欧元。9月10日，河北钢铁集团在南非投资建设的500万吨钢铁项目正式启动。这一年，我国钢铁企业走出去更加注重全球化的战略布局和产业链延伸。

• 11月25日，工业和信息化部公布第三批符合《钢铁行业规范条件》企业名单。至此，工信部历时3年分3批公告了305家规范企业名单，逾11亿吨钢铁产能浮出水面，产能过剩问题突出。当年2月23日，河北省开展了化解钢铁过剩产能第二次“周日行动”，集中拆除唐山、邯郸、秦皇岛、邢台、张家口5地15家钢铁企业的16座高炉、3座转炉。3月5日，政府工作报告首次提出具体的钢铁落后产能淘汰指标，即2014年要淘汰2700万吨钢铁落后产能。

• 12月29日，我国进口铁矿石62%品位粉矿到岸平均价为67.40美元/吨，与当年初的133.11美元/吨相比，价格跌幅接近50%。这一年，铁矿石供求关系发生逆转。国外矿山展开一轮轮低成本的扩产竞赛，矿价持续下跌；70%以上的国内矿山选择减产或停产。矿山行业步入深度调整阶段。

重点钢铁指标

指标	数据	增长率	备注 2013 年数据
生铁	71375 万吨	0.3%	71150 万吨
粗钢	82231 万吨	1.1%	81314 万吨
钢材（扣除重复材）	79160 万吨	5.5%	75000 万吨
钢材进口量	1443 万吨	2.5%	1408 万吨
钢材出口量	9378 万吨	50.4%	6234 万吨
钢材表观消费量（扣除重复材）	71225 万吨	1.5%	70174 万吨
板管带比	50.4%	1.2%	49.8%
我国钢材自给率	111.1%	3.9%	106.9%
铁矿石产量	152672 万吨	5.2%	145101 万吨
铁矿石进口量	93269 万吨	13.8%	81941 万吨
吨钢综合能耗	0.585 吨标准煤	-1.3%	0.593 吨标准煤
连铸比	99.5%	1.2%	98.3%
高炉利用系数	2.52 吨/(立方米·日)	-1.9%	2.57 吨/(立方米·日)

（原刊于《中国冶金报》2018 年 12 月 21 日 3 版，记者　孙正平　罗忠河编写）

改革开放 40 年·钢铁年鉴
2015 年

十件钢铁大事（以时间为序）

• 1 月 1 日，“史上最严”新《环境保护法》正式施行，《钢铁烧结、球团工业大气污染排放标准》等 8 项针对钢铁行业的新标准，同日与新法同步实施；4 月 16 日，《水污染防治行动计划》正式发布。钢铁行业环保压力凸显。

• 1 月 29 日，宝钢集团分别与八一钢铁、韶关钢铁、宝钢工程等 3 家上年度亏损单位签订了《扭亏增盈责任书》。3 月，在攀成钢关停过剩产能 350 万吨后的两个月时间里，在人员分流安置工作中，协商一致解除劳动合同的达 9200 余人。4 月，首钢通钢集团完成通钢集团和通化钢铁两级机关整合。

9月8日，武钢重工集团的45名职工奔赴武汉化学工业区当协警，这是武钢首次派遣职工为社会服务，也拉开了武钢用工制度改革的大幕。这一年，在日益严峻的市场环境下，钢铁企业以提高劳动效率为目标，在三项制度改革方面取得了突出进展。

• 2月13日，注册资金为20亿元的欧冶云商股份有限公司（简称欧冶云商）成立，开启了钢铁产业链合作新模式。此后，欧冶云商分别与河北钢铁集团（7月3日）、天物大宗（11月10日）、上海交运集团（12月9日）签订战略合作协议。11月27日，中国五矿集团旗下五矿发展与阿里巴巴集团旗下杭州阿里创投达成协议，共同打造钢铁交易B2B平台。这一年，钢铁电商重构了钢铁产业链合作模式。

• 3月31日，中央纪委监察部网站援引上海市纪委消息，时任宝钢集团有限公司副总经理崔健涉嫌严重违纪违法。8月29日，中央纪委监察部网站公布，武汉钢铁（集团）公司原董事长、党委书记邓崎琳涉嫌严重违纪违法，正接受组织调查。12月23日，中央纪委监察部网站公布，时任鞍钢集团工程技术发展有限公司董事长、党委筹建组组长陈国峰（鞍钢集团总经理助理级）涉嫌严重违纪，正在接受组织调查。一批钢铁“大老虎”落网。

• 5月12日，鞍钢集团公布德国蒂森克虏伯钢铁欧洲股份有限公司将以12.5%直接股权入股鞍钢重庆高强汽车钢有限公司，共同投资建设重庆高强镀锌汽车板项目；9月13日，鞍钢蒂森克虏伯（重庆）汽车钢有限公司正式投产。9月29日，河北钢铁集团与海尔集团签署海尔特钢项目股权合作协议，河北钢铁集团控股海尔特钢70%股权，双方共同运营彩钢板业务。11月2日，中国自主研制的C919大型客机首架机下线，飞机上采用了宝钢股份、抚顺特钢生产的300M、4340、15-5PH等钢材。这一年，高端产品再升级，用户服务实现再突破。

• 9月25日，宝钢集团湛江钢铁有限公司1号高炉点火投产。时任宝钢集团党委书记、董事长徐乐江说：“湛江钢铁是世界最高效率的绿色碳钢基地，掀开了宝钢发展新的一页，开启了宝钢二次创业的新篇章，意味着‘钢铁梦工厂’正式起航。”当年6月28日10时37分，武钢防城港钢铁项目2030毫米冷轧机组成功轧制板形良好的第一卷钢，标志着该项目从开工到一次通板试车取得圆满成功。8月21日，首钢京唐二期工程项目启动。

• 9月25日，山西省运城市中级人民法院分别向海鑫集团、海鑫集团管理人及建龙集团送达了民事裁定书，批准了海鑫集团破产重整计划，终止了海鑫集团重整程序。重整后，建龙集团控股子公司吉林建龙持有海鑫钢铁集团100%股权，并以海鑫钢铁集团为主体，吸收合并其余4家公司后更名为山西建龙钢铁控股有限公司。12月8日，国务院国资委宣布，中冶集团整体并入中国五矿，成为其全资子企业，中冶集团不再作为国资委直接监管企业。

• 12月18~21日召开的中央经济工作会议，提出了去产能、去库存、去杠杆、降成本、补短板五大任务，去产能排在首位，这也是钢铁行业深化供给侧结构性改革、实现转型脱困的主攻方向。12月22日，经历了59年岁月的杭钢半山钢铁基地熄火。第四季度，新疆维吾尔自治区共退出了3000余万吨钢铁产能。

• 2015年，根据世界钢铁协会（WSA）发布的全球粗钢产量数据，我国粗钢产量达8.038亿吨，同比下降2.2%。这是近20年以来的首次下降。同时，2015年是钢铁行业效益最差的一年，会员钢铁企业主营业务全年累计亏损超过1000亿元，同比增亏24倍；加上投资收益等项目合计全年利润总额为亏损645.34亿元（上年利润总额为盈利225.89亿元）。

• 2015年，我国钢材出口突破1亿吨，全年累计出口钢材11240万吨，同比增长19.9%。

重点钢铁指标

指标	数据	增长率	备注2014年数据
生铁	69141万吨	-3.1%	71375万吨
粗钢	80383万吨	-2.2%	82231万吨
钢材（扣除重复材）	77908万吨	-1.6%	79160万吨
钢材进口量	1278万吨	-11.4%	1443万吨
钢材出口量	11240万吨	19.9%	9378万吨
钢材表观消费量（扣除重复材）	67946万吨	-4.6%	71225万吨
板管带比	52.2%	3.6%	50.4%
我国钢材自给率	114.7%	3.2%	111.1%
铁矿石产量	138129万吨	-9.5%	152672万吨
铁矿石进口量	95272万吨	2.1%	93269万吨

续表

指标	数据	增长率	备注 2014 年数据
吨钢综合能耗	0.572 吨标准煤	-2.2%	0.585 吨标准煤
连铸比	99.6%	0.1%	99.5%
高炉利用系数	2.51 吨/(立方米·日)	-0.4%	2.52 吨/(立方米·日)

（原刊于《中国冶金报》2018 年 12 月 25 日 2 版，记者　孙正平　罗忠河编写）

改革开放 40 年·钢铁年鉴

2016 年

十件钢铁大事（以时间为序）

• 1 月 4 日和 5 月 23 日，李克强总理分别到太钢和武钢考察。李克强总理在太原主持召开了钢铁煤炭行业化解过剩产能、实现脱困发展工作座谈会，强调要严控新增产能，应认真论证并合理确定未来 3 年钢铁、煤炭行业化解过剩产能目标。李克强总理在武钢考察期间，肯定了武钢改革发展的成绩，指出国有企业的根本出路在于改革。

• 2 月 4 日，国务院发布了《国务院关于钢铁行业化解过剩产能实现脱困发展的意见》，提出从 2016 年开始，用 5 年时间再压减粗钢产能 1 亿～1.5 亿吨。自此，中国钢铁工业去产能战役正式打响，并进入了去产能元年。截至当年 5 月底，杭钢安全有序关停了半山钢铁基地，并妥善分流安置 12000 人，为钢铁行业去产能树立了模板。在投产 17 年后，宝钢不锈 2500 立方米高炉在生产完最后一炉铁水后，于 6 月 20 日正式关停，宝钢不锈的碳钢业务相关产线也同时停产。2016 年，钢铁行业成功化解过剩产能 6500 万吨，并超额完成年度目标任务。

• 5 月 26 日（美国当地时间），美国国际贸易委员会宣布，对宝钢、首钢、武钢、鞍钢等中国钢铁企业及其美国分公司共计 40 家企业在美销售的碳钢与合金钢产品发起“337 调查”。消息传来，中国钢铁工业协会当即号召中国钢铁企业积极应对，钢铁企业纷纷发表声明奋起抗辩。11 月 14 日，美国国际贸易委员会行政法官做出初裁，决定终止对华碳素及合金钢产品“337 调查”案中有关反垄断指控的调查。

• 6月19日上午（塞尔维亚当地时间），国家主席习近平亲临河钢塞尔维亚公司视察。这是习近平就任国家主席以来首次视察钢铁企业，显示了党和国家领导人对钢铁工业走出去的高度重视。此前的4月18日（塞尔维亚当地时间），河钢集团与塞尔维亚共和国政府正式签署斯梅代雷沃钢厂收购协议，全盘接收该钢铁厂所有资产和5050名员工。

• 7月中旬以来，2016年首批中央环境保护督察组陆续进驻内蒙古、黑龙江、江苏、江西、河南、广西、云南和宁夏等8个省（自治区）；11月下旬，2016年第二批7个中央环境保护督察组进驻北京、上海、广东、湖北、重庆、陕西、甘肃7省（直辖市）。在督察工作中，原环保部督办了一批环境信访问题，其中钢铁和有色金属企业成为被举报的重点对象之一，一些存在环保问题的钢厂、采矿点和冶炼厂及相关责任人遭到通报、处罚。

• 10月10~11日，全国国有企业党的建设工作会议在北京召开，安钢集团在会上做了《实行“四个三”党建工作法为企业解危脱困转型发展提供动力保证》的典型发言。“四个三”党建工作法，即“三讲”（讲形势、讲任务、讲责任）、“三转”（转思想、转模式、转作风）、“三管”（管党、管人、管思想）、“三大体系”（决策、执行、监督体系），把党的思想政治优势、组织优势和群众工作优势转化为企业的发展优势、竞争优势和创新优势。

• 11月14日，工信部正式公布《钢铁工业调整升级规划（2016—2020年）》。作为“十三五”时期我国钢铁工业发展的指导性文件，该规划从化解过剩产能、创新驱动、绿色发展、智能制造、品种质量5个方面提出了引导性的调整升级目标。

• 12月1日，中国宝武钢铁集团有限公司在上海总部揭牌成立，“钢铁航母”正式启航。宝钢和武钢的重组是业内首个集团重组与上市公司合并同步推进的央企联合重组，是钢铁行业发展史上的里程碑事件，对钢铁行业通过兼并重组化解过剩产能、推进供给侧结构性改革具有示范意义。

• 12月9日，首例央企债转股——中钢债务重组方案在9月底获得国务院批准后正式落地。

• 2016年，我国铁矿石进口量首破10亿吨大关，全年进口铁矿石102421万吨。

重点钢铁指标

指标	数据	增长率	备注 2015 年数据
生铁	70227 万吨	1.6%	69141 万吨
粗钢	80761 万吨	0.5%	80383 万吨
钢材（扣除重复材）	78358 万吨	0.6%	77908 万吨
钢材进口量	1321 万吨	3.4%	1278 万吨
钢材出口量	10849 万吨	-3.5%	11240 万吨
钢材表观消费量（扣除重复材）	68830 万吨	1.3%	67946 万吨
板管带比	54.2%	3.8%	52.2%
我国钢材自给率	113.8%	-0.8%	114.7%
铁矿石产量	114787 万吨	-16.9%	138129 万吨
铁矿石进口量	102421 万吨	7.5%	95272 万吨
吨钢综合能耗	0.586 吨标准煤	2.4%	0.572 吨标准煤
连铸比	99.5%	-0.1%	99.6%
高炉利用系数	2.48 吨/(立方米·日)	-1.2%	2.51 吨/(立方米·日)

（原刊于《中国冶金报》2018 年 12 月 26 日 3 版，记者　孙正平　罗忠河编写）

改革开放 40 年·钢铁年鉴
2017 年

十件钢铁大事（以时间为序）

• 1 月 10 日，中国钢铁工业协会 2017 年理事（扩大）会议召开，国家发改委副主任林念修和时任工信部副部长徐乐江表示，在 6 月 30 日之前务必出清“地条钢”。取缔“地条钢”的“大限”——2017 年 6 月 30 日，自此明确。早在 2016 年 7 月底，央视曝光江苏华达钢铁有限公司违法违规生产销售“地条钢”，导致江苏省副省长马秋林被行政记过、111 名责任人被问责后，一场整治“地条钢”的风暴从江苏省开始席卷全国。2 月 23 日，中钢协等五协会联合发布《关于支持打击“地条钢”、界定工频和中频感应炉使用范围的意见》（钢协〔2017〕23号），明确了工频炉和中频炉使用范围。3月11日，工信部部长苗圩在接受《中国冶金报》记者提问时明确表示，2017年要压减的5000万吨钢铁产能不包括“地条钢”。8月7日，部际联席会议派出7个取缔“地条钢”专项抽查组陆续奔赴各地，实地核查取缔“地条钢”情况。11月14日，国家统计局新闻发言人刘爱华在国务院新闻办举行的新闻发布会上指出，钢铁、煤炭去产能年度目标任务已超额完成，1.4亿吨“地条钢”产能出清。

• 1月10日，太钢宣布，由其研发生产的圆珠笔笔头用不锈钢新型材料成功应用于国内制笔厂家，意味着国产笔尖钢有望完全替代进口；5月5日，我国自主研制的C919大型客机首次起飞成功，宝钢特钢研发生产的飞机起落架用300M钢和河钢舞钢自主研发的390毫米厚20MnNiMo电渣钢板等用于C919大型客机上；6月26日，具有完全自主知识产权的中国标准动车组复兴号首发成功，太钢的车轴和车轮用钢、鞍钢集团攀钢的钢轨等为复兴号的首发提供了强力支撑；9月，本钢和东北大学共同研发生产的抗拉强度达到2000兆帕的超高强韧性热冲压成型钢成功应用于北汽新能源纯电动车型上。钢铁产品研发升级迎来新进展。

• 3月23日，《京津冀及周边地区2017年大气污染防治工作方案》印发，要求“2+26”城市实施工业企业采暖季错峰生产，其中钢铁产能限产50%，以高炉生产能力来计算，通过企业实际用电量来核实。8月18日，国家出台《京津冀及周边地区2017~2018年秋冬季大气污染综合治理攻坚行动方案》；8月28日，原环保部印发《京津冀及周边地区2017~2018年秋冬季大气污染综合治理攻坚行动强化督查方案》。此外，8月23日，工信部发布《2017年第一批绿色制造体系示范名单》，共有201家企业被评为绿色工厂，其中有17家钢企入选。

• 4月7日下午，由宝武集团联合美国WL罗斯公司、中绿色基金、招商局金融集团共同发起的中国第一支钢铁产业结构调整基金——四源合钢铁产业结构调整基金（筹）框架协议签约仪式在上海举行。

• 4月20日下午，中共中央政治局常委、国务院总理李克强到山钢集团济钢考察工作。在已经停产的4300毫米宽厚板生产车间，李总理表示，国家一定会保障职工的合法权益和基本生活，确保职工转岗不下岗、转业不失业。

当年7月8日，济钢炼铁厂3号1750立方米高炉顺利出完最后一炉铁水后，济钢在济南的炉火全部熄灭，济钢产线全线退出济南。10月19日，工信部部长苗圩在十九大新闻中心表示，钢铁行业全年5000万吨去产能任务已于8月底提前完成。

• 4月24日，工信部公告了29家撤销的和40家需整改的钢铁行业规范企业名单。工信部开展的首次“清淤”行动，目的是对有关企业进行提醒和警示，督促企业整改到位，规范生产经营。

• 5月10日，我国迎来首个品牌日。6月13日，中国冶金报社发布首届中国钢铁企业品牌排行榜，评选出“十大卓越品牌钢铁企业”和“十大优秀品牌钢铁企业”，以进一步增强中国钢铁企业的品牌意识，提高企业对品牌建设的重视程度。

• 6月22日下午，中共中央总书记、国家主席、中央军委主席习近平到太钢全资子公司山西钢科碳材料有限公司考察。习总书记强调，新材料产业是战略性、基础性产业，也是高技术竞争的关键领域，我们要奋起直追、迎头赶上。

• 7月，世界首台轧辊补油机器人在宝钢股份投用，宝武集团的数字化、网络化、智能化达到国际一流水平。南钢“JIT（准时制生产方式）+C2M（客户对工厂）”平台建设，被工信部《钢铁工业调整升级规划（2016~2020年）》列为个性化、柔性化产品定制新模式，被国家发改委列入“互联网+”支持项目名单；12月14日，南钢“JIT+C2M”模式在全国两化融合工作座谈会上再获国家层面推广。11月份，中国金属学会理事长、中国工程院院士干勇在接受《中国冶金报》记者采访时指出，目前国内32家规模比较大的钢铁企业，已经实现了基础自动化100%覆盖，三级自动化水平基本为100%。钢铁行业智能化水平迈上新台阶。

• 9月12日，抚顺特钢发布公告称，锦程沙洲拟持有重整后东北特钢的股权比例为43%，本钢板材持股10%。锦程沙洲通过东北特钢间接持有抚顺特钢38.22%的股份。抚顺特钢实际控制人将由辽宁省国资委变更为锦程沙洲实际控制人沈文荣。9月29日，建龙集团对原东北特钢旗下的北满特钢、齐齐哈尔北兴特钢、齐齐哈尔北方锻钢制造公司等3家公司的破产重整计划方案正式生效。

重点钢铁指标

指标	数据	增长率	备注 2016 年数据
生铁	71076 万吨	1.2%	70227 万吨
粗钢	83173 万吨	3.0%	80761 万吨
钢材（扣除重复材）	80639 万吨	2.9%	78358 万吨
钢材进口量	1330 万吨	0.7%	1321 万吨
钢材出口量	7541 万吨	-30.5%	10849 万吨
钢材表观消费量（扣除重复材）	74428 万吨	8.1%	68830 万吨
板管带比	53.5%	-1.3%	54.2%
我国钢材自给率	106.3%	-6.6%	113.8%
铁矿石产量	122937 万吨	7.1%	114787 万吨
铁矿石进口量	107474 万吨	4.9%	102421 万吨
吨钢综合能耗	0.571 吨标准煤	-2.6%	0.586 吨标准煤
连铸比	99.6%	0.1%	99.5%
高炉利用系数	2.51 吨/（立方米·日）	1.2%	2.48 吨/（立方米·日）

（原刊于《中国冶金报》2018 年 12 月 27 日 4 版，记者　孙正平　罗忠河编写）

二、2018 年钢铁工业大事

2018 年中国钢铁工业 10 件大事

● 习近平总书记重要讲话精神提振民营钢企信心

11 月 1 日，习近平总书记主持召开民营企业座谈会，并发表重要讲话，强调毫不动摇鼓励支持引导非公有制经济发展，支持民营企业发展并走向更加广阔舞台。德龙钢铁董事长丁立国作为民营钢企的唯一代表参加了民营企业座谈会。习总书记讲话给民营钢企吃了定心丸，极大提振了民营钢企信心。

11 月 28 日，全联冶金商会召开钢铁行业民营企业学习专题座谈会，研究并通过了全联冶金商会关于《深入学习贯彻习近平总书记重要讲话精神　全力开创民营钢铁企业辉煌发展的明天》的倡议书。

●钢铁行业一批改革开放杰出人物、功勋企业亮相

12月18日，在庆祝改革开放40周年大会上，中共中央政治局常委、中央书记处书记王沪宁同志宣读了《中共中央国务院关于表彰改革开放杰出贡献人员的决定》。其中，邯郸钢铁集团有限责任公司原董事长兼总经理、国企改革“邯钢经验”的创造者刘汉章，中国共产党第十九届中央候补委员、中华全国总工会副主席（兼职）、鞍钢集团矿业有限公司齐大山铁矿生产技术室业务主管（公路管理员）、“雷锋精神”的优秀传承者郭明义，被授予改革先锋称号。

此前的10月24日，全国工商联发布了《改革开放40年百名杰出民营企业家名单》，沙钢集团董事局主席沈文荣入选。

12月22日，由中国钢铁工业协会指导，中国冶金报社、鞍钢集团共同主办的中国钢铁行业庆祝改革开放40周年高峰论坛在鞍山举行，对40家钢铁功勋企业（从80家企业中选出）和20家钢铁支撑类功勋企业（从46家企业中选出）进行表彰。此前的11月30日，中国冶金报社还在京召开了改革开放40年钢铁行业绿色发展论坛，评出6项冶金节能环保好技术。

●委员长走进绿色钢城钢企超低排放改造助力蓝天保卫战

5月24~28日，中共中央政治局常委、全国人大常委会委员长栗战书在河南检查大气污染防治法实施情况期间，专程来到安钢。栗战书对安钢的环保工作给予肯定，并指示：“继续努力、再接再厉，保持现有的领先水平，争取做出更大的成绩。”6月2~5日，栗战书在内蒙古自治区检查大气污染防治法实施情况期间，于6月3日到包钢检查工作。

5月7日，生态环境部发布的《钢铁企业超低排放改造工作方案（征求意见稿）》明确，到2020年10月底前，京津冀及周边、长三角、汾渭平原等区域具备改造条件的钢铁企业基本完成超低排放改造。5月底到6月初，第一批中央环保督察“回头看”启动。7月3日，国务院正式印发《打赢蓝天保卫战三年行动计划》，提出了打赢蓝天保卫战的时间表和路线图。

助力蓝天保卫战，钢铁企业纷纷再次加大环保改造力度，大力推进超低

排放改造。目前，安钢、河钢邯钢、中天钢铁等钢企已实现超低排放；太钢超低排放改造重点项目——焦化7号、8号、9号焦炉烟气脱硫脱硝装置升级改造工程也已投运，并达到超低排放标准；由中晶环境设计、建造、管理、运维的唐山德龙230平方米烧结机（采用福斯工艺）在7月份通过了超低排放验收，唐山德龙因此成为全行业（全球）首家达到烧结烟气超低排放标准的钢铁企业。

● 中国钢企胜诉美国"337调查"

3月19日，美国国际贸易委员会（ITC）裁定，决定终止原告美国钢铁公司对中国钢铁的"337反垄断调查"。至此，中方在"337调查"中的反垄断、盗窃商业秘密、虚构原产地3个诉点上全部胜诉。这对避免"337调查"成为滥诉工具做出了重要贡献，也大大增强了钢铁工业应对贸易摩擦的信心，为各行各业应对贸易保护主义积累了经验、提供了有益借鉴。

这一年，美国采取单边主义措施，挑起贸易战，钢铁行业首当其冲。当地时间2018年3月22日，美国总统特朗普签署总统备忘录，依据"301调查"结果，将对从中国进口的商品大规模征收关税。其中，对进口钢铁和铝产品分别征收25%和10%的关税。随后，欧盟委员会3月26日宣布对进口钢铁产品发起保障措施调查。中国钢铁行业坚决应对美欧的挑战，保证了行业的平稳运行。11月21日，世界贸易组织（WTO）争端解决机构决定，对美国今年3月份宣布的钢铁和铝进口关税措施的合法性展开审查。

● 提前完成"十三五"1.5亿吨钢铁去产能上限目标任务已无悬念

3月5日，政府工作报告明确，2018年将再压减钢铁产能3000万吨左右。截至7月底，全国共压减粗钢产能2470万吨，已完成今年目标任务3000万吨的82%。按此预计，"十三五"期间压减粗钢产能1.5亿吨的上限目标任务有望提前超额完成。

5月22日~6月15日，钢铁煤炭行业化解过剩产能和脱困发展工作部际联席会议派出8个抽查组分赴21个省（自治区、直辖市），开展化解过剩产能、防范"地条钢"死灰复燃专项抽查，对"地条钢"形成露头就打的高压态势。

这一年，马钢永久性关停毛泽东主席两次视察过的 9 号高炉，以及 3 号、4 号 40 吨转炉，马钢去产能三年计划至此全面提前完成；首秦公司炼铁炼钢系统安全停产，首秦公司停产并搬迁转移到京唐公司后，同步将现有厂区规划为“秦皇岛首钢赛车谷”。

此外，工信部对原产能置换办法进行修订，出台了《钢铁行业产能置换实施办法》，自 2018 年 1 月 1 日起施行。1 月 8 日，工信部发布《关于印发钢铁水泥玻璃行业产能置换实施办法的通知》，对钢铁企业炼铁、炼钢冶炼设备的产能置换标准、比例、程序等方面内容予以明确。

- 于勇当选世界钢协新一届领导人

10 月 17 日，在日本举行的世界钢铁协会理事会上，中国钢铁工业协会会长，河钢集团党委书记、董事长于勇当选世界钢协新一届领导人。根据世界钢协章程，2018 年 10 月~2019 年 10 月期间，于勇担任世界钢协副会长；副会长任期结束后，2019 年 10 月~2020 年 10 月将担任新一届会长；在会长任期结束后，将再担任为期一年的副会长。

- 百万吨国产钢材撑起港珠澳大桥

10 月 24 日，港珠澳大桥正式通车。建设这座世界级的超级工程，我国钢铁工业功不可没，港珠澳大桥所用钢材全部实现国产化。据不完全统计，宝武集团、鞍钢、河钢、马钢、山钢等钢企为其供应钢材超过百万吨。

作为世界级的超级工程，港珠澳大桥实现了“六个最”：既是世界总体跨度最长、钢结构桥体最长、海底沉管隧道最长的跨海大桥，也是世界公路建设史上技术最复杂、施工难度最高、工程规模最庞大的桥梁。

- 中钢协发布《我国钢铁工业转型升级战略和路径》

7 月 25 日，中国钢铁工业协会在钢协五届八次常务理事（扩大）会议上发布了《我国钢铁工业转型升级战略和路径》。该报告在《2020 年我国钢铁工业发展愿景及若干重大问题研究》基础上，提出了关于中国钢铁工业新时代的定位、新战略、新目标的思考，以及实施路径和措施的建议。

推进钢铁工业转型升级，作为中国钢铁行业权威媒体平台，中国冶金报社一直在努力。5 月 10 日，第二个中国品牌日，中国冶金报社发布了 2018 年“十大卓越钢铁企业品牌”“十大优秀钢铁企业品牌”（有 56 家钢铁生产企业参与评选）；在“6·5”世界环境日发起了“寻找最美绿色钢城”评选及展示活动（共有 60 余家节能环保领域里成就突出的钢铁企业参与），评选出了“2018 绿色发展十大优秀企业”和“2018 绿色发展十大先进企业”。

●精准脱贫钢铁企业再写担当

9 月份传来好消息，中国宝武对口援助的西藏自治区昌都市丁青县、云南省普洱市宁洱县实现脱贫摘帽。自 2016 年 6 月中国宝武新增丁青县作为受援地区至今，共实施了 3 项对口援藏项目（含在建项目 1 个），对口援藏资金达到 1500 万元，为丁青县民生、医疗、教育事业做出了积极贡献。

2018 年初以来，鞍钢集团加大精准扶贫力度。其中，攀钢承担了 8 个扶贫县、12 个重点帮扶村的定点扶贫任务，预计全年投入扶贫资金 1300 万元，实施帮扶项目 45 项，实施消费扶贫、以购代捐达 600 余万元；鞍山钢铁安排重点扶贫项目 31 项，较 2017 年增加 22 项，安排扶贫资金较 2017 年增加 1 倍以上。

2018 年，太钢新增了忻州市保德县 10 个定点帮扶行政村。今年初，太钢领导专程前往太钢帮扶的太原市娄烦县杜家庄村、进善村、蔡家庄村进行调研，当年又投入 680 万元资金，用于扶持娄烦县、保德县的产业扶贫和基础设施建设。

2018 年，南钢协同推进全国性“健康暖心——乡村医生精准扶贫计划”项目，派驻 6 名扶贫志愿者到贵州习水、四川北川、甘肃东乡、山西大宁等贫困县驻点实地开展工作。今年 9 月份，在对口帮扶示范县——安徽金寨，南钢向当地镇医院捐助一批医疗用品及医院办公设施，并为全县村医捐赠了健康险和意外险。

这一年，广大钢铁企业纷纷加大扶贫力度，书写了精准脱贫的钢铁担当。

●冶金行业首家资产管理公司揭牌

9 月 13 日，华宝冶金资产管理有限公司揭牌仪式在中国宝武大厦举行。华宝冶金资产管理有限公司是国内首家专注于冶金行业的专业化资本运作平台，由中国宝武、中国东方资产管理股份有限公司、鞍钢集团和马钢集团投资有限公司共同发起设立。它的诞生，标志着中国冶金行业与金融业结合布局迈出了坚实的一步，是金融增强服务实体经济能力、助力冶金产业优化升级的有益实践。

（原刊于《中国冶金报》2018年12月28日3版，记者　罗忠河　米飒　实习记者　樊三彩　整理编写）

2018年中国钢铁企业20件大事

（以时间为序）

● 建龙北满复产4个月实现扭亏为盈　建龙重整西林钢铁案落定

3月份，建龙北满复产4个多月就实现了扭亏为盈，实现利润326万元，踏上了振兴发展的快车道。建龙北满在2017年11月13日实现了高炉出铁、转炉出钢，生产指标不断刷新历史纪录。

12月24日，经黑龙江省伊春市中级人民法院裁定，建龙集团对西林钢铁集团有限公司等40家公司的破产重整草案正式通过。这是继对原海鑫集团（现已更名为山西建龙实业有限公司）、北满特钢破产重整以来，建龙集团啃下的又一块“硬骨头”。自此，建龙集团成为黑龙江区域唯一的钢铁企业。同时，建龙集团的钢铁总产能将达到3200万吨，正式跻身国内钢铁行业前5强。

● 安钢率先在行业内实现烧结全干法烟气治理

5月3日20点30分，安钢炼铁厂烧结机烟气脱硫脱硝工程3号系统实现全通烟气运行，标志着安钢烧结机烟气脱硫脱硝工程全面建成投运。安钢在行业内第一个实现全干法烟气治理，只见烟囱不见烟气排放的全新大工业生产新图景率先在安钢呈现。该工程运行效果良好，二氧化硫、氮氧化物、粉尘排放浓度分别低于35毫克/标准立方米、100毫克/标准立方米、10毫克/标准立方米，各项指标优于设计值，远优于“2+26”城市特别排放限值标准。

● 五矿首只百亿元级产业投资基金揭牌

5月9日，由中国五矿集团有限公司牵头发起设立的五矿新能源新材料产业投资基金在京揭牌。该基金是中国五矿第一只股权投资资金，规模将超过100亿元，主要投向新能源新材料全产业链，包括新能源汽车产业链、各种非传统能源、各种新材料及相关先进制造等领域。

● 首钢成为北京2022年冬奥会和冬残奥会官方合作伙伴

6月5日，北京2022年冬奥会和冬残奥会官方城市更新服务合作伙伴签约仪式在首钢园区北京冬奥组委办公区举行。首钢集团正式成为北京2022年冬奥会和冬残奥会官方合作伙伴，跻身北京冬奥组委最高级别赞助商。这是奥运会赞助史上首次出现城市更新服务商类别。国际奥委会主席、国际残奥委会主席同时出席冬奥会和冬残奥会官方合作伙伴签约仪式，这在全球尚属首次。

● 沙钢拟斥资80亿元进行环保升级

6月29日，沙钢集团董事局主席沈文荣在接受《中国冶金报》记者专访时透露，沙钢将在2年左右时间，投资70亿~80亿元，按照最好的设计和最严的标准进行改造，彻底整改。据介绍，沙钢拟投资的70亿~80亿元，将重点用于废气提标升级改造（包括焦化厂脱硝）、料仓封闭化改造等12项系统改造工程，全面推进环保整治与整改。

● 宝钢股份新版采购供应链系统实现四基地全覆盖

7月1日，宝钢股份新版PSCS（采购供应链管理系统）在武钢有限正式上线，实现了对宝山、东山、梅山、青山四基地的全覆盖，成为国内冶金行业最先进的线上采购系统。至此，宝钢股份资材备件采购系统真正站在同一平台、使用同一语言、按照同一规则开始运行。

● 本钢批量生产超宽幅汽车用薄钢板

截至7月9日，本钢板材冷轧厂三冷轧工序生产的宽达2100毫米、薄至

0.8~1.0毫米的超宽幅、超深冲冷轧汽车用薄钢板，已生产1650吨，标志着本钢集团具备了批量稳定生产超宽幅、超深冲冷轧汽车用薄钢板的能力。

- 马钢时速320千米高速车轮进军德国市场

7月19日，马钢160件时速320千米的高速车轮顺利运抵德国铁路公司威滕伯格基地，即将装车运行。世界高铁车轮市场从此有了“中国造”，马钢也因此成为国内首家向海外出口高速车轮的企业。

- 世界领先“手撕钢”实现“太钢造”

8月，太钢研制和生产出了“手撕钢”——厚度仅有0.02毫米、宽度达到600毫米的不锈钢精密箔材，太钢因此成为世界上唯一可以批量生产宽幅软态不锈钢精密箔材产品的企业。该产品仅有A4打印纸厚度的1/4，可以轻易地撕开，居世界领先水平。

- 鞍钢第三代核电用高性能18MND5钢板全球首发

8月9日，鞍钢面向全球发布第三代核电用高性能18MND5钢板。这是完全意义上的自主化开发、全球首创，完全满足我国自主建造第三代核电装备的要求。

- 南钢生产全球首个VOC系统模块专用钢

8月14日，《中国冶金报》消息，南钢碳锰低温钢已成功中标海工市场世界首制的VOC系统（挥发性有机化合物回收系统）模块。该VOC系统模块由南通中集太平洋海洋工程有限公司建造，南钢因此成为这一高端智能海工装备专用钢的世界首个制造商。

- 方大炭素与宝钢化工合建10万吨超高功率石墨电极项目

8月20日，中国宝武旗下宝钢化工、方大集团旗下方大炭素和甘肃省兰州市红古区人民政府，在甘肃省兰州市共同签订了“10万吨超高功率石墨电极项目”投资保障协议，宝钢化工、方大炭素签订项目合资合同，各方还共同为项目奠基。根据合资合同，宝钢化工与方大炭素将共同出资设立宝方炭材料科技有限公司，开展10万吨/年超高功率石墨电极项目建设。

● 极限薄规格板卷在山钢日照公司诞生

8月26日，山钢集团日照钢铁精品基地热轧产线第一批1.2毫米极限薄规格板卷，按照用户工艺要求全部热试生产完毕。经检验，其性能全部符合订单要求。据悉，1.2毫米比5角的硬币还要薄。1.2毫米极限薄规格轧制取得成功，实现了日照公司热轧产线从1.2~25.4毫米厚度规格的全覆盖。

● 中国一重及所在区政府与泰尔股份等携手打造一重产业配套园

8月28日，中国一重、黑龙江省齐齐哈尔市富拉尔基区政府与泰尔重工股份等10家配套企业签署战略合作协议，共同打造一重产业配套园。此次战略合作协议的签署是齐齐哈尔市经济发展中的一件大事，齐齐哈尔将为各配套企业提供更便捷、更舒适、更安全的发展环境和法律保障，将一重产业配套园打造成为齐齐哈尔经济发展新的增长点。

● 天工国际应对美国反补贴诉讼抗辩成功

9月4日，《中国冶金报》消息，美国商务部公布反补贴调查终裁结果，认定作为中方应诉企业的天工国际的反补贴附加税从原定的251.00%降至24.04%。该公司法务部介绍，在反补贴已经获得胜诉的同时，天工国际打算继续就反倾销税提交反倾销税年度行政复审，争取把68.27%反倾销税大幅降低到合理水平，并积极展开“232调查”和“301调查”的应对工作。

10月19日，《中国冶金报》消息，天工国际收到欧盟委员会官员发来的官方邮件，确认其应诉欧盟“双反”（反倾销、反补贴）案胜诉（初裁）。经历了近8个月的艰难应诉，天工国际捍卫了其在欧洲的市场地位，成为中国特殊钢行业应对“双反”成功的首个企业，并将带动整个中国特殊钢行业获益。

● 河钢由“做钢铁”向“做材料”转变

9月17日，河钢承德钒钛新材料有限公司揭牌成立。新公司是河钢集团由“做钢铁”向“做材料”转变、实现高质量发展的具体实践。按照规划，到“十三五”末，该公司将实现钒产品产业链全覆盖，钛产品补齐短板，钒钛特钢形成品牌优势，建成承德钒钛新材料产业基地；到“十四五”末，钒产品进一步延伸产业链，钛产品拓展高端领域应用规模，打造集清洁生产示范与高端材料供应于一体的国际典范钒钛产业园区。

● 世界最大跨度单体异形PE膜结构封闭料场“花落”德龙

10月23日，《中国冶金报》消息，国内首家、世界最大跨度单体异形PE（聚乙烯）膜结构封闭料场在德龙钢铁有限公司建成，总投资1亿多元。该封闭料场南北向跨度为226.8米，东西向长度为423.6米，封闭面积达87400平方米，其面积是2008年采用膜结构的国家游泳中心——水立方面积的2.8倍。该封闭料场年可削减无组织扬尘2601吨，能有效抑制钢铁厂露天堆存造成的扬尘污染，达到料场日间作业无需照明的节能效果。

● 包钢高强韧性贝氏体钢轨研发取得新突破

10月26日，《中国冶金报》消息，历经10余年合力攻关，包钢高强韧性贝氏体钢轨研发取得新突破，具备了9种轨型贝氏体钢轨的批量生产能力，标志着包钢高等级贝氏体钢轨研发能力迈上了崭新台阶。贝氏体钢轨具有高强韧性和高耐磨性的良好匹配性能，是当前铁路用钢轨研发的主攻方向，被誉为“21世纪的钢轨”，被列入国家重点研发计划项目。

● 世界最高强度2000兆帕级桥梁缆索钢实现“兴澄造”

11月19日，中信泰富特钢集团兴澄特钢宣布，其专家团队经过5年的潜心钻研，终于在高强度大桥缆索用盘条1860兆帕级、1960兆帕级、2000兆帕级上取得突破，打破超高强度镀锌钢丝用盘条主要从国外进口的被动局面。目前，兴澄特钢、青岛特钢均已实现高强度盘条的批量供货，现已应用于虎门二桥、杨泗港大桥等标志性特大型桥梁建设。

● 华菱市场化债转股快速落地

12月4日晚间，华菱钢铁发布公告，拟引入6家投资机构，以债权或现金对下属控股子公司华菱湘钢、华菱涟钢、华菱钢管（以下简称为“三钢”）合计增资32.8亿元。本次交易是华菱钢铁实施市场化债转股、积极稳妥降杠杆工作的重要组成部分。通过此次增资，“三钢”资产负债率将显著下降5个百分点左右。

（原刊于《中国冶金报》2018年12月28日3版，记者　罗忠河　米飒　实习记者　樊三彩　整理编写）

2018年国际钢铁10大热点

● 中美贸易摩擦一波三折　美国钢铝关税遭全球反对

3月8日，美国总统特朗普签署公告，称美国将对进口钢铁征收25%的关税，对进口铝产品征收10%的关税。这一行为引起了全球范围内的广泛反对。10月29日，中国、欧盟、加拿大和墨西哥等7个世界贸易组织（WTO）成员在WTO争端解决机构会议上强调，美国所实施的关税措施并非基于“国家安全”考虑，实质上是贸易保障措施，并要求设立专家组就此措施是否违反WTO相关规定进行审查。

与此同时，尽管钢铝关税政策让美国钢企享受了一段量价齐升的美好时光，但总体来看，美国企业支付的关税成本大幅上升，美国总体的贸易赤字不仅没有改善，甚至还进一步扩大；钢铁供应链遭到严重破坏，下游相关行业苦不堪言，工人处于罢工边缘。

12月1日，特朗普和中国国家主席习近平在G20（20国集团）峰会期间会面，做出了90天内停止加征新关税的决定。至此，耗时半年多的中美贸易摩擦暂时“停火”，全球贸易紧张局势暂缓。

点评：近年来，美国对中国钢铁一直充满“敌意”，人为制造贸易摩擦。但实际上，我国对美国的钢材出口量并不多。美国先后挑起贸易争端的目的很明确，一是要对中国钢企进行巨额罚款，二是要逼中国钢铁产品永久性退出美国市场。这一方面是为了缩小中美贸易逆差；另一方面，也是最主要的原因，是出于对中国经济转型、科技进步、制造业迈向中高端的忌惮。

虽然当前中美贸易摩擦暂时缓和，但中国钢铁工业必须认真评估和预判中美贸易摩擦对中国钢铁工业造成的冲击和影响，同时，牢记习近平总书记提出的“合作是中美两国唯一正确选择”，在此基础上积极做好应对准备，扎实推进自身发展。

● 蒂森克虏伯“牵手”塔塔钢铁

根据蒂森克虏伯6月30日官方网站消息，蒂森克虏伯与塔塔钢铁已正式签订协议，合并双方在欧洲的钢铁业务。根据协议，双方将成立一家名为蒂森克虏伯塔塔钢铁公司（thyssenkrupp Tata Steel B. V.）、各自占股50%的合资企业。该合资企业将成为欧洲第二大钢铁企业，规模仅次于安赛乐米塔尔。

二者的合并，一方面满足了塔塔钢铁扩张钢铁版图的愿望，另一方面可以使正在逐步剥离钢铁生产业务的蒂森克虏伯将更多精力放在高附加值、高利润的工业品和新技术产品领域。双方可通过资源整合有效推进产业链资源协同发展，进而最大程度地发挥资源聚合效应。

点评：从新日铁和住友金属的合并到宝钢和武钢的合并，再到现在的蒂森克虏伯与塔塔钢铁“牵手”，全球钢铁行业正逐渐从分散走向集中。未来，整合浪潮或将席卷全球钢铁行业。

● 安赛乐米塔尔“收售兼施”整合资产

10月12日，安赛乐米塔尔宣布，其已收到英国利百得集团发出的具有约束力的收购要约，收购对象包括其位于捷克的安赛乐米塔尔俄斯特拉发钢铁厂、位于罗马尼亚的安赛乐米塔尔加拉茨钢铁厂、位于马其顿的安赛乐米塔尔斯科普里钢铁厂和位于意大利的安赛乐米塔尔皮翁比诺钢铁厂。这4项资产是安赛乐米塔尔在收购意大利里瓦钢铁厂的合并控制调查期间与欧盟委员会达成的剥离计划的一部分。

此外，9月10日，安赛乐米塔尔向印度埃萨钢铁公司债权人委员会提交了收购修订提案，并于今年底赢得了针对印度埃萨钢铁公司的竞购战。

点评：今年，安赛乐米塔尔一边出售，一边收购，资产整合动作频频。随着这些动作的落地，该公司在欧洲、印度等地的钢铁布局将进一步深化。

● 浦项制铁公布大规模投资计划

9月3日，韩国浦项制铁宣布，将在未来5年内投资45万亿韩元（约合

403亿美元），用于升级钢铁设施和发展未来业务。这笔投资金额是浦项制铁过去5年投资总额的近2.5倍。其中，约26万亿韩元（约合233亿美元）被用于提升钢铁业务能力。浦项制铁计划拟将其位于全罗南道光阳市的钢铁厂改造成一个智能工厂，同时计划增加其高端钢铁产品——“千兆钢”（Giga steel）的生产设施。

此外，浦项制铁还将投资10万亿韩元（约合89亿美元），用于发展其电池材料业务，希望通过加大投资，进一步提升其锂提取技术，并建造更多的设备来生产锂电池正极材料。

点评：浦项制铁未来迈向更高更强的愿望，从其公布的大规模投资计划中可见一二。但是，这一计划公布后，投资者纷纷抛售浦项制铁股票，浦项制铁股价持续走低，显示出市场对可能削减派息的担忧日益加剧。

• 新日铁住金发布2020年中期经营计划

2018年底，日本新日铁住金发布2020年中期经营计划，提出了面向2020年的五大发展举措，即提供材料和解决方案、增强和扩张全球业务、加强本国钢厂制造能力、应用先进信息技术、减少温室气体排放。

新日铁住金2020年中期经营计划的提出，是为了应对未来钢材供需结构变化、社会和产业结构变革、可持续发展等三大挑战。新日铁住金未来将积极发挥技术、成本和全球化等优势，将汽车、能源资源和基础设施三大关键领域作为重要增长点，提高盈利能力和持续发展能力。在这一过程中，企业不仅要注重提高产品质量和性能，而且要提升为用户提供产品应用及加工技术全套解决方案的能力。

点评：新日铁住金的中期经营计划，结合了全球经济发展形势，囊括了智能制造、物联网、自动驾驶汽车、循环经济等行业发展重点问题，非常契合当前钢铁行业发展趋势。

• 穆迪看好印度钢铁业未来发展

今年年初以来，受国内经济增长强劲和钢铁需求旺盛驱动，印度钢铁产业表现强劲。

穆迪投资者服务公司于2018年9月份表示，未来12~18个月，印度将成为全球钢铁行业最光明的市场之一，钢铁消费每年将至少增长5.5%~6%。而根据世界钢铁协会10月16日发布的短期预测报告，印度2018年的钢材消费量预计为9540万吨，同比将增长7.5%；2019年预计为1.023亿吨，同比将增长7.2%。世界钢铁协会称，这一方面是由于印度经济正在从废钞和商品及服务税（GST）实施的双重冲击中慢慢复苏，另一方面是因为投资环境改善和基础设施建设的双重支持。

点评：当前，印度正在成为全球钢铁行业发展的重要驱动力之一。今年初以来，日韩钢企已经开始加强其在印度市场的布局。希望中国钢企也能加快行动，抓住印度钢铁行业发展的机会。不过，印度不同邦钢铁行业运转的不透明和复杂性也须引起重视。

● 国际矿业巨头继续扩产　高品位铁矿石成为开发重点

今年，在中国需求放缓和铁矿石价格震荡调整的情况下，海外矿业巨头丝毫没有停下产能扩充的脚步。力拓前三季度铁矿石合计产量高达2.51亿吨，同比增长4%；淡水河谷第三季度铁矿石产量突破1亿吨，生产能力由此达到年均4亿吨；必和必拓第二季度铁矿石产量同比也有所增长。必和必拓还于今年6月份发布公告称已经批准了一项29亿美元的支出计划，用于开发其位于澳大利亚西部的South Flank铁矿项目。

另外，随着全球市场对更加绿色环保的铁矿石需求的逐渐增长，各大铁矿石生产商纷纷致力于开发更高品位的铁矿石。例如，必和必拓South Flank铁矿项目将使其在澳大利亚西部的铁矿石品位从平均61%提升至平均62%；FMG宣布将斥资12.8亿美元，开发艾利瓦纳矿山及配套铁路项目，主要生产品位为62%的铁矿石；淡水河谷近年来投资195亿美元开发的卡拉加斯矿区的S11D铁矿项目的平均品位约为66%，被认为是全球铁矿石品位最高的矿山。

点评：在铁矿石价格下跌、需求放缓的背景下，逆势扩产，并不断提升铁矿石品位，成为近两年来国际铁矿企业的共同选择。而对于钢铁行业来说，使用品位更高的铁矿石，可以帮助其降低成本、提高产量，促进行业绿色发展。

● 世界钢协发布可持续发展报告 2017财年是钢铁行业史上最安全的一年

10月9日，世界钢协发布《可持续的钢铁——2018可持续发展指标与行业举措》报告。报告显示，2017财年可统计的钢铁企业百万工时伤害率（LTIFR）平均为0.97，为近10年来首次低于1.0，相比2006年下降了80%。对此，世界钢铁协会安全、职业健康和环境部主管安德鲁·珀维斯表示：“2017财年是钢铁行业有史以来最安全的一年。”

点评：对于钢铁行业来说，确保其从业人员的安全与职业健康是日常工作的重中之重。过去10年来，全球钢铁行业百万工时伤害率稳步、显著下降，并首次降至1.0以下，这是钢铁行业向“零损害”工业目标前进的一个重要里程碑。

● 全球钢铁业积极应对气候变化挑战

今年，来自全球不同国家和地区的钢企围绕降低能耗和污染物排放强度开展了一系列环保新项目。6月11日，安赛乐米塔尔与LanzaTech公司启动了一项投资额为1.5亿欧元的项目，可将高炉中的含碳气体转化为生物乙醇。如果该项目取得成功，或将彻底改变高炉碳捕捉技术，并为运输环节的“脱碳”提供支持。年中，两个用氢代替碳作为还原剂的环保项目启动，分别是由瑞典钢铁公司发起的HYBRIT项目和由奥钢联发起的H2FUTURE项目。其中，HYBRIT项目主要采用氢气替代煤炭作为还原剂进行钢铁冶炼，副产物是水，而非二氧化碳。另外，东北大学与辽宁华信钢铁共性技术创新科技有限公司共同建设了气基竖炉直接还原制备高级洁净钢实验线，目前气基竖炉直接还原规模已经达到了250万吨/年。

值得一提的是，在全球各国和地区积极寻找应对气候变暖措施的同时，美国重申了其退出《巴黎协定》的决定。

点评：全球钢铁行业实施的这些新环保项目，为我们应对气候变化带来的挑战提供了思路，极大地增强了钢铁人实现绿色发展的信心。

● 东南亚最大钢铁联合企业高炉工程完工

今年年初以来，多个由中国企业在海外投资建设的钢铁工程完工。5月

18日，台塑越南河静钢铁厂2号高炉成功点火投产，标志着该厂2座4350立方米高炉工程顺利完成。该厂是越南迄今为止最大的投资项目，也是东南亚地区最大的钢铁联合企业，总投资额为230亿美元，最终规划产能为2185万吨。

此前，5月17日，马来西亚关丹联合钢铁项目2×1080立方米高炉工程——1号高炉举行试生产仪式，标志着该项目全流程生产线贯通。

点评：东南亚是全球钢材主要进口市场。与此同时，东南亚地区各国钢铁产业发展相对滞后，如何通过直接投资或合资建厂等方式，实现“一带一路”上的合作共赢？这是眼下中国钢铁企业走出去需要思考的一个问题。

（原刊于《中国冶金报》2018年12月28日2版，记者 张鹰 整理编写）

三、2019年钢铁工业大事

2019中国钢铁工业10件大事

●习近平总书记到石景山首钢园区考察北京冬奥会筹办工作

2月1日，中共中央总书记、国家主席、中央军委主席习近平在石景山首钢园区考察北京冬奥会、冬残奥会筹办工作，听取了首钢集团党委书记、董事长、总经理张功焰的汇报。

习近平总书记表示，办好北京冬奥会、冬残奥会，是党和国家的一件大事，要全面落实绿色、共享、开放、廉洁的办奥理念，充分考虑场馆的可持续利用问题，高标准、高质量完成各项筹办任务。

●钢铁行业深入开展主题教育

按照党中央的统一部署，6月17日，中国钢铁工业协会党委召开了“不忘初心、牢记使命”主题教育动员部署会，对钢协系统开展主题教育进行动员部署。钢协党委书记何文波在会上讲话，国资委行业协会商会党建工作局副局长、国资委联系的行业协会主题教育指导一组组长方长安和指导组成员到会并指导工作。

从6月初开始，中国宝武、鞍钢集团、河钢、太钢、华菱、安钢、南钢等企业纷纷召开“不忘初心、牢记使命”主题教育动员部署大会，并积极开展相关活动，为推动企业乃至行业高质量发展注入了强大的动力。

● 钢铁行业庆祝新中国成立70周年座谈会召开 15家钢企发布绿色宣言

9月7日，由中国钢铁工业协会主办、中国冶金报社承办的钢铁行业庆祝中华人民共和国成立70周年座谈会召开。座谈会以“新时代、新钢铁、新征程”为主题，庆祝新中国70周年诞辰，深刻总结中国钢铁工业70年历史，尤其是党的十八大以来，在“创新、协调、绿色、开放、共享”新发展理念的指导下所取得的新成绩、实现的新发展；以习近平新时代中国特色社会主义思想为指导，展望和绘制未来高质量发展的宏图。

会上，中国宝武、鞍钢集团等15家中国钢企，还在钢协的见证下联合签署并共同发布《中国钢铁企业绿色发展宣言》，作为新时代中国钢铁践行绿色发展理念的新起点。会议还发布了由中国冶金报社制作的首部钢铁行业宣传片《中国钢铁让世界更美好》、由钢协拍摄的《中国钢铁智能制造发展前景展望——未来钢铁梦工厂》宣传片。

● 于勇就任世界钢协主席

当地时间10月15日，在墨西哥蒙特雷召开的2019年世界钢铁大会上，河钢集团党委书记、董事长于勇正式就任世界钢铁协会第41任主席。

钢协在贺信中表示：“相信中国钢铁的转型升级和高质量发展能够为世界钢铁产业的进步提供新的动力。”

● “宝马”重组、新天钢起航兼并重组取得突破

9月19日，中国宝武与马钢集团重组实施协议签约仪式在安徽合肥举行。重组后，中国宝武将完善“弯弓搭箭”型的空间布局，产能规模近亿吨。

1月底，渤钢集团司法重整正式进入执行阶段。重组形成的新天钢集团正

式起航。通过“司法重整”方式参与渤钢集团混改的德龙集团，钢铁产能可达到3000万吨，进入行业第一梯队。

●《关于推进实施钢铁行业超低排放的意见》出台

4月28日，生态环境部等五部委联合发布《关于推进实施钢铁行业超低排放的意见》。中国钢铁行业开启了超低排放绿色革命。首钢、太钢、安钢、宝钢股份、河钢唐钢、河钢邯钢、河钢石钢、德龙钢铁、中天钢铁等一批钢企克服重重困难，推进超低排放改造并率先取得突破。

7月26日，生态环境部透露，该部已将全面达到超低排放的企业列为A级，这类企业在应对今年冬季重污染天气时，不需要采取限产或停产等措施。

●氢冶金研究等技术创新取得重要进展

1月15日，中国宝武与中核集团、清华大学签订《核能—制氢—冶金耦合技术战略合作框架协议》，将共同打造世界领先的核冶金产业联盟，将核能技术与钢铁冶炼和煤化工工艺耦合，实现二氧化碳的超低排放。

《中国冶金报》9月4日报道，酒钢王明华团队在煤基氢冶金理论研究方面实现了重大突破。9月6日，酒钢集团氢冶金研究院揭牌。

9月18日，内蒙古建龙包钢万腾200万吨钢铁复产暨内蒙古赛思普非高炉冶炼项目开工仪式在建龙包钢万腾公司举行。该项目是由传统的“碳冶金”向新型的“氢冶金”转变的关键前沿技术项目。

11月22日，河钢集团与意大利特诺恩集团（tenova）签署谅解备忘录（MOU），商定双方将共同研发、建设全球首例120万吨规模的氢冶金示范工程。

在“以氢代煤”炼铁时代，中国钢铁企业正在承担起更大的责任，也必将发挥更加积极的作用。

●河钢塞钢管理团队被授予“时代楷模”称号

4月25日，中共中央宣传部在中央广播电视总台《时代楷模发布厅》向全社会发布河钢集团塞尔维亚公司管理团队的先进事迹，授予他们“时代楷模”称号。中宣部称赞河钢塞钢管理团队是“一带一路”倡议和国际产能合作的忠实践行者，是参与国际竞争与合作、积极融入全球化发展的先锋模范。

5 月 1 日，中钢协致信祝贺河钢塞钢管理团队荣获“时代楷模”称号。

此外，9 月 25 日，中宣部等部门公布“最美奋斗者”名单，马万水、王崇伦、宋嗣海、孟泰、郭明义 5 位钢铁人名列其中。

● 中国钢撑起一批国家超级工程

9 月 25 日，北京大兴国际机场正式投运；12 月 2 日，中俄东线天然气管道投产通气；12 月 17 日，我国首艘全部用中国钢打造的国产航母山东舰正式入列……支撑国家超级工程，中国钢铁工业功不可没。

其中，被誉为“新世界七大奇迹”之首的北京大兴国际机场建设用钢全部实现国产化，仅航站楼综合体总用钢量就达到 45 万吨；在中俄东线天然气管道成功投运的背后，鞍山钢铁、沙钢、宝钢股份武钢有限、首钢、本钢、包钢、南钢、华菱湘钢、华菱衡钢、攀钢、河钢舞钢等企业为该工程供钢近 80 万吨。

这些充分展现了中国钢铁的品牌力量。5 月 10 日，正值第三个中国品牌日，中国冶金报社发布了 2019 年“卓越钢铁企业品牌”“优秀钢铁企业品牌”“卓越建筑用钢生产企业品牌”“优秀建筑用钢生产企业品牌”和“钢铁装备技术品牌供应商”。

● 5G 技术助力钢企智能制造

2019 年是 5G 商用“元年”。这一年，钢企抢抓先机推动 5G 技术应用，为企业智能制造、高质量发展助力。

7 月 18 日，河钢、中国移动、华为在河北石家庄就联手打造钢铁行业“5G+智能制造”标杆签署战略合作协议。

7 月 22 日，随着中国宝武党委书记、董事长陈德荣轻松按下 IPAD 屏上的按键，3000 米外的宝山基地一炼钢 3 号转炉正式开启远程“一键炼钢”模式。借助 5G 技术，中国宝武远程“一键炼钢”成为现实。

7 月 23 日，据《中国冶金报》消息，鞍钢集团与中国移动辽宁公司、中兴通讯公司签署了 5G 战略框架协议。

另外，包钢、中天钢铁、华菱湘钢等一批钢企也纷纷推动5G技术应用，为企业高质量发展助力。

（原刊于《中国冶金报》2019年12月31日1版，记者 罗忠河 米飒 实习记者 樊三彩 整理编写）

2019年中国冶金企业20件大事

●中国宝武大手笔推进转型布局

今年初以来，中国宝武大手笔推进转型升级和钢铁产业布局调整，先后携手江苏省南京市和盐城市、湖北省黄石市、浙江省海宁市、上海市杨浦区共同推进转型发展。

7月29日，宝钢股份发布公告，将独资设立宝钢盐城钢铁有限公司，注册资本5亿元，目前已启动在盐城市滨海港工业园区布局建设精品钢项目一期建设的相关工作。8月9日，中国宝武与黄石市人民政府签署战略合作协议，推进宝钢股份黄石涂镀板公司搬迁及搬迁后的地块开发、招商引资等项目。9月30日，中国宝武浙江总部项目奠基仪式在海宁市举行，该项目总投资118亿元。11月2日，在上海杨浦区和中国宝武的共同推动下，互联宝地二期工程开工建设，建设规模超过25万平方米，投资约20亿元，该工程计划于2021年完工、2022年开业。

●国资委正式批复鞍钢综合改革方案

2月28日，鞍钢集团收到国务院国资委的正式批复，同意鞍钢集团综合改革方案。为此，鞍钢集团制订了《鞍钢集团综合改革项目台账》，聚焦"重塑管控架构、干部人事制度改革、劳动用工制度改革、混合所有制改革、改制企业深化改革、落实董事会职权、完善中长期激励机制、市场化选聘职业经理人、打造微观市场主体、深化创新驱动"10个方面，确定117项改革项目，其中政策性文件12项、实施性方案54项、里程碑事件45项、工作提升6项，明确了时间表、任务图、责任主体，全面深入推进综合改革。

● 首钢集团与中国宝武交叉持股

11月8日，首钢股份有限公司发布关于部分国有股份无偿划转的提示性公告，称首钢集团拟将15%的股份无偿划转至中国宝武。

12月10日，宝钢股份发布《宝钢股份关于国有股份无偿划转的提示性公告》。该公告称，中国宝武拟通过无偿划转方式将持有的宝钢股份486753644股A股股份（占宝钢股份总股本的2.19%）划转给首钢集团。

此前11月6日，中国宝武与首钢集团签署战略合作协议。

● 河钢首供国产“航天氙”

5月14日，中国航天科技集团公司某研究所正在进行的某空间站研发项目，核心舱电推进地面试验于4月底取得成功。该空间站核心舱所用的推进剂“航天氙”全部由河钢供货，这是我国空间站研发项目首次采用国产氙气作为核心舱电推进系统动力。

● 我国首个第四代钠冷快堆核心部件用高纯净不锈钢“太钢造”

3月12日，采用316H高纯净不锈钢材料打造的世界最大直径、最重的无焊缝整体不锈钢环形锻件研制成功，将用于制作我国首个第四代钠冷快堆（快中子反应堆）示范堆——福建霞浦60万千瓦快堆核心部件支撑环。太钢作为目前国内唯一能满足该工艺所有技术要求的不锈钢材料生产企业，圆满完成全部保供任务。

● 中国超薄带工业化生产在沙钢率先实现

3月31日，在于江苏省张家港举行的中国首条超薄带生产线工业化生产发布会上，沙钢集团董事局主席沈文荣和美国纽柯钢铁公司董事长约翰·费里奥拉在沙钢超薄带项目性能考核验收通过协议上签字。这标志着超薄带项目性能达到预定目标，标志着中国首条、世界第三条超薄带生产线和国际上最先进的双辊薄带铸轧技术实现工业化生产。

● 山钢三年混改计划方案出台

6月18日，《山钢集团深化混合所有制改革三年（2019—2021年）工作计划方案》出台。方案明确提出，该集团将通过引进战略投资者、资产证券化等方式实施权属企业混改或二次混改，力争3年内完成14户企业混改或二次混改，实现新增38户混改企业。

9月25日，山东冶金机械厂有限公司在山东产权交易中心发布了增资扩股项目招商公告。至此，山钢陆续挂牌旗下山东莱钢建设有限公司、莱钢淄博锚链有限公司、山东冶金机械厂有限公司、山钢金控（青岛）国际贸易有限公司4家权属企业进行混改招商，涉及国有优质资产逾100亿元。

据悉，自前期推进混改工作以来，山钢已探索出了引进民营资本、团队和机制改造国有企业的永锋淄博模式，职工持股的国铭铸管模式，鲁新建材资产证券化模式等成功范本，混改渐成山钢高质量发展的“重头戏”和驱动力。

● 包钢债转股项目正式落地

12月12日，包钢集团市场化债转股交割仪式在呼和浩特市举行，标志着内蒙古自治区金额最大、涉及债务主体最多的包钢债转股项目正式落地，项目金额共计77.35亿元。包钢债转股项目开创了由债委会牵头，全部债权人参与，通过“债转股+债务重组”化解企业风险的内蒙古模式，规模、定价、模式选择始终坚持市场化、法制化原则，打造了政金企风险共担的合作典范。

● 本钢成功开发出0.1毫米极薄规格不锈钢

4月12日，《中国冶金报》报道，本钢不锈钢丹东公司首次成功试轧厚度为0.1毫米（大约就是一张80克A4打印纸的厚度）的宽幅SUS304钢种，该钢种厚度超过轧机设计厚度极限，且板形和表面质量良好。本钢因此成为国内第二家可生产该规格产品的企业。

此外，本钢还成功研发出汽车用镀锌双相钢DP980等一批新产品，实现了1000兆帕级镀锌双相钢的全流程生产工艺及稳定控制技术的开发、应用。

● 安钢3座150吨转炉实现近零排放

5月22日，安钢第二炼轧厂炼钢三次除尘项目竣工投产。该项目投资1.8亿元，工期4个多月。该项目投产后，安钢将实现对炼钢转炉烟尘排放的深度治理，也标志着该公司 3 座 150 吨转炉实现了污染物近零排放。同期，安钢 5 号、6 号焦化焦炉机侧地面除尘站环保项目和 3 万吨除尘灰冷固球团等项目也相继竣工投产。

12 月 29 日，安钢成功挂牌“国家 3A 级旅游景区”，成为河南省首家获此殊荣的钢铁企业。

● 中信特钢实现整体上市

10 月 11 日上午 9 时 25 分，中信泰富特钢集团股份有限公司（证券简称：中信特钢）在深交所成功敲响上市钟声。经过重组整体上市，中信特钢产能达 1300 万吨，拥有 3000 多个钢种 5000 多个规格，成为全球范围内规模最大、品类最全的专业化特钢生产企业，成为名副其实的全球特钢龙头企业。

● 德龙成为我国首家达到 4A 标准的在产钢厂

9 月 30 日，德龙钢铁一次性通过 4A 级国家旅游景区的质量评审，成为中国第一家仍在生产而达到 4A 标准的钢厂，创造了钢铁行业绿色发展的新高度。

2014 年以来，德龙钢铁投资 21.44 亿余元，实施了 86 项环保深度治理项目，使各工序污染物实际排放数值远低于国家特别排放限值要求，目前吨钢环保运行费用达到 260 元；废水经过 10 道工序处理后达到国家一级水质标准，可以直接饮用。

● 南钢“全员合伙人制度创新”获国家大奖

4 月 2 日，在 2019 年全国企业管理创新大会上，第 25 届全国企业管理现代化创新成果发布，钢铁行业共有 12 个项目获奖。南钢的钢铁企业基于事业合伙人制的全员共创共享管理项目荣获国家级企业管理现代化创新成果一等奖，也成为今年钢铁行业该奖项唯一的一等奖成果。

另外，在 8 月 5 日举行的全国企业文化年会（2019）上，南钢“打造共创共享文化，赋能智慧生命体建设”成果获得了 2018~2019 年度全国企业文化优秀成果奖特等奖。

● 世界首创连铸技术在中天钢铁工业化应用

针对连铸坯均质化这一国际冶金界产品质量提升的瓶颈问题，我国有了新突破。7月2日，由中天钢铁和上海大学共同完成的PMO（脉冲磁致振荡）—EMS（电磁搅拌）组合调控高均质化矩形坯连铸技术通过了由中国金属学会组织的成果评价。由中国工程院院士干勇领衔的评审组专家一致认为，该技术可大幅提高铸坯均质化效果和稳定性，属国际首创，达到国际领先水平。

● 柳钢防城港钢铁基地1号高炉点火烘炉

12月26日，柳钢防城港钢铁基地1号高炉顺利点火烘炉。此前的10月8日，柳钢股份发布公告称，将向广西钢铁集团增资51.5亿元，获得该公司27.78%的股权。防城港钢铁基地隶属于广西钢铁集团，年产钢材919万吨。广西钢铁集团目前的两家股东是柳钢集团和武钢集团，其中柳钢集团为柳钢股份的控股股东。柳钢股份完成增资后，柳钢集团和武钢集团在广西钢铁集团中的持股比例将降至60.77%和11.46%。

● 中冶选手斩获世界技能大赛一金一银

当地时间8月27日晚，第45届世界技能大赛在俄罗斯喀山闭幕。中冶集团十九冶两位选手获得一金一银的优异成绩。其中，焊接项目选手赵脯菠夺得金牌，代表中冶集团同时也代表国家成功蝉联该项目三连冠；建筑金属构造项目选手刘豪斩获银牌，实现了中国在世技赛建筑金属构造项目上的奖牌突破。

● 中国一重成功锻造国内最大直径8.8米超大管板

10月17日，在15000吨水压机上，中国一重首次采用自主研制的体外锻造技术，成功锻造出国内最大直径8.8米的EO（环氧乙烷）反应器超大管板锻件，这也是国内首次尝试体外锻造的大型锻件。中国一重自主设计出整套体外锻造辅具及工艺控制技术方案，突破了水压机立柱开间对超大锻件制造的限制，解决了超大型锻造设备制造极限的“卡脖子”问题，突破了中国一重圆饼类锻件极限制造能力，实现了技术人员多年来体外锻造的夙愿。

● 中钢热能院总包的针状焦项目投产出焦

9月12日，由中钢热能院转让技术并总承包的鞍钢4万吨/年煤系针状焦项目工程正式建成投产出焦，标志着中钢热能院自有技术转化的第3套针状焦项目又一次性投产成功。这也表明，我国可真正替代进口的超高功率电极和锂电负极用高品质原料针状焦产能达到12万吨/年，将大大改变我国对高品质针状焦的进口依赖局面。

● 中晶环境成功开发出超炭材料

今年5月，由中晶环境研发的以城市污泥和农业、工业废弃物作为基料，混合活性添加剂制成的一种用于冶金行业烟气治理的绿色新型吸附材料——超炭，通过中科院山西煤科院的产品性能检测。其穿透硫容、穿透硝容分别是传统活性炭的8倍、10倍，具有脱除效率高、无爆燃风险、运行成本低、系统占地面积小、副产物可循环利用等突出优势。其超炭材料已在辽宁鞍钢、无锡新三洲特钢成功投运，分别于2019年4月、6月顺利通过验收。

● 三宝集团耐蚀钢筋研发走在前列

三宝集团自2018年5月10日获得全国第一本耐蚀钢筋生产许可证以来，今年已成功开发生产出全系列、全规格的耐大气和耐海水腐蚀钢筋产品（ϕ6~50毫米），这标志着三宝集团在耐蚀钢筋研发和生产方面已经走在了我国前列，为沿海地区建构筑物及岛礁和深海工程提供有力保障。

同时，三宝集团作为全国唯一一家能供核电用钢的民企，自5月起开始供货用于福建云霄核电站华龙一号核岛部位，并受到中国核工业二四建设有限公司的好评。据悉，其产品已用于福建福清核电站、福建宁德核电站等重点工程项目。

（原刊于《中国冶金报》2019年12月31日2版，记者　罗忠河　米飒　实习记者　樊三彩　整理编写）

2019 国际钢铁 10 大热点

● 淡水河谷溃坝事故引发全球矿价大幅波动

1 月 25 日下午，淡水河谷位于巴西米纳斯吉拉斯州布鲁马迪纽市的尾矿库发生溃坝事故，此后淡水河谷多个尾矿库被法院暂停，淡水河谷生产运营受到较大影响。4 月份，巴西 40 艘大型矿砂船压港，致使巴西铁矿出货遇阻。此外，澳大利亚一些港口也因飓风天气等各种因素导致停运。多重因素叠加，对铁矿石市场的影响持续发酵，最终引发了全球矿价的大幅波动。

根据中国钢铁工业协会发布的铁矿石价格指数，中国进口铁矿石价格由年初的 69 美元/吨最高被拉至 7 月份的 119 美元/吨以上，8 月份后铁矿石价格开始震荡回调。截至 12 月 30 日中国铁矿石进口价格为 90.01 美元/吨（62%品位），相比去年底的 69.03 美元/吨增长了 30.4%。

点评：高企的铁矿石价格大幅吞噬了中国钢铁行业的利润。根据国家统计局公布的数据计算，1~10 月份中国钢铁行业的利润率仅为 3.59%，较 2018 年 6.0%的利润率水平下降超过 40%。按 1~10 月份钢铁行业累计粗钢产量计算出的 2019 年中国平均粗钢利润仅为 255 元/吨，较 2018 年 433 元/吨的水平大幅下滑 178 元/吨，降幅超过 41%。钢铁和铁矿石行业应加强产业链协同，探索建立面向长远、互利共赢的铁矿石供需机制。

● 欧盟宣布对 26 类进口钢铁产品实施最终保障措施

2 月 1 日，欧盟升级其贸易救济措施，宣布对 26 类进口钢铁产品实施最终保障措施。最终保障措施将以关税配额的方式实施，对于超出配额的产品，欧盟将加征 25%的保障措施关税。这意味着在 2021 年 7 月份前，欧盟将继续对所有钢材进口进行有效限制，以防被挡在美国市场之外的钢铁产品大量涌入欧洲市场。

2018 年 3 月 23 日，美国对进口钢铁产品加征 25%的关税后，欧盟于 3 月 26 日对进口钢铁产品发起保障措施调查；2018 年 7 月 19 日，欧盟开始对 23 类进口钢铁产品实施临时保障措施。这些措施将于 2019 年 2 月 4 日到期。

点评：近年来，在美国采取保护主义、单边主义，接连发起贸易战的背景下，全球经贸紧张的局势日益加剧，我国钢铁企业应及时关注海外贸易摩擦动态，提高应对海外风险的能力。

● 德国发布《国家工业战略2030》

2月5日，德国经济和能源部正式发布《国家工业战略2030》，旨在有针对性地扶持重点工业领域，提高工业产值，保证德国工业在欧洲乃至全球的竞争力。

该战略将德国具有一定优势的钢铁、铜、铝工业，化工产业，设备和机械制造业，汽车产业，光学产业，医疗器械产业，环保技术产业，国防工业，航空航天工业，增材制造产业（3D打印）等10个工业领域列为重点工业领域。根据该战略，德国计划到2030年逐步将工业在国内和欧盟的增加值总额（GVA）中所占的比重分别扩大到25%和20%。目前其工业在国内增加值总额中所占的比重为23%，已领先于欧盟各国，在国际上也位于前列。

为实现上述目标，该战略提出，要在一些核心领域实施“突破性创新”（如物联网、云计算、人工智能等），并制定相应的工业政策，必要时政府会进行一定的干预。该战略称，几乎没有一个成功的国家完全依赖市场力量来管理当前事务，许多国家都已经制定了相关的工业政策。该战略特别指出，中国在制定工业政策方面非常成功。

点评：德国发布《国家工业战略2030》，是其促进传统产业转型升级、加速新旧动能转换的一剂强心针。该战略所提到的“突破性创新”，正是传统产业通过不断的开放融合创新，打好智能工业基础，在第四次工业革命尖端技术应用整合方面取得突破性进展的关键所在。

● 新日铁住金更名为日本制铁

4月1日，日本新日铁住金正式更名为日本制铁公司。新日铁住金社长进藤孝生在举行记者会时，对更名原因进行了解释：“希望在进军全球之际能表明这是发源于日本的制铁公司。同时，从兼并重组的角度考虑，为迎接新的DNA加入，我们需要更具包容性的名称。”此外，日本制铁还将旗下的日新制钢公司转化为全资子公司，并对业务重复的集团公司进行了重组整合。

点评：日本钢铁巨头变更名称的背后，一方面是该公司对其集团内部业务甚至于对日本国内钢铁产业的重组整合；另一方面也是其大力推进全球化发展，提高国际竞争力的考量。也正是日本制铁不断吐故纳新，才奠定了其在日本乃至世界钢铁业的领先地位。

● 英国钢铁公司破产　敬业与其达成临时收购协议

5 月 22 日，英国第二大钢铁企业——英国钢铁公司宣布启动破产程序，由政府官方接管人接管，并开始寻求买家收购。

据悉，在鼎盛时期，英国钢铁公司的钢铁产量占英国钢铁产能的九成以上。1999 年，英国钢铁公司与荷兰霍高文公司合并成立了英国康力斯集团。2007 年，英国康力斯集团被塔塔钢铁收购。2016 年，英国格雷布尔资本管理公司以 1 英镑的象征性价格从塔塔钢铁手中收购了英国康力斯集团，恢复其“英国钢铁公司”的名称，并使其在 2017 年短暂盈利。但即便是经常收购经营不善企业的资本管理“老手”，也未能帮助英国钢铁公司获得长期盈利，在英国“脱欧”带来不确定性、美国对欧盟加征钢铝关税、全球原材料价格上涨等多重因素的作用下，英国钢铁公司遭遇严重的财务危机。英国钢铁公司随即向英国政府申请援助，但双方谈判未能达成一致。英国商务、能源与产业战略大臣格雷格·克拉克曾发表声明称，英国钢铁公司及其相关方提出的担保和贷款申请均不符合法律规定。

2019 年 11 月 11 日，中国敬业集团与英国钢铁公司达成临时收购协议，并承诺未来 10 年投资 12 亿英镑（约合 15 亿美元），挽救 5000 个工作岗位。目前这项收购尚未最终敲定。

点评：曾经英国的骄傲，也难逃破产命运，令人唏嘘。但往深处分析，“脱欧”的悬而未决只是压垮英国钢铁公司的一个推手，后城镇化时代钢材需求增长动力不足、严苛的气候政策、多元化发展不到位才是破产背后真正的原因。同时，英国钢铁公司的破产是欧洲传统钢铁企业竞争优势逐渐丧失的一个缩影，中国钢企的收购倾向，也预示着世界钢铁产业发展与布局正在向亚洲特别是中国大陆和东南亚地区转移。

● 浦项制铁入选全球“灯塔工厂”

7 月 1~3 日举行的世界经济论坛第 13 届新领军者年会（夏季达沃斯）公

布了第三批10家全球“灯塔工厂”，韩国浦项制铁榜上有名，成为韩国首家入选全球“灯塔工厂”的企业和全球钢铁领域第3家入选的企业（前两家钢企均来自塔塔钢铁，分别为塔塔钢铁荷兰艾默伊登公司、塔塔钢铁印度公司）。

全球“灯塔工厂”由制造业企业组成，是在运用第四次工业革命技术以提升经济和运营效益方面展现了领导力的一批企业。对于浦项制铁的入选，世界经济论坛指出：“浦项制铁利用人工智能推动钢铁行业的生产率和质量改善。它正在与当地学术界、中小企业和初创企业展开密切合作，打造自己的智能工厂平台，助力构建健康有序的商业生态系统。”在入选前，浦项制铁将智能高炉和CGL（连续热镀锌线）基于AI的自动涂层重量控制技术作为人工智能核心技术，向世界经济论坛提交了相关介绍。

目前，全球已有26家“灯塔工厂”，其中6家位于中国（注：并非都是中国企业）。

点评：工业升级是全球面临的共同课题。“灯塔工厂”的评选和其作用的发挥，将为广大制造业企业提高效率、提高设备敏捷度和响应能力、加快新品上市速度、提升产品定制化水平等提供新思路，有助于促进全球工业转型升级。

●印度尼西亚禁矿令引发镍市场大幅震荡

8月30日，印度尼西亚政府正式宣布，将于2020年1月1日起提前实施红土镍矿出口禁令。当日，伦敦金属交易所（LME）、上海期货交易所镍价暴涨至18000美元/吨以上。

此次印度尼西亚的镍矿出口禁令不同于2014年禁止高品位镍矿的出口禁令和2017年的配额出口令，而是将禁止所有镍矿产品的出口。从印度尼西亚政府角度来看，此次全面禁止镍矿出口的禁令主要是希望镍矿石能够在印度尼西亚当地加工、冶炼，增加商品的附加值，从而为其经济发展带来乘数效应。但根据行业数据估算，印度尼西亚现有的镍铁加工和RKEF（回转窑—矿热炉工艺）产能根本无法完全消化该国生产的镍矿。因此，行业人士预测，2020年后，印度尼西亚原生镍矿的产量或因政府的出口限令而减少，从而对全球镍金属资源的供应产生较大冲击。

点评：中国的镍资源对外依存度极高。2014年印度尼西亚禁矿后，国内镍矿需求主要来自菲律宾。然而，近年来菲律宾国内镍资源品位下降严重，多座镍矿面临关闭。因此，预计本次印度尼西亚再次禁矿后，我国国内镍矿供应缺口问题很难再像2014年那样迅速得到解决，未来镍价震荡上行将是大概率事件，或将大幅吞噬不锈钢企业的利润。对镍资源的合理布局成为中国不锈钢企业保持利润水平和维持生产成本稳定的当务之急。

● 世界钢协预测2020年全球钢铁需求量有望破18亿吨

10月14日，世界钢铁协会发布2019～2020年全球短期钢铁需求预测。据预测，2019年全球钢铁需求量预计将达到17.750亿吨，同比增长3.9%；2020年全球钢铁需求量预计将达到18.057亿吨，同比增长1.7%。

“2019年全球钢铁需求仍将继续保持超预期增长，主要的增长源自于中国；全球其他地区的钢铁需求有所放缓，这主要是受到经济不确定性、贸易紧张局势、地缘政治风险上升等对投资和贸易的影响。”世界钢铁协会市场研究委员会主席Al Remeithi指出，“2019年，中国的钢铁需求预计将增长7.8%，达到9.001亿吨；世界其他地区的钢铁需求预计将增长0.2%，达到8.749亿吨。2020年，中国的钢铁需求预计将增长1.0%，世界其他地区的钢铁需求预计将增长2.5%。虽然未来全球经济前景仍高度不明朗，但预计2020年在新兴经济体及发展中经济体（除中国外）钢铁需求增长的推动下，全球钢铁需求有望继续增长。”

点评：从世界钢协发布的预测来看，新兴经济体及发展中经济体仍是全球钢铁需求增长的动力。

● 全球氢冶金技术研发动作频频

11月11日，蒂森克虏伯在德国北莱茵-威斯特法伦州启动了一系列高炉氢利用试验，旨在减少钢铁生产过程中的二氧化碳排放。这是蒂森克虏伯实现其提出的气候中性战略（指让温室气体的消耗量与排放量大体相当，从而实现温室气体的“净零排放”）目标的关键一步，也是全球钢铁行业实现绿色可持续发展的一个重要里程碑。此举是蒂森克虏伯在钢铁欧洲公司与塔塔欧洲合并失败后制订的新的发展战略之一。

为进一步推动绿色发展，蒂森克虏伯提出了在2050年前实现气候中性战略的目标。为实现该战略目标，蒂森克虏伯计划建造大规模的直接还原工厂，以氢气为还原剂进行高炉冶炼，并确定了两个具有约束力的中期目标：到2030年，该公司生产和能源供应环节的二氧化碳排放量比2018年减少30%；使用蒂森克虏伯产品和技术的客户的二氧化碳排放量比2017年减少16%。据悉，该公司在2018财年排放了约2400万吨二氧化碳，相当于德国二氧化碳总排放量的约3%。

安赛乐米塔尔与Midrex技术公司达成协议，将合作开发100%氢气生产直接还原铁技术，后者将为安赛乐米塔尔汉堡工厂设计一座氢气生产直接还原铁试验工厂。

奥钢联将投资10亿欧元建设混合燃料钢铁厂，将5个高炉中的3个改为电炉，预计将于2030年建成。奥钢联表示，其最终目标是利用氢能作为钢铁高温生产所需能源，并透露将在林茨市正式启动氢能开发试点项目，不过预计要到2035年以后才能实现氢冶金。

点评：在全球“脱碳”大潮下，以减少碳足迹、降低碳排放量为中心的传统钢铁冶金工艺技术变革成为钢铁行业绿色发展的新趋势。蒂森克虏伯、安赛乐米塔尔、奥钢联等钢企将氢的使用视为实现碳减排目标的关键，而纵观世界各国近年来在氢冶金技术研究方面的动作和进展，这显然也是全球钢铁工业不约而同的选择。

● 安赛乐米塔尔与日本制铁完成对印度埃萨钢铁的收购

12月16日，安赛乐米塔尔和日本制铁同时发布公告称，已完成对印度埃萨钢铁有限公司（ESIL）的收购，双方将成立一家名为“安赛乐米塔尔日本制铁印度有限公司（以下简称AMNS印度公司）”的合资企业来控股和运营被收购的ESIL。公告显示，安赛乐米塔尔持有AMNS印度公司60%的股份，日本制铁持40%股份。安赛乐米塔尔总裁、首席财务官阿迪蒂亚·米塔尔被任命为AMNS印度公司董事长，迪利普·乌门为首席执行官。

安赛乐米塔尔董事长、首席执行官拉克什米·米塔尔在公告中表示，收购 ESIL 是安赛乐米塔尔战略的重要一步。长期以来，印度一直被视为对公司非常有吸引力的市场，10 多年来，安赛乐米塔尔一直在寻找合适的机会进入印度钢铁市场。

日本制铁代表董事、总裁桥本英二在公告中表示，印度是世界上最有前景的钢铁市场之一，日本制铁多年来一直在巴西、美国、中国和东盟国家等地进行直接投资，未来将与安赛乐米塔尔通过双方各自的业务经验和世界领先的技术来发掘 AMNS 印度公司的潜力，助推印度钢铁业发展。

点评：安赛乐米塔尔联合日本制铁完成对印度埃萨钢铁的收购，意味着其终于进入了极具增长前景的印度市场，而这将促进印度钢铁市场的良性竞争。

（原刊于《中国冶金报》2019 年 12 月 31 日 3 版，记者　张鹰　整理编写）

第六章　携手奋进

——16 家钢铁上下游行业协会寄语

中国建筑业协会会长　王铁宏

壮丽 70 年，中国建筑产业的发展成就令世人瞩目，对经济社会发展的贡献不可或缺，对促进城乡建设快速发展功不可没。2018 年，全国建筑产业总产值为 23.5 万亿元，从业者超过 5560 万，是国民经济支柱产业。钢铁工业与建筑产业发展相映成辉。钢铁工业极大地促进了建筑产业的发展，如在超高层建筑和大跨桥梁等领域，我国已处于世界领先地位。与此同时，建筑产业又极大地带动了钢铁工业的发展。

习近平总书记在 2019 年新年贺词中指出，中国制造、中国创造、中国建造共同发力，继续改变着中国的面貌。我们建筑产业要深刻领会、认真做好深化改革、转型升级、科技跨越“三篇大文章”。

雄关漫道真如铁，而今迈步从头越。建筑产业在实现高质量发展上仍任重道远，在做好“三篇大文章”上任务艰巨。我们要与钢铁工业等携手奋进，为实现中华民族伟大复兴的中国梦而努力。

中国船舶工业行业协会会长　郭大成

2019年是新中国成立70周年。70年来，中国钢铁工业在党的领导下艰苦奋斗、砥砺前行，取得了令全世界瞩目的成就。

古人云：兵马未动，粮草先行。钢铁是造船业的主要材料。经过70年的快速发展，钢铁行业为我国实现造船大国做出了突出贡献。目前，我国96%以上的造船用钢由国内钢厂供应，高端船舶用钢自主研发不断取得新突破，高性能钢材的产业化进程明显加快，为我国船舶工业转型升级、高质量发展奠定了坚实基础。

愿中国钢铁企业在新的起点上，守初心、担使命，不断开创转型升级和高质量发展的新境界，为实现制造强国、造船强国而努力奋进！

中国机械工业联合会
执行副会长　陈　斌

我国钢铁工业由新中国成立之初的缺铁少钢发展成为钢产量连续多年排名世界第一，70年的发展历程充分体现了钢铁人艰苦奋斗、顽强拼搏、百折不挠、谋求强盛的精神。中国钢铁工业的成就举世瞩目，为国民经济和社会发展做出了巨大贡献。在此，向钢铁行业及钢铁人表示崇高的敬意！

中国机械工业是钢铁行业第二大用户。在钢铁行业的支持下，机械工业产销规模已连续

10 年位居世界第一位，机械产品遍布世界各地。在开启新时代、迈上新征程的时期，希望钢铁行业与机械行业能够跨界融合、协同创新，相互提供高质量的优质产品，为新时期我国经济高质量发展做出新的贡献。

中国家用电器协会
副理事长　徐东生

当前，中国家电业正处在由大到强、转型升级的关键阶段，无论是节能环保的性能提升还是智能化的颠覆性创新，都离不开钢铁产业的全力支持。同时，中国钢铁行业经过 70 年的发展历程，也成为中国制造业的先行者和引领者，在产业总体规划、参与国际竞争、转型和创新战略、带动协同相关产业共同发展等方面，都值得中国家电业学习。制造业是国民经济的主体，愿中国钢铁和家电工业在今后的合作中携手互助，再创辉煌！

中国汽车工业协会副秘书长　师建华

新中国成立 70 年来，钢铁行业为中国产业各个领域的发展做出了巨大贡献。汽车行业与钢铁行业紧密关联，汽车工业的发展离不开钢铁工业的支撑。

在我国实现高质量发展的今天，愿中国钢铁行业继续发挥强大的基础作用，与汽车行业携起手来，为打造优质汽车产业链、实现中国制造强国梦共同努力。

中国金属学会副理事长兼秘书长　王新江

中华人民共和国成立70年来，冶金材料行业在党的领导下，不忘初心、砥砺前行，取得了世界瞩目的伟大成就。

中国金属学会在行业创新引领、国际学术交流，为党和政府决策服务等方面做出积极的贡献！

70年创新发展硕果累累，新世纪机遇和挑战并存。我们将面向世界冶金前沿技术，面向国家重大需求，面向会员，落实智库、学术、科普三轮驱动战略，引领行业走绿色化、智能化之路，实现高质量发展，建设世界一流学会，再创辉煌。

中国炼焦行业协会
会长　崔丕江

在迎来中华人民共和国成立70周年的欢庆时刻，抚今追昔，感慨万千，中国特色社会主义事业创造了人类社会发展的奇迹！尤其是我国现代化工业已建成全球产业链最为完整的体系。

伴随着我国钢铁工业由大向强转变，竞争力、影响力与日俱增和高质量发展的新形势，我国焦化行业做优做强任重道远。焦化行业的同仁们，务必全面谋划发展的新思路、新战略、新机制、新措施，勇于承担历史使命，增强攻坚克难的勇气决心，不断开拓新的业绩！

中国钢结构协会
会长　岳清瑞

新中国成立70年来，特别是改革开放40多年来，国民经济快速发展，钢结构作为新兴结构形式，为国民经济建设特别是为我国工业化、城镇化建设等做出了突出贡献。

钢结构建筑所占的比例是衡量一个国家现代化程度的重要指标之一。钢结构行业与钢铁行业发展息息相关，钢铁工业快速发展为钢结构的蓬勃发展提供了基础保障。2018年，我国钢结构产量达到7120万吨，已占粗钢产量的7.67%。

值此新中国成立70周年之际，祝愿钢铁行业和钢结构行业同舟共济，共同推动高质量发展，共创新的辉煌。

中国耐火材料行业协会
会长　赵继增

在新中国成立的70年里，中国耐火材料工业伴随着新中国钢铁、有色金属、水泥、建材等工业发展而壮大。瞄准国际一流水平，通过引进、吸收、消化、移植、创新，中国耐火材料工业不仅具备了向大型钢铁企业提供成套优质耐火材料的能力，而且能保证大型水泥窑、浮法玻璃生产线等其他高温工业所需特种耐火材料的供应，实现了耐火材料工业质的飞跃，形成了完整的耐火材料工业体系。2018年，全国耐火材料制品总产量达2345万吨，占全球总量的60%左右。

党的十九大以来，耐火材料工业遵循创新、协调、绿色、开放、共享五大发展理念，加快产业结构调整，以机制创新促进企业产品和服务创新，产业集中度逐步提升。新的发展必将成就一批具有全球竞争力和影响力的中国耐火材料企业。

中国铁合金工业协会

会长　王　鹏

在中华人民共和国70华诞来临之际，中国铁合金工业协会全体同仁向全国冶金行业的同行致以深深的敬意！

伴随着钢铁行业的发展，经过60多年的艰苦努力，中国建立了世界产能和产量最大、品种齐全、完全能够满足国内炼钢行业需要的相对完善的铁合金工业体系，为做强钢铁行业奠定了坚实基础。铁合金是炼钢生产不可或缺的重要组成部分。近年来，铁合金行业在原料预处理技术开发、新产品研发、生产工艺优化、装备快速升级、环保综合利用等方面发生了巨大的变革。成绩的取得要感谢各级政府对铁合金行业的大力支持，更要感谢全国铁合金工作者的辛勤付出！

展望未来，中国铁合金工业协会将一如既往地秉承“服务、协调、管理”的宗旨，在习近平新时代中国特色社会主义思想的指引下，全方位为铁合金行业、会员单位及各级政府提供优质服务，促进铁合金行业“良性、健康、有序”发展，为实现中华民族的伟大复兴贡献力量！

中国冶金矿山企业协会

会长　黄笃学

回顾冶金矿山70年的发展历史，再看今朝祖国的繁荣昌盛，铁矿石支撑钢铁产业改变了中国的面貌、改变了人们的生活，也促进了整个时代的发展。70年非凡征程辉映着每一位矿山人奋斗的身影，是他们的辛勤努力和艰苦付出，造就了中国矿山产业的飞速进步。

进入新时代，开启新征程，矿山人将继续以习近平新时代中国特色社会主义思想为指引，不忘初心、牢记使命，坚决贯彻新发展理念，坚守资源战略安全底线，全面深化改革，加快转型升级，提升全要素效率，奋力走好高质量发展之路，共创行业更加辉煌的明天。

中国稀土学会
理事长 李春龙

中国的稀土资源发现于中华人民共和国成立之前，中国的稀土科技事业发展于中华人民共和国成立之后。70年来，在党和政府的关怀下，在广大稀土人的共同努力下，中国稀土科技和产业从无到有，从弱到强，发展成就举世瞩目，成为我们伟大祖国的一颗璀璨明珠。

时光荏苒，峥嵘岁月，不忘初心，砥砺前行。中国稀土学会将带领广大稀土科技工作者再创辉煌，为祖国的繁荣富强贡献新的力量！

中国稀土学会代表广大稀土科技工作者热烈祝贺中华人民共和国70华诞！

中国炭素行业协会
秘书长 孙 庆

在新中国成立的70年里，中国钢铁工业取得了令全世界瞩目的成就，有力地支撑了国民经济的快速发展。

希望钢铁工业继续发扬艰苦创业、务实进取的光荣传统，继续发扬敢打硬仗、能打硬仗的优良作风和勇攀高峰、敢为人先的创业精神，抢抓机遇，加快发展，做强做大。

作为钢铁工业的上游行业，炭素行业将深化改革开放，推动兼并重组；推进供给侧结构性改革，淘汰落后和化解过剩产能；加强环保升级，提倡绿色发展；加速科技创新，扎实补齐短板，由炭素大国朝着炭素强国挺进，为钢铁工业发展保驾护航，为推动经济发展和社会进步做出更大的贡献。

最后，预祝钢铁工业再铸辉煌！

中国特钢企业协会秘书长　王怀世

新中国成立70年以来，中国特钢行业承担着国防军工、高新技术产业，以及机械、汽车等关键产业所需的特殊钢材品种的生产任务，为中国制造业的增长提供了基础保障，为国民经济快速发展、中国制造业崛起腾飞做出了突出贡献。

特钢是衡量一个国家能否成为钢铁强国的重要标志。改革开放40多年来，中国特钢行业迅速发展。今后，中国特钢企业协会将继续秉承为特钢行业服务的宗旨砥砺前行！

值此新中国成立70周年之际，祝愿中国特钢行业在高质量发展过程中永续创新，实现强国伟大梦想。祝福祖国，愿伟大祖国繁荣昌盛！

中国废钢铁应用协会

秘书长　孙建生

2019年是中华人民共和国成立70周年，也是中国废钢铁应用协会成立25周年。总结回顾所走过的发展历程，废钢铁产业伴随着我国钢铁工业发展，由小到大，从弱到强。

废钢铁是节能、载能的绿色资源，是钢铁生产不可或缺的两大铁素资源之一。2018年，我国社会废钢铁资源已达1.7亿吨，每年增量为1000万～1500万吨。随着我国钢铁积蓄量和社会废钢铁资源量不断攀升，废钢铁产业的发展前景十分看好，钢铁工业利用废钢铁的比例将有望达到甚至超过全球平均水平，为引导推动发展短流程电炉炼钢和促进我国钢铁工业超低排放、高质量绿色发展创造有利条件。

中国废钢铁应用协会将在中国钢铁工业协会的领导下，进一步做好废钢铁产业的协调发展工作，为我国钢铁工业的绿色发展贡献自己的力量。

中国特钢企业协会不锈钢分会

秘书长 刘艳平

新中国成立70年来，伴随着中国钢铁工业的发展，不锈钢作为特钢中最重要的品种，从无到有，从小到大，品种不断丰富，质量不断提升。

现在，中国不锈钢产量占比已超过全球一半，成为全球最大不锈钢生产和消费国。中国不锈钢的国际市场竞争力不断增强，并推出了全球首个不锈钢期货。不锈钢企业积极响应国家“一带一路”倡议，积极开展海外投资，发展成就与世界共享。

在新中国成立70周年之际，不锈钢业界将继续砥砺前行，转型升级，推动钢铁工业高质量发展。

（原刊于《中国冶金报》2019年10月1日23版）

跋

传时代之声　铸钢铁之魂

——改革开放40年大国钢铁“喉舌”为行业守望鼓呼历程

40年，一段奋进路，一纸报国情。

创刊于1956年7月、“文化大革命”中被迫停刊、1980年7月沐浴着改革开放的春风复刊——《中国冶金报》与新中国钢铁工业一路走来，在改革开放的大潮中砥砺奋斗，引领、守望、鼓呼、传承，奏响了钢铁工业坚持党的领导，有力推动国民经济腾飞的激扬乐章；记录下中国钢铁奋力赶超世界先进的铿锵足音；撰写了英模辈出的钢铁人无私奉献、以身许党许国的时代史诗。

40年，和所有钢铁企业一样，《中国冶金报》也经历了从计划经济下的机关报向市场经济下的行业商报转变的改革历程。报社始终坚持党性原则不动摇，在一系列“变”与“不变”中发展壮大。特别是党的十八大以来，中国冶金报社进一步加强党的建设，自觉承担新闻舆论工作的职责和使命，高举旗帜、引领导向，积极推进报网融合发展，壮大钢铁行业主流舆论阵地，为钢铁行业转型升级保驾护航。

如今的《中国冶金报》，仍坚持“权威、专业、全面、准确、及时”的办“报”理念，为钢铁强国鼓与呼，讲好钢铁故事，新闻舆论传播力、引导力、影响力、公信力与日俱增。如今的《中国冶金报》，仍是党的“喉舌”、钢铁行业的守望者，但已不是“一个人在战斗”，而是汇聚钢铁行业健康发展正能量的全方位、多层次、多声部的坚强舆论阵地。全国冶金新闻工作者协会、冶金文学艺术协会、冶金行业媒体联盟等几大平台，正为营造健康有序的舆论环境发挥着重要作用。

改革声催　快马加鞭未下鞍

《中国冶金报》的发展，是与国家政治经济形势和行业的发展紧密联系在一起的。《中国冶金报》创刊于1956年7月23日，由敬爱的周恩来总理亲笔题写《冶金报》报名，是冶金工业部党组机关报，也是中国成立最早的行业报之一。初创期的《冶金报》在冶金工业部党组的高度重视和直接领导下，逐步形成了自己的办报风格、记者队伍，奠定了在行业中的权威地位。“文化大革命”期间，《冶金报》同样历尽劫波，于1967年1月1日~1980年6月30日被迫停刊。1978年12月，党的十一届三中全会开启了改革开放的伟大征程。1980年3月5日，冶金工业部向原国家经委写了拟于1980年7月1日恢复出版《冶金报》的请示报告。1980年7月1日，复刊后的第一期《冶金报》正式出版了。从此，中国冶金报社踏着时代的节拍，融入了改革开放的大潮。

中国冶金报社40年的发展历程，大致可以分为以下几个阶段。

一、改革开放后的蓬勃发展阶段（1980年3月~1998年3月）

从复刊到1998年3月，《中国冶金报》一直是冶金工业部的机关报。报社紧密围绕冶金工业部的中心工作，根据钢铁工业不同发展阶段的要求组织报道，适应企业和广大职工需要的要闻版、经济管理版、信息版、科技版、科普版、青年版、周末版、文艺副刊版等版面相继推出；“经济新闻”“人物新闻”“现场短新闻”“思考性新闻”“深度报道”等报道范式，在当时的报界独具特色；20世纪90年代，相继推出了以娱乐性报道丰富冶金职工业余文化生活的《七彩星期天》专刊、以传递市场信息为主要内容的《钢铁大市场》专刊，拓展了报道领域。报纸“严肃、灵活、多样”的风格，受到冶金行业和企业各级领导和职工的欢迎。

同时，报社事业蓬勃发展，很多项工作从无到有，为未来的发展奠定了坚实的基础。1986年，全国冶金新闻工作者协会成立，现已有会员单位90多家。1987年，《冶金报》正式成立了经营部门，开始了行政管理模式向生产经营模式的转变。1987年底，在冶金工业部和冶金企业的支持下，《冶金报》

办公楼竣工，报社有了安身立业之所。1992年，《冶金经济内参》创刊，中顾委委员、原国家经委主任袁宝华题写刊名，成为报社信息服务的重要一极。1996年7月23日，《冶金报》更名为《中国冶金报》，跻身“国”字头的报纸。

二、市场化转变发展阶段（1998年4月~2015年12月）

1998年3月10日，九届全国人大一次会议审议通过了《关于国务院机构改革方案的决定》，包括冶金工业部在内的部分专业经济管理部门改组为国家局，并实行3年过渡。1999年2月2日，中国钢铁工业协会正式挂牌。2001年1月29日，国家冶金工业局完成历史使命注销。《中国冶金报》由中国钢铁工业协会主管主办，隶属于国务院国资委。

伴随着机构改革，《中国冶金报》踏上了从办报靠上级拨款、发行靠红头文件的机关报向市场化行业商报转变的路程。其间，中国冶金报社相继进行了两次较大的战略调整，并持续开展了一轮又一轮的改革：

第一次是在21世纪之初，报社第一次提出实现“两个转变”的目标，即实现从计划经济条件下运营模式向市场经济条件下运营模式的转变，从机关报向行业商报的转变，将报纸打造成“引领行业健康有序发展的权威媒体”。从1999年9月开始，中国冶金报社在行业报中率先实施了人事制度改革，干部制度改革、机构改革、全员岗位双向选择相继展开。2008年，报社又实施了模拟“主报、子报”运营模式的机制改革，报社的办报和经营水平都得到极大提升。

第二次是2010年，根据相关政策精神，适应企业化运营的需要，报社再次提出新一轮改革发展的“两个转变”，即由目前的差额拨款的事业单位，向自负盈亏的企业转变；由单一的以纸媒为主的报业经济向以纸媒和数字媒体相结合的传媒经济转变，目标是把中国冶金报社打造成“国内是权威，国际有影响”的行业信息服务企业。2012年10月，报社进行了“五大中心制”改革，组建了新闻采编中心、经济发展中心、新媒体发展中心、记者通联中心、管理中心五个中心，各部门协同创新的效率和效益得到提升。

在调整和改革中，《中国冶金报》明确了“原创、独家、引领”的办报方针，进行了一轮轮改版，巩固并提高了报纸在钢铁产业链上的权威性和影响力。

2004年，《中国冶金报》进行了“打通产业链、连接上下游”的大力度改版，旨在构建以钢铁为核心的连接上下游产业链的信息发布平台。之后坚持“年年改版、常变常新”，钢铁主业板块推出过的版面有资本魔方、观点声音、新闻纵深、企业文化、管理、厂际、副刊等版面，相关产业板块推出原燃材料、装备技术、下游用户、钢贸市场、营销物流、冶建钢构、国际钢铁、非钢产业、钢管、制品、信息自动化等专刊、专版。有些版面随着市场的变化而退出，有些则一直保留至今。

同时，面向未来的布局也已开始。2006年7月23日“中国钢铁新闻网”上线，2011年7月22日官方微博上线，2013年1月31日，官方微信上线。这期间，报社的发展触角更深地融入钢铁产业链的运行中。2010年3月，由中国冶金报社作为发起人的冶金文学艺术协会在北京成立。同时，报社经营工作也实现了质的飞跃，发行、广告、房产经营、论坛会展业务等收入持续增长。

三、媒体融合转型发展阶段（2016年1月至今）

改革声催马蹄疾。中国冶金报社的改革创新从未止步。

2015年底，为了落实习近平总书记“8·19”重要讲话精神和中央推进报网融合的战略部署，适应移动互联网时代媒体融合发展的要求，中国冶金报社进行了新一轮机构调整，不断完善机制体制，从机构和人事安排上贯通了报纸、网站、微信、微博、手机客户端五大媒体，强化了经营服务力量，并为新业务的开拓搭建了平台。这期间的重点工作，就是全力推动报网融合发展。2016年，中国冶金政研会、冶金记协、中国冶金报社联合发起成立了冶金行业媒体联盟，同年上线《中国冶金报》App，在提高新闻传播力方面发挥着重要作用。

随着市场化和自媒体的冲击，报社在经营方面不断转型发展，实行多元化经营。2014年开始积极向行业会展、高端论坛等领域拓展，多次成功举办了高规格的行业会议和论坛。2015年增设资讯研发部和技术服务部。资讯研发部为企业和行业开展市场调研、咨询、数据整理等调研报告业务。技术服务部主要依托京津冀技术创新联盟合资成立的京津冀蓝（北京）互联网科技有限公司，开展钢铁环保领域的先进技术和工艺推广，为企业和环保技术企业提供服务。

2015 年，报社按照国家新闻出版部门关于中央新闻单位驻地方机构清理整顿的要求，完成了记者站重新登记，稳定了记者队伍，为报社获得更大的发展空间提供了有力保障。

跟着改革开放的步伐，中国冶金报社也不断走向世界。报社记者走进了浦项、恰那铁矿、淡水河谷、力拓、塔塔钢铁等海外企业的现场；淡水河谷、必和必拓、力拓、FMG 以及韩国等国家的钢铁企业走进了报社；报社和世界钢协，以及欧美、日本、韩国等国家和地区的行业协会、专业媒体开展了交流与合作等，中国钢铁新闻网还开通了英文网页，这些为报社国际化发展奠定了基础。

挺立潮头　初心不改铸钢魂

40 载岁月如歌。

中国冶金报社在中国钢铁工业协会直接领导下，在国家相关政府部门的关心和广大企业的支持下，报、网、微等各个媒体平台协同发力，与中国钢铁行业同沐风雨、共铸辉煌。特别是党的十八大以来，在做好党的新闻舆论工作、深度服务行业和企业、加强报社党的建设等方面，都取得了一系列成就，多次获得相关部委领导、中国钢铁工业协会领导、钢铁和相关企业以及相关各方的好评。

一、举旗定向，坚守阵地，引领钢铁行业健康发展

62 年来，中国冶金报社始终坚持党的领导。作为机关报时的《冶金报》，以直接传达部党组的声音和紧密联系企业实际著称，被行业读者视为“工作的指针”“不见面的领导”。改革开放以来，中国冶金报社坚持深入实践马克思主义新闻观，在积极宣传党的各项路线、方针、政策，宣传中国钢铁工业协会正确主张的同时，深入行业企业拓展报道领域，紧扣热点、难点加强典型性报道和分析性报道，解疑释惑，澄清是非，在发挥好桥梁纽带作用的同

时，为营造良好的行业舆论环境作出了重要贡献。党的十八大以来，中国冶金报社更加自觉地提高政治站位，与以习近平同志为核心的党中央保持高度一致，积极投身钢铁行业推进供给侧结构性改革，结构调整、转型升级的进程中，为促进钢铁行业迈向高质量发展发挥了不可替代的作用。

1. 及时准确传播党中央、国务院的声音，凝心聚力

“掌握新技术，要善于学习，更要善于创新。”1984 年 2 月 21 日《冶金报》刊登了题为《邓小平王震视察上海宝钢》的消息，以及邓小平为宝钢的题词，向正在全力赶超世界先进水平的中国钢铁人传达了“要善于学习，更要善于创新”的重要方法论。

“学习李双良同志一心为公、艰苦创业的工人阶级主人翁精神，把太钢办成一流的社会主义企业。”1990 年 2 月 6 日，《冶金报》刊登《江泽民总书记视察太钢》，传递了全心全意依靠工人阶级办企业的指示精神。

“我们国家的钢铁行业正面临着加快结构调整、推动产业升级的紧迫任务。”2009 年 8 月 23 日，时任中共中央总书记胡锦涛考察宝钢集团八一钢铁有限公司时指出。《中国冶金报》8 月 29 日刊发的这一消息，再次明确传达了结构调整、转型升级的政策信号。

“我相信，在双方密切合作下，斯梅代雷沃钢厂必将重现活力，为增加当地就业、提高人民生活水平、促进塞尔维亚经济发展发挥积极作用。”2016 年 6 月 21 日，《中国冶金报》刊登的《习近平视察河钢塞尔维亚公司》，让全行业更加清晰地看到了“一带一路”这张世纪蓝图上的钢铁坐标。

在 2010 年全国两会的总理记者招待会上，《中国冶金报》记者向时任国务院总理温家宝提问，温家宝对钢铁行业给出“产能过剩，结构调整”的 8 字“考语”；在 2018 年全国两会的记者招待会上，李克强总理通过《中国冶金报》记者向钢铁行业传达了“还要持续保持转型升级”的殷切希望。

“不忘初心，继往开来”！2017 年 10 月 18 日，党的十九大胜利召开。《中国冶金报》和网站、微信、App 等多平台全部链接盛会，《中国冶金报》记者代表屡屡成功提问，点亮了钢铁行业的朋友圈。《迎接十九大 · 书记漫谈》《喜迎十九大 · 砥砺奋进这 5 年》《喜迎十九大 · 贯彻新理念实现新发展系列谈》《十九大代表风采》《新时代　新气象　新作为》……钢铁行业的十

九大代表、企业家、党务工作者、普通员工，在中国冶金报社各个媒体平台的栏目上，回首奋进路，汇聚强国志，展望新征程，共创新时代。

翻开《中国冶金报》，登录中国钢铁新闻网，点击中国冶金报微信、微博、App，党和国家领导人对钢铁行业的关心、期待跃然入目，标示着行业的发展方向。

2. 坚持正确舆论导向，服务行业发展大局

近年来，随着移动互联网的发展，钢铁行业所面临的舆论环境日显复杂。中国冶金报社在吃透党和国家大政方针的前提下，坚持正面报道为主，加强政策解读，解疑释惑，明辨是非，以正确舆论导向服务大局。

2016 年，钢铁行业吹响了推动供给侧结构性改革、化解产能严重过剩矛盾的号角。中国冶金报社不仅大力组织相关报道，而且派出记者参与到化解过剩产能、彻底取缔“地条钢”专项督（抽）查、举报等行动中，真正体现了钢铁行业权威媒体的责任担当。

从对《国务院关于化解钢铁行业产能过剩　实现脱困发展的指导意见》（国发〔2016〕6 号）的详细解读，到对《杭钢用 5 个月时间快速平稳关停半山钢铁基地》《山钢济钢在济南的钢铁产线全线安全停产》《华东第一高炉——马钢 9 号高炉永久性关停》等的典型报道，再到《新疆钢铁去产能应有紧迫感》等分析性报道，《中国钢铁去产能的“元年自信”》《如何看待中国 2016 年化解钢铁过剩产能?》《钢铁去产能尚须咬定青山不放松》等深度评论，中国冶金报社纸媒、网、微等媒体平台，成为贯彻落实国家相关政策、坚定不移化解过剩产能的坚强舆论阵地；从《中频炉炼钢等落后产能退出会使资源紧张？无稽之谈!》，到《决胜“地条钢”：宜将剩勇追穷寇》《决不让“一粒老鼠屎坏了一锅汤”——辽宁省取缔“地条钢”专项抽查记》《决胜“地条钢”》系列报道，《化解过剩产能工作、防范“地条钢”死灰复燃工作抽查》系列报道等，中国冶金报社成为向“地条钢”这一毒瘤集中火力开炮的唯一媒体。

针对一些国内外个别媒体对钢铁行业和企业的不实报道，《中国冶金报》、中国钢铁新闻网，以及官方微信、微博，积极主动发声，澄清舆论，为行业供给侧结构性改革和转型发展保驾护航。《太钢回应部分媒体对其“去产能”

不实报道》《企业转型，也是人的转型——攀成钢淘汰落后产能平稳分流安置9000名职工纪实》《“3·15”别忘打假　兴澄特钢开展风电用钢专项打假活动》等澄清性报道，以及《改革攻坚需要健康的舆论环境》等评论员文章，为营造钢铁行业健康发展的舆论环境，发挥了积极作用。

3. 深入实践，推出一系列企业发展典型经验

改革开放以来，中国钢铁人解放思想，创新实践，全行业发生了翻天覆地的变化。中国冶金报社深入钢铁行业改革开放的伟大实践，及时发现并推出了一系列典型经验性报道，一批经验走向全国。

1981年4月21日，复刊不到一年的《冶金报》介绍了鞍钢建立厂长负责制的经验和做法。此后，首钢承包制的经验性报道在《冶金报》占据了大量篇幅。

1991年1月24日，《冶金报》刊登消息《邯钢建立新的经营机制》，报道了邯钢“模拟独立核算”，实施“成本质量双否决”的新举措。这是新闻界对即将闻名全国的“邯钢经验”的首次报道。当年9月21日，《冶金报》刊发组合消息，报道了邯钢实行新机制后前8个月“完成利润5194.03万元，比去年同期增长364%”的可喜变化。此后，报社对邯钢经验进行了持续跟踪报道。1992年4月2~5日，冶金工业部在邯钢召开现场经验交流会，邯钢经验走向行业，又很快走向全国。

深入挖掘，持续跟踪，从宝钢建设、天管建设，再到21世纪鞍钢鲅鱼圈、首钢京唐、宝钢湛江、武钢防城港、山钢日照等钢铁基地建设；从鞍钢宪法、首钢承包制、武钢走质量效益型发展道路、邯钢经验、鞍钢老企业技术改造经验，到宝钢现代化企业建设经验、河钢唐钢绿色转型和转变生产组织模式经验，再到河钢集团深化改革应对危机、社会主义市场经济的沙钢“辩证法”、“走出去”的德龙经验报道、中信泰富特钢集团兴澄特钢转型升级之路，再到中国宝武集团整合融合、中国钢铁胜诉美国“337”调查……钢铁行业发展进程的每一次重要转折、每一次重大进步、每一次成功实践，都通过中国冶金报社报、网、微的全媒体报道，标记在冶金史册上。

4. 主动作为，为行业发展鼓与呼

钢铁工业改革开放的40年，是艰苦奋斗、砥砺攻坚的40年。中国冶金

报社紧跟行业发展大势，主动发现新情况、新问题，围绕行业发展热点、难点，积极作为“鼓”与“呼”，成为行业发展的参与者、推动者。

20世纪90年代，钢铁行业拉开了淘汰落后，推广高炉喷煤粉、连铸、溅渣护炉、热装热送等六大共性先进技术改造老企业的大幕。《冶金报》刊发了大量来自企业一线的报道和专家分析文章，发挥了重要的信息交流和推动作用。

20世纪90年代中期，为减轻国企债务负担，国家实施“债转股”。《中国冶金报》对这样新的资本运作方式——债转股进行了详细的利弊分析，并跟踪了企业实施债转股的情况，为钢铁行业发展进行了正确的引导。

2003年，以宝钢为代表的中国钢铁企业首度参与一年一度的国际铁矿石价格谈判，中国钢铁企业终于有了在铁矿石国际贸易中的话语权。围绕国际铁矿石市场的博弈，中国冶金报社始终站在舆论斗争的前沿，维护行业和企业利益，大力宣传报道中国钢铁工业协会和广大钢铁企业的主张，呼吁建立公平合理铁矿石价格形成机制、维护正常贸易秩序，支持编制中国铁矿石价格指数等，得到钢铁行业和企业的欢迎。

近年来，随着经济的发展、社会的进步，人民对蓝天白云的期待日益增强，钢铁行业承受了巨大的环保压力。中国冶金报社一方面积极宣传加强生态文明建设的大政方针，冷静分析行业存在的问题，引导企业下定决心“跨过环保‘生死劫’”，另一方面组织行业领导和专家探寻解决之道。同时，报社各媒体平台坚持典型引路，集中报道了河钢唐钢“绿色转型”、太钢都市型钢厂建设经验、攀钢环保转身经验，以及安钢、河钢邯钢、德龙钢铁等企业实现超低排放、建设绿色钢厂的典型经验，坚定了钢铁行业实现绿色发展的信心。

5. 大力宣传英雄模范，传承钢铁精神

在艰苦创业中，钢铁行业涌现出了孟泰、王崇伦、马万水等一大批功臣和劳动英模，培育了“艰苦奋斗、爱厂如家、为国分忧、无私奉献”的孟泰精神、“艰苦奋斗、严细求精、拼搏奉献、勇攀高峰”的马万水精神、“艰苦创业、无私奉献、开拓进取、团结协作、科学求实”的攀枝花精神和“艰苦创业、坚韧不拔、勇于献身、开拓前进”的铁山精神等“六大行业精神”。这

些精神被永远记录在《中国冶金报》上，激励着一代又一代钢铁人。

一个民族、一个国家、一个行业、一个人，是需要一点精神的。改革开放以来，不论社会思潮如何变化，大力宣传英雄模范，传承钢铁精神，始终是中国冶金报社的重点工作。“八十年代愚公”李双良于1983年治渣伊始，就被报社记者收入眼帘，开始给予重点报道。1990年《冶金报》连续发表4篇“李双良精神”系列报道，掀起学习李双良的热潮。对“中国知识分子的光辉典范”曾乐的报道，则跨越了20世纪、21世纪的三十多年。从1983年到2011年，《中国冶金报》出现过曾乐名字的报道，有240篇；从1986年3月28日刊发的人物通讯《焊接专家——曾乐》，到2000年6月13日刊发的消息《“焊神”曾乐铜像在沪落成》，曾乐的名字出现在标题中的报道有72篇。2010年开始，“当代雷锋”郭明义的事迹，成为《中国冶金报》报道的又一重点。党的十八大以来，中国冶金报社利用报、网、微、App的传播力，于每年五一节前后推出《劳模特刊》，一展钢铁行业的劳模风采。

40年来，中国冶金报社还推出了白雪洁、李晏家、孔利明、王军、韩明明、王康健、曹雁来、孙东林、李刚、李超等一批又一批闪耀着时代光芒的英雄模范人物，为行业奉献了一部钢铁英雄谱，汇聚起中国钢铁永续发展的精神力量。

二、媒体融合，多元化经营，提高行业服务能力

随着中国冶金报社全媒体策划、全媒体内容制作和发布，以及多元化经营的开展，报社服务行业和企业的能力不断提高。

如今，报社在重大报道方面实现了全媒体融合，突出了报、网、微、端（App手机客户端）的全融通，实现了文字、图片、视频报道形式的立体呈现；以“原创、独家、引领”方针为统领，报纸的权威性、严谨性和微信、网站等新媒体的及时性实现了有机结合。在《产经媒体微博传播指数BCI TOP47》和《产经媒体微信传播指数WCI TOP50》排名中，中国冶金报社的微博、微信分别列第13位、第18位。2018年，“中国冶金报”官方微信入选中国行业报协会中国产经媒体“新媒体运营榜TOP10”。

2017年，报社抓住5月10日首个中国品牌日机会，开展“品牌钢铁”评选活动，微信品牌钢铁投票获得19万多人次的点击量。2018年，报社开展第

二届品牌评选活动，报、网、微协同发布宣传，微信投票数达77万票，充分调动了企业参与热情，深化了企业对“中国品牌”的认知，增强了企业的品牌意识。此后，报社又利用资源优势延伸服务，为企业录制形象宣传片，得到企业的充分认可。

2016年刚刚成立的资讯研发部，在市场调研方面取得了显著进展，2016年受工信部委托完成《工业机器人在原材料工业去产能背景下的应用研究》课题，成果得到行业好评。同时参与了钢协铁矿石价格指数研究课题等，都得到了行业和企业的认可。2018年又承接了工信部委托的《有序发展电炉钢优化产业布局的路径研究及政策建议》课题，目前调研工作正在开展。

冶金文艺得到创新发展。依托冶金文协平台，中国冶金报社和找钢网合作，于2016年、2017年连续两年举办“找钢网杯”钢铁行业围棋大赛，得到了全国广大记者的大力支持及广泛的关注和好评。

至2018年上半年，冶金行业媒体联盟已搭建了3个平台：一是中国冶金报社官方App联盟专区，二是联盟官方微信，三是冶金行业媒体预警监测服务平台，至今已发展20多家企业客户，成为行业舆情监测和有效处理的权威平台。

目前，中国冶金报社已与宝钢、鞍钢、武钢、首钢、河钢集团、山东钢铁集团、沙钢集团、本钢集团、中信泰富特钢集团、建龙重工集团、冶金工业规划研究院、中国重型机械研究院有限公司、大峘集团、山东慧敏科技、中钢集团邢台机械轧辊有限公司、江苏共昌轧辊股份有限公司等200多家企业结成了战略合作伙伴关系或长期合作关系。

三、凝心聚力，与时俱进，党旗猎猎映征程

62年来，中国冶金报社始终把党管媒体放在第一位。改革开放以来，随着报社各项事业的蓬勃发展，党的建设也在同步推进。1988年11月，报社党组织由党支部转变为党委，进一步加强了党建工作，2017年12月又完善了纪委组织，更进一步健全了报社党组织机构。报社党委在思想政治建设、组织建设、落实主题责任、理论联系实际以及文化建设等方面取得了可喜的成绩。尤其是党的十九大以来，中国冶金报社党委以习近平新时代中国特色社会主义思想为指导，团结带领全体员工不断增强“四个意识”，坚定“四个自

信”，勇于改革创新，积极推动融合发展，筑牢报社发展的“根”和“魂”。

1. 团结协作，加强领导班子建设

中国冶金报社党委严格按照从严治党的原则，坚持党管媒体、坚持正确导向，与时俱进，深入推进“两学一做”学习教育常态化制度化，以提高党员素质，强化党组织战斗堡垒作用为目标，大力加强思想建设、组织建设和作风建设，思想上政治上行动上与以习近平同志为核心的党中央保持高度一致。工作中加强班子建设，不断健全和完善领导班子议事规则和决策程序，并且坚持党建工作和业务工作两手抓、两手硬。

2. 多措并举，注重发挥党员先锋模范作用

报社党委通过多种途径加强党员队伍建设，一方面通过开展综合素质培训，使报社全体党员统一了思想，提高了认识。另一方面通过开展党员干部阶段思想汇报总结会提高党员的党性和发挥党员的先锋模范作用，组织党员通过多种方式查找自身存在的问题等。例如在党的十九大、全国两会、钢协理事会、国际钢铁大会等多个大型重要会议策划报道中，无论是前线采访报道，还是后方的编辑、制作、出版以及后勤服务，党员同志都能以身作则地冲在前面，有时加班至凌晨两三点。

3. 压实责任，贯彻落实党建工作责任制

明确报社各支部班子成员和党建工作责任，支部书记切实履行党建工作第一责任人责任，定期开展党建工作述职评议，加强对党建工作的指导，督促报社党员干部增强抓党建工作的自觉性和主动性。定期召开支部大会，开展党课活动和培训，认真学习十九大会议精神和习近平新时代中国特色社会主义思想，采取集中学与自学相结合，书本学、网络学与培训学相结合，确保学习教育与本职工作两不误、两促进。

4. 红色教育，以党建促进文化建设

报社党委依据媒体单位特点，不断开展党建活动，如以“踏寻先烈足迹、重温入党誓词”的主题党日，以“学习英雄事迹，提高党性”主题党日活动

等。一系列有益、有趣的党建活动提高了报社凝聚力和战斗力，营造了干事创新的良好氛围和齐心协力、奋发向上、争创一流的精神风貌，有力地促进了各项目标任务的圆满完成。

再踏征程　展旗聚力谱新篇

党的十九大宣示中国特色社会主义进入新时代。新时代新征程，中国冶金报社比以往任何时候都更加强烈地认识到共筑“中国梦”的责任担当。

在这个需要担当的时代，回首我们走过的路，一系列宝贵经验需要记取并继续发扬光大。

——始终坚持党的领导，是中国冶金报社持续健康发展之本。

作为冶金工业部的机关报，《中国冶金报》自创刊之日起就以及时传达党的路线方针政策、宣传贯彻落实部党组的指示精神为自己的重要职能，坚持党性原则，积极发挥党的“喉舌”作用和“上情下达、下情上达”的桥梁纽带作用。此后经年，不管是作为机关报还是行业商报，坚持党的领导，坚持和党中央保持高度一致，紧密结合全行业市场工作实际宣传贯彻落实党的方针政策，引领行业健康发展，都是《中国冶金报》不变的政治坚守。这种坚守，使报社经受住了各种政治风浪的考验，自觉抵制各种诱惑，守住了钢铁行业舆论主阵地，为可持续发展夯实了基础。

——深深扎根冶金行业，为中国冶金报社提供了广阔的生存和发展空间。

改革开放40年来，《中国冶金报》见证了中国钢铁工业从小到大、从弱到强的整个过程，也得到广大冶金企业的大力支持。可以说现代钢铁工业的崛起，孕育了《中国冶金报》，钢铁工业的发展滋养了《中国冶金报》，钢铁工业的强大成就了《中国冶金报》。面向未来，报社必须紧紧依托中国钢铁工业的发展，同钢铁工业的命运相连、血脉相通、呼吸同步才能得到可持续的生存和发展。

——严格按新闻规律办事，是中国冶金报社生存发展的法宝。

改革开放以后，由机关报向市场商报转变、由单一纸媒向融媒体发展转型，虽然媒体平台不断丰富，但始终强调报道内容的新闻性、专业性和有用性，不断提升报社的品牌影响力。比如，坚持“重大新闻不漏报”“每逢大事必发声”，对行业热点和焦点问题，着重把握本质和趋势，发出报社的独家声音；对企业好的经验做法，着重进行深度典型报道，强势推出，逐步形成了严肃、专业、负责的风格特色，以一批在行业和社会上有影响力的报道，巩固并提高了报社在钢铁产业链上的权威性和影响力。

——坚持实施符合新闻事业要求的人才战略，是中国冶金报社提高核心竞争力的根本保障

高素质的职工队伍，是中国冶金报社生存、发展之根本。40 年来，中国冶金报社一直注重人才培养，坚持“甄才、选才、育才、用才、留才”方针。培养模式上采用师徒式传帮带；政策上通过岗位轮换，专业线、管理线不同发展通道为人才的持续成长提供空间；培训上，非常注重专业知识培训，每年参加国家新闻总署举办的记者、总编培训班，提高采编水平和报道内容的策划能力。中国冶金报社培养了一大批优秀的编辑、记者，以冶金、新闻研究生为主的报社采编人员，遍布全国各地的 100 多名记者、300 多名通讯员，为冶金新闻事业的发展提供了重要支撑。

“举旗帜、聚民心、育新人、兴文化、展形象”——在 2018 年 8 月 21 日至 22 日召开的全国宣传思想工作会议上，习近平总书记提出做好新形势下宣传思想工作的使命任务，为中国冶金报社指明了奋进方向。

瞭望新时代的新征程，中国钢铁行业将进一步深化改革开放，推进结构调整、转型升级，实现钢铁工业高质量发展，提前 5~10 年率先实现既大又强的钢铁现代化。这就需要中国冶金报坚守钢铁行业的舆论阵地，高举马克思主义、中国特色社会主义的旗帜，坚持不懈用新时代中国特色社会主义思想武装头脑，统一思想；牢牢把握正确舆论导向，唱响主旋律，壮大正能量；积极建设社会主义精神文明、培育和践行社会主义核心价值观，坚持中国特色社会主义文化发展道路，激发文化创新创造活力；推进国际传播能力建设，讲好中国故事、传播好中国声音，展现大国钢铁的崭新风采。

对照新形势下的使命职责，我们清醒地看到了自身的不足：报社适应全媒体发展的机制体制有待进一步完善，抗风险能力和综合竞争力有待进一步增强，报道内容的传播力和影响力有待进一步提高，服务行业、服务企业的触角还有待向纵深推进，技术先进、协同互进的新媒体矩阵建设刚刚起步，国际传播渠道尚需大力开拓……解决这些问题，需要我们保持和发扬优良传

统，坚定信心深化改革、持续创新。

强信心、聚民心、暖人心、筑同心。

背靠全球最大的产钢国，胸怀“钢铁强国”这个中国钢铁人的共同理想，中国冶金报社将深入学习贯彻落实党的十九大精神，以习近平新时代中国特色社会主义思想为指导，自觉承担新形势下宣传思想工作的使命任务，适应形势发展需要，深耕主业、融合发展、多元开拓、加快转型；我们将通过技术进步和流程再造，推进媒体融合发展，进一步贯通《中国冶金报》、中国钢铁新闻、《冶金经济内参》、官方微信、官方微博、手机客户端等媒体平台，提高传媒发展水平，为钢铁工业的发展营造良好的舆论环境；我们将进一步改革和完善适应市场化要求的、新旧媒体协同发展的经营体系和运营模式，并适度进行多元转型，拓展发展空间，增强市场竞争力，更好地为行业和企业服务；我们将造就一支胸怀理想和激情、积极创新、勇于开拓、协同合作的员工队伍和记者通讯员队伍，为建设“国内是权威、国际有影响”的冶金传媒龙头企业筑牢人才基础；我们将打造一个凝聚钢铁工业健康发展正能量的权威信息资讯平台、舆论引导平台和全方位服务平台，并以更加开放的视野走向世界，继续讲好中国钢铁的做强故事。

（陈　琢、苏亚红执笔）